老科学家学术成长资料采集工程
中国科学院院士传记丛书

领航AI　启智润心

张铍传

刘　骁◎著

中国科学技术出版社
·北　京·

图书在版编目（CIP）数据

领航 AI　启智润心：张钹传 / 刘骁著 . -- 北京：
中国科学技术出版社，2024.8
（老科学家学术成长资料采集工程丛书 . 中国科学院
院士传记丛书）
ISBN 978-7-5236-0777-0

I. ①领… II. ①刘… III. ①张钹—传记 IV.
① K826.16

中国国家版本馆 CIP 数据核字（2024）第 104539 号

责任编辑	何红哲	
责任校对	焦　宁	
责任印制	徐　飞	
版式设计	中文天地	

出　　版	中国科学技术出版社	
发　　行	中国科学技术出版社有限公司	
地　　址	北京市海淀区中关村南大街 16 号	
邮　　编	100081	
发行电话	010-62173865	
传　　真	010-62173081	
网　　址	http://www.cspbooks.com.cn	

开　　本	787mm × 1092mm　1/16	
字　　数	268 千字	
印　　张	17.75	
彩　　插	2	
版　　次	2024 年 8 月第 1 版	
印　　次	2024 年 8 月第 1 次印刷	
印　　刷	北京顶佳世纪印刷有限公司	
书　　号	ISBN 978-7-5236-0777-0 / K·390	
定　　价	118.00 元	

老科学家学术成长资料采集工程简介

　　老科学家学术成长资料采集工程（以下简称"采集工程"）是根据国务院领导同志的指示精神，由国家科教领导小组于2010年正式启动，中国科协牵头，联合中组部、教育部、科技部、工信部、财政部、文化部、国资委、解放军总政治部、中国科学院、中国工程院、国家自然科学基金委员会等11部委共同实施的一项抢救性工程，旨在通过实物采集、口述访谈、录音录像等方法，把反映老科学家学术成长历程的关键事件、重要节点、师承关系等各方面的资料保存下来，为深入研究科技人才成长规律，宣传优秀科技人物提供第一手资料和原始素材。

　　采集工程是一项开创性工作。为确保采集工作规范科学，启动之初即成立了由中国科协主要领导任组长、12个部委分管领导任成员的领导小组，负责采集工程的宏观指导和重要政策措施制定，同时成立领导小组专家委员会负责采集原则确定、采集名单审定和学术咨询，委托科学史学者承担学术指导与组织工作，建立专门的馆藏基地确保采集资料的永久性收藏和提供使用，并研究制定了《采集工作流程》《采集工作规范》等一系列基础文件，作为采集人员的工作指南。截至2021年8月，采集工程已启动592位科学家的学术成长资料采集项目，获得实物原件资料132922件、数字化资料318092件、视频资料443783分钟、音频资料527093分钟，具有重要的史料价值。

采集工程的成果目前主要有三种体现形式，一是建设"中国科学家博物馆网络版"，提供学术研究和弘扬科学精神、宣传科学家之用；二是编辑制作科学家专题资料片系列，以视频形式播出；三是研究撰写客观反映老科学家学术成长经历的研究报告，以学术传记的形式，与中国科学院、中国工程院联合出版。随着采集工程的不断拓展和深入，将有更多形式的采集成果问世，为社会公众了解老科学家的感人事迹，探索科技人才成长规律，研究中国科技事业的发展历程提供客观翔实的史料支撑。

总序一

中国科学技术协会主席　韩启德

　　老科学家是共和国建设的重要参与者，也是新中国科技发展历史的亲历者和见证者，他们的学术成长历程生动反映了近现代中国科技事业与科技教育的进展，本身就是新中国科技发展历史的重要组成部分。针对近年来老科学家相继辞世、学术成长资料大量散失的突出问题，中国科协于2009年向国务院提出抢救老科学家学术成长资料的建议，受到国务院领导同志的高度重视和充分肯定，并明确责成中国科协牵头，联合相关部门共同组织实施。根据国务院批复的《老科学家学术成长资料采集工程实施方案》，中国科协联合中组部、教育部、科技部、工业和信息化部、财政部、文化部、国资委、解放军总政治部、中国科学院、中国工程院、国家自然科学基金委员会等11部委共同组成领导小组，从2010年开始组织实施老科学家学术成长资料采集工程。

　　老科学家学术成长资料采集是一项系统工程，通过文献与口述资料的搜集和整理、录音录像、实物采集等形式，把反映老科学家求学历程、师承关系、科研活动、学术成就等学术成长中关键节点和重要事件的口述资料、实物资料和音像资料完整系统地保存下来，对于充实新中国科技发展的历史文献，理清我国科技界学术传承脉络，探索我国科技发展规律和科技人才成长规律，弘扬我国科技工作者求真务实、无私奉献的精神，在全社会营造爱科学、学科学、用科学的良好氛围，是一件很有意义的事情。采集工程把重点放在年龄在 80 岁以上、学术成长经历丰富的两院院士，以及虽然不是两院院士、但在我国科技事业发展中作出突出贡献的老科技工作者，充分体现了党和国家对老科学家的关心和爱护。

自 2010 年启动实施以来，采集工程以对历史负责、对国家负责、对科技事业负责的精神，开展了一系列工作，获得大量反映老科学家学术成长历程的文字资料、实物资料和音视频资料，其中有一些资料具有很高的史料价值和学术价值，弥足珍贵。

以传记丛书的形式把采集工程的成果展现给社会公众，是采集工程的目标之一，也是社会各界的共同期待。在我看来，这些传记丛书大都是在充分挖掘档案和书信等各种文献资料、与口述访谈相互印证校核、严密考证的基础之上形成的，内中还有许多很有价值的照片、手稿影印件等珍贵图片，基本做到了图文并茂，语言生动，既体现了历史的鲜活，又立体化地刻画了人物，较好地实现了真实性、专业性、可读性的有机统一。通过这套传记丛书，学者能够获得更加丰富扎实的文献依据，公众能够更加系统深入地了解老一辈科学家的成就、贡献、经历和品格，青少年可以更真实地了解科学家、了解科技活动，进而充分激发对科学家职业的浓厚兴趣。

借此机会，向所有接受采集的老科学家及其亲属朋友，向参与采集工程的工作人员和单位，表示衷心感谢。真诚希望这套丛书能够得到学术界的认可和读者的喜爱，希望采集工程能够得到更广泛的关注和支持。我期待并相信，随着时间的流逝，采集工程的成果将以更加丰富多样的形式呈现给社会公众，采集工程的意义也将越来越彰显于天下。

是为序。

总序二

中国科学院院长　白春礼

　　由国家科教领导小组直接启动，中国科学技术协会和中国科学院等 12 个部门和单位共同组织实施的老科学家学术成长资料采集工程，是国务院交办的一项重要任务，也是中国科技界的一件大事。值此采集工程传记丛书出版之际，我向采集工程的顺利实施表示热烈祝贺，向参与采集工程的老科学家和工作人员表示衷心感谢！

　　按照国务院批准实施的《老科学家学术成长资料采集工程实施方案》，开展这一工作的主要目的就是要通过录音录像、实物采集等多种方式，把反映老科学家学术成长历史的重要资料保存下来，丰富新中国科技发展的历史资料，推动形成新中国的学术传统，激发科技工作者的创新热情和创造活力，在全社会营造爱科学、学科学、用科学的良好氛围。通过实施采集工程，系统搜集、整理反映这些老科学家学术成长历程的关键事件、重要节点、学术传承关系等的各类文献、实物和音视频资料，并结合不同时期的社会发展和国际相关学科领域的发展背景加以梳理和研究，不仅有利于深入了解新中国科学发展的进程特别是老科学家所在学科的发展脉络，而且有利于发现老科学家成长成才中的关键人物、关键事件、关键因素，探索和把握高层次人才培养规律和创新人才成长规律，更有利于理清我国科技界学术传承脉络，深入了解我国科学传统的形成过程，在全社会范围内宣传弘扬老科学家的科学思想、卓越贡献和高尚品质，推动社会主义科学文化和创新文化建设。从这个意义上说，采集工程不仅是一项文化工程，更是一项严肃认真的学术建设工作。

中国科学院是科技事业的国家队，也是凝聚和团结广大院士的大家庭。早在 1955 年，中国科学院选举产生了第一批学部委员，1993 年国务院决定中国科学院学部委员改称中国科学院院士。半个多世纪以来，从学部委员到院士，经历了一个艰难的制度化进程，在我国科学事业发展史上书写了浓墨重彩的一笔。在目前已接受采集的老科学家中，有很大一部分即是上个世纪 80、90 年代当选的中国科学院学部委员、院士，其中既有学科领域的奠基人和开拓者，也有作出过重大科学成就的著名科学家，更有毕生在专门学科领域默默耕耘的一流学者。作为声誉卓著的学术带头人，他们以发展科技、服务国家、造福人民为己任，求真务实、开拓创新，为我国经济建设、社会发展、科技进步和国家安全作出了重要贡献；作为杰出的科学教育家，他们着力培养、大力提携青年人才，在弘扬科学精神、倡树科学理念方面书写了可歌可泣的光辉篇章。他们的学术成就和成长经历既是新中国科技发展的一个缩影，也是国家和社会的宝贵财富。通过采集工程为老科学家树碑立传，不仅对老科学家们的成就和贡献是一份肯定和安慰，也使我们多年的夙愿得偿！

鲁迅说过，"跨过那站着的前人"。过去的辉煌历史是老一辈科学家铸就的，新的历史篇章需要我们来谱写。衷心希望广大科技工作者能够通过"采集工程"的这套老科学家传记丛书和院士丛书等类似著作，深入具体地了解和学习老一辈科学家学术成长历程中的感人事迹和优秀品质；继承和弘扬老一辈科学家求真务实、勇于创新的科学精神，不畏艰险、勇攀高峰的探索精神，团结协作、淡泊名利的团队精神，报效祖国、服务社会的奉献精神，在推动科技发展和创新型国家建设的广阔道路上取得更辉煌的成绩。

总序三

中国工程院院长 周 济

由中国科协联合相关部门共同组织实施的老科学家学术成长资料采集工程，是一项经国务院批准开展的弘扬老一辈科技专家崇高精神、加强科学道德建设的重要工作，也是我国科技界的共同责任。中国工程院作为采集工程领导小组的成员单位，能够直接参与此项工作，深感责任重大、意义非凡。

在新的历史时期，科学技术作为第一生产力，已经日益成为经济社会发展的主要驱动力。科技工作者作为先进生产力的开拓者和先进文化的传播者，在推动科学技术进步和科技事业发展方面发挥着关键的决定的作用。

新中国成立以来，特别是改革开放30多年来，我们国家的工程科技取得了伟大的历史性成就，为祖国的现代化事业作出了巨大的历史性贡献。两弹一星、三峡工程、高速铁路、载人航天、杂交水稻、载人深潜、超级计算机……一项项重大工程为社会主义事业的蓬勃发展和祖国富强书写了浓墨重彩的篇章。

这些伟大的重大工程成就，凝聚和倾注了以钱学森、朱光亚、周光召、侯祥麟、袁隆平等为代表的一代又一代科技专家们的心血和智慧。他们克服重重困难，攻克无数技术难关，潜心开展科技研究，致力推动创新发展，为实现我国工程科技水平大幅提升和国家综合实力显著增强作出了杰出贡献。他们热爱祖国，忠于人民，自觉把个人事业融入到国家建设大局之中，为实现国家富强而不断奋斗；他们求真务实，勇于创新，用科技为中华民族的伟大复兴铸就了辉煌；他们治学严谨，鞠躬尽瘁，具有崇高的科学精神和科学道德，是我们后代学习的楷模。科学家们的一生是一本珍贵的教科书，他们坚定的理想信念和淡泊名利的崇高品格是中华民族自强不息精神的宝贵财富，永远值得后人铭记和敬仰。

通过实施采集工程，把反映老科学家学术成长经历的重要文字资料、实物资料和音像资料保存下来，把他们卓越的技术成就和可贵的精神品质记录下来，并编辑出版他们的学术传记，对于进一步宣传他们为我国科技发展和民族进步作出的不朽功勋，引导青年科技工作者学习继承他们的可贵精神和优秀品质，不断攀登世界科技高峰，推动在全社会弘扬科学精神，营造爱科学、讲科学、学科学、用科学的良好氛围，无疑有着十分重要的意义。

中国工程院是我国工程科技界的最高荣誉性、咨询性学术机构，集中了一大批成就卓著、德高望重的老科技专家。以各种形式把他们的学术成长经历留存下来，为后人提供启迪，为社会提供借鉴，为共和国的科技发展留下一份珍贵资料。这是我们的愿望和责任，也是科技界和全社会的共同期待。

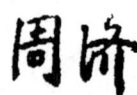

张　铍

张钹与采集小组合影（左起：刘骁、张钹、尹菱）

采集小组访谈张钹

采集小组合照（左起：李建民、李婧、陆园园、刘骁）

序

张钹老师既是我的恩师，也是我最为敬重的老师，能为他的传记写序，是我莫大的荣幸，点点滴滴的往事在心中汇成千言万语，却又不知如何通过短短的序言描述出我心目中的张钹老师。

一年多以前，我便得知刘骁博士在采集、整理张钹老师学术成长的资料，为张老师的传记收集素材，我也曾接受过几次采访。给我留下深刻印象的是，每次采访刘骁博士都准备得非常充足，提出的问题关键又有针对性，甚至对我本人的方方面面也很了解，明显是事先做了大量功课。也正是刘骁博士这种认真负责的精神，让我对《领航 AI　启智润心：张钹传》一书充满了期待。

拿到书稿的时候，恰逢北京历史上难遇的高温天气，而家里多年不用的空调已经不能正常制冷。我手捧打印稿，很快沉浸在张钹老师那精彩的人生经历中，时而敬佩，时而思索，时而感动。这一刻，我已经完全忘却了北京的酷暑，读完才发现原本平整的纸张已经因为汗水的浸湿而起皱。

全书由九个章节组成，分别为书香世家、求学清华、清华任教、异国深造、追梦 AI、当选院士、桃李满园、家国情怀和学术长青，涵盖了张老师的祖父、父亲、母亲，一直到 2023 年跨越百年的家庭与个人经历。我虽跟随张老师工作 40 余年，但书中提到的很多事情也还是第一次知晓，读来煞是有趣，也让我更加全面地了解到张老师如何成为一位令人敬佩的老师。我深深地被张老师一生孜孜不倦地追求真理、勇于创新的精神所感动，看到了怎样的人才是这个时代我们应该追寻的榜样。

我最早认识张老师还是在 1982 年读研究生的时候，那时他作为访问学者去美国工作两年，刚刚回国，便为计算机系的研究生开设了 LISP 语言程序设计和专家系统两门课程。当时我学习的是智能控制方向，学校没有要求修学新开设的这两门课程。但出于对张老师的敬仰，我经常去旁听。张老师渊博的知识、精彩的讲课艺术深深地吸引了我，直到现在，我都对 LISP 语言情有独钟。1984 年我硕士毕业后留校工作，最初几年从事的是有关专家系统的研发工作，用到的编程语言就是 LISP 语言。应当说，是张老师把我引入了人工智能这个研究领域。正是从上张老师的课开始，让我体会到了他讲课的魅力以及听他讲课的享受，从此一发不可收拾。直到现在，凡是有张老师的讲座，我都尽量去听，每每都很有收获。

每年研究生新生入学后，在正式上课之前，作为新生的入学教育，计算机系都会聘请校内外专家给同学们做一系列的讲座，而张老师是每年必请的专家。虽然只是一次新生讲座，但张老师非常重视，每次都认真准备、更新内容。记得有一次，一大早张老师就找到我，和我核实一些内容，原来是为给新生讲座准备材料。每次讲座，张老师都会根据最新的发展动态准备不同的内容，不仅深入浅出地介绍当前相关领域的进展状况、存在问题和发展趋势，更多的是启发同学们如何思考。张老师的这个讲座成了我后来几十年的"必修课程"。

1985 年年初，我留校工作不久，实验室根据自身特点，把智能机器人作为实验室重点发展的方向之一。当时国际上有个巴黎统筹委员会，对进口到中国、苏联和东欧国家的各种仪器设备进行限制。为了进口实验用的一个 PUMA 机械手，张老师和其他老师到处奔走，筹备经费，联系国内外厂家，费尽周折，终于通过福建的一家公司，经由香港的一家公司才购买到了这台机械手。我清楚地记得，当得知这台好不容易才购买到的机械手已经在福州装上飞机正在运往北京时，张老师脸上表露出的那种疲惫但又非常兴奋的神情。张老师亲自跟车到机场"接机"、搬运、装车，把国内第一台 PUMA 机械手带回了清华园。随后，他立马组织队伍，不分昼夜地对机械手进行安装调试、设计演示程序，并在校庆时进行演示。我记得当时的演示程序有机械手写毛笔字、自动摆放积木等。这中间还曾经出过一个小插曲。在刚刚进行调试时，有一次机械手突然不动了，这可把大家吓坏了，好不容易买来的宝贝，弄坏了怎么得了？张老师凭借其丰富的经验，在仔细观察后认定是保护装置的问题，经排查很快就恢复了机械手的正常运行，大家悬着的心才放了下来。这台机械手为实验室开展机器人相关研究打下了良好的基础，为智能技术与系统国家重点实验室的成立立下了汗马功劳，后来实验室有两位老师先后担任"863"机器人相关领域的专家组组长，这与实验室早期及时引进这台机械手有很大关系。

张老师对待研究的态度向来都是一丝不苟的。直到今天，已经 80 多岁高龄的他还依然坚持看资料、做研究、自己动手写论文，其充沛的精力和活跃的思维让很多年轻人都自愧不如。在过去网络不太发达的时候，经常能在图书馆里看到张老师的身影。记得有一年的大年初五，校图书馆开门的第一天，我就在图书馆遇到了张老师。原来，张老师为了撰写一个项目申请书在查找相关资料，聊起来才知道，春节期间他一天都没有休息，一直在忙碌地工作。

张老师对清华大学智能技术与系统国家重点实验室的贡献可以说是举足轻重，他始终把实验室的事情当作头等大事来抓。记得一次开会讨论实验室未来的科研发展方向，那天学校刚好也有会议要张老师参加，我想他一定去参加学校会议了。谁知到了开会时间，张老师准时来参加实验室的会议。张老师说："我参加会议的优先级是实验室、学校、教育部。上边的会议，多一个我少一个我无关紧要，但实验室的会议关系到今后的科研发展方向，我必须参加。"值得一提的是，我认识张老师几十年来，无论是开会，还是讨论问题，张老师从来没有迟到过，他总是提前到达会议室，等待大家的到来。

以前手机不太普及的时候，有时校外有人联系不上张老师，经常会找我询问他的去向。多数情况下，我都能说出张老师是否在京、是在国内出差还是出国访问等。询问的人常常惊叹我为何如此熟悉张老师的行程安排。而实际情况是，我当时担任智能技术与系统国家重点实验室主任，张老师虽然身为院士、长者、老师，但对我们年轻人非常尊重，遇到出差、出国等事情，他总是会事先"请假"，说明自己的去向。

张老师对我们实验室老师的关怀是全方位的，科研上的指导就不用说了，生活上的事情也是非常关心、体贴。几十年来，让我感动的事情有很多，我只列举一个大约十年前发生在我身上的事。那年8月，我和张老师等几位老师一起出差，回程乘坐飞机前，我突然感到身体不适。张老师先是把我带到机场的 VIP 休息室，一路上亲自搀扶我、帮我拿行李，上飞机后又把自己的头等舱座位让给我，让我好好休息。那天本来就是晚班飞机，又赶上飞机晚点，起飞时已经是凌晨2点，张老师顾不上休息，一直无微不至地照顾我。当时张老师已经年近80岁，能如此体贴地照顾一个晚辈，每每想起此事，我都非常感动。

上述这些虽然看起来都是一些小事，但从中反映出张老师这样一位人工智能界学术泰斗的为人。他是我们永远学习的榜样。

纵观张老师的奋斗历程，可以说是中国科技工作者不畏艰难、勇攀高峰精神的缩影，是我们年轻人学习的楷模和榜样。借助本书的出版，希望科技工作者能够弘扬张老师这种爱国奉献、勇于创新的精神，肩负起建设祖国、推动我国科技进步的伟大使命。

马少平　清华大学教授

2023 年 7 月

目　录

图片目录

导　言

传　主　简　介

张钹，中国科学院院士，我国人工智能领域的奠基人。1935年3月26日出生于福建省福清市，1958年毕业于清华大学自动控制系，并留校任教。历任自动控制系、计算机科学与技术系助教、讲师、副教授、教授；1990—1996年任清华大学智能技术与系统国家重点实验室主任；1994年当选为俄罗斯自然科学院外籍院士；1995年当选为中国科学院院士；2018年任清华大学人工智能研究院院长。张钹在人工智能理论上系统地提出了问题分层求解的商空间理论；解决了不同粒度空间描述、相互转换及复杂性分析等问题；提出了多层信息综合、不确定性处理、定性推理、规划与搜索等新的原理与模型，有效地降低了计算的复杂性；在人工神经网络方面，系统地分析了典型神经网络模型，给出了该网络各项性能的定量结果；提出了一种自顶向下新的人工神经网络构造性学习方法，有效地提高了它的性能。

采　集　工　作

本传记是基于中国科学技术协会与清华大学联合举办的老科学家学

术成长资料采集工程——张钹院士项目组的采集成果所撰写的。该项目于 2021 年 7 月正式开始，由清华大学科学史系承担采集工作，清华大学宣传部与计算机系协助。采集小组在近两年的工作中历经新冠肺炎疫情的大暴发时期，且需要面对零散繁多而又不够系统的采集信息，材料的整理、分类、归档及学术传记撰写任务异常艰巨。采集小组克服了诸多困难，最终完成了项目所要求的采集任务。这其中包括对张钹院士本人 10 多个小时的访谈，对张钹院士的亲人、同事、学生累计超过 10 个小时的访谈，并收集了张钹院士的信件、手稿、证书、照片等多种珍贵资料，具体为信件 52 封、手稿 100 份、证书 79 份、照片 242 张。其中，较为珍贵的有张钹院士大学时期的学习笔记，张钹院士与弟弟张铃在 20 世纪 90 年代来往的信件两封，张钹院士 1994 年获得的俄罗斯自然科学院外籍院士证书，2011 年获得的汉堡大学荣誉博士证书等。

目前，已出版的介绍张钹院士经历的传记类作品约有 20 种，其中较有代表性的有王钦法撰写的《张钹：中国人工智能领域先行者》以及贺迎春、丁亦鑫所撰写的《张钹：中国人工智能奠基者》。这些传记对张钹院士人生的各段经历都有所涉及，但普遍存在的问题是由于篇幅限制，内容相对简略，字数一般少于一万字，而且其中的一些信息因没有得到核实而出现了错误，导致这些传记在真实性与准确性方面无法得到保证。

研究思路与写作框架

鉴于还未曾有一部张钹院士的长篇传记出版，作为科学史专业的研究者，本传记作者认为非常有必要基于科学发展的视角去研究张钹院士追求科学，成为人工智能领域大家的成长历程。本传记的写作严格遵循规范要求，主要按照时间顺序，以张钹院士人生的几个重要发展阶段为节点进行创作，对从张钹院士出生一直到 2023 年的各时间段都有所涉及。对不同的历史时期，作者努力发掘资料，重点描写了张钹院士的科研之路与任教生涯，并将家庭生活与之紧密结合起来，突出张钹院士的学术成长历程，客观呈现张钹院士的人生轨迹。在撰写的过程中，本传记得到了张钹院士本人的大力支持，作者与张钹院士进行了多次沟通。张钹院士不但提供了丰富的写作素材，而且亲自就传记中的信息进行核实和确认，并帮助联系了一些事件的参与者。因此，本传记是在张钹院士与众多老师的帮助下完成的。

　　本传记意在表现与张钹院士同时代的中国科研工作者的奋斗历程，以及他们身上表现出的不畏艰难、勇于创新的品质。借此希望张钹院士的精神可以激励更多的人投身科学事业，共同肩负起中华民族伟大复兴的重任。

第一章
书香世家

　　张钹的家乡在福建省福州市的福清市龙田镇，他的童年和少年时期都是在这里度过的。福清被当地人认为是钟灵毓秀、人文蔚然的福地。千年古镇龙田（俗称牛田）处在福建省东部沿海龙高半岛上，该地历史悠久、文化发达，在宋代就有在福清辖境内先后出过四位科举状元的佳话，明朝时更是名将戚继光挥师捣毁敌巢取得牛田大捷的所在地。这样一个人杰地灵的地方在近代以来更是名人辈出。古时候，一条北接县城、南通平潭岛的驿道途经此地，夹道成街为"牛田街"。牛田街南端为张氏族群聚居地，行政村称二村，俗称街尾。街尾有一栋始建于南宋嘉熙元年（1237年）的古建筑张氏宗祠，古祠之北，清代康熙年间肇始的清河书院与之毗邻。在张氏宗祠和清河书院的后侧，有一座三落六扇的古民居七柱厝，这就是中国科学院院士张钹的祖居。

　　七柱厝是一座典型的福清五进民居，当地叫五落厝。它坐南朝北，整体建筑被高墙围住，朝北开一道大门。大门平时关闭，婚丧等重大日子才打开，日常人们从东北角的小门出入。进门之后，右侧是书斋，左侧是牛栏。穿过书斋，映入眼帘的是一个埕（当地叫埕墩，相当于北方的场院），此时整座建筑才展现在面前。主建筑为砖木结构，墙的底部是条石，约占三分之一，其余由红砖砌成。进大门后，迎面一堵屏风式的门挡住视线，从两侧绕过去，来到天井，天井两边各有一间耳房（小书院），书院有一扇大窗户朝向天井，房间因此很明亮。过了天井，来到前厅，前厅中央有一道高半米、长 4—5 米的门槛，门槛两边用木板将前厅分割成南北两部分，里面采光差、昏暗，摆有一张八仙桌，桌后面有一个祭祀祖宗的神龛。前厅的两侧各有两间正房，故又称六扇厝。正房没有窗户，只有朝向前厅开的门，因此室内光线很暗。前厅背面（南面）用木板与后面建筑隔开，西边有一个小过道与后部相通。从这里往北直到大门，称前落；从这里往南直到建筑后墙，称后落。后落的结构与前落相同，有天井与大厅，又叫后厅。不同的是，后厅没有神龛，堆满杂物与农具。主建筑的西面有个附厝，附厝有厨房与储存粮食的仓库等，附厝南端是一座两层楼的书院。主建筑的东面也有一排附属建筑，南端是当铺，或叫当店，中间有个"围"（用围墙圈起的一块空地，可以养猪、种菜等）及其他建筑，北端是书斋。这座建筑已有上百年的历史，随着时光的流逝，立柱早已斑驳，彩绘也已褪去颜色，只有横梁上的雀替与镂空木雕中的花鸟虫鱼依然形象逼真、栩栩如生，透出往日的辉煌。同一屋檐下居住的张氏家族已繁衍 6 代，人口达六七十之多。他们共同的祖先是张若水的第 18 代孙的两个儿子（第 19 代），排行老二和老三。[①]七柱厝平分为两份，西侧归老二，其后代统称二房干。东侧归老三，后代统称三房干。由于两支发展不平衡，老二一直单传，到了 20 世纪 30 年代，只有寡母与其子端炤一家；相反，老三的后代人丁兴旺，多达几十口，因此西侧的大部分也由他们居住。张铱的祖父张纲（第 21 代）是老三的孙子，属三房干。

1935 年 3 月 26 日，张铱出生在这里。对于为何取名时用了"铱"这个字，还有一段故事。实际上，按照家谱中的字辈，张铱一辈应该用"在"字，但张铱的父亲张端樵觉得时代在变化，不应再按照老规矩，便决定用偏旁部首来标志辈分，这在一定程度上借鉴了古典名著里的风格，比如红楼梦中也是用偏旁部首来表示辈分。至于为什么取金字旁呢？或许隐含着不缺金的寓意，但是这一点其父并没有给出明确的解释。于是，与

---

① 南宋著名史学家郑樵撰《通志·氏族略》记载："宋汴人张若水以军职入闽，因家福清龙田。其后人多徙居省会。"

张钹同辈的男孩普遍用金字旁起名字，第一个是张钹的哥哥张铙，这个名字就是由张钹的父亲取的。最初选取的字都是用来表示打击乐器的，大者为铙，小者为钹。张钹的大弟弟用铃，小弟弟名字用锻（据说古代也是某种乐器）。由于代表乐器的字不多，后来就只遵循了金字旁的规矩。钹字的福清话发音是 bá，这是由于福建人的方言不好发 bó 音，所以张钹到福州念书的时候，大家都叫他张 bá。后来到清华大学读书时，福建的老同学来找张钹总会张 bá 张 bá 地叫他，以至于现在的清华大学里也有一些人会说成张 bá，但真正的读音应该是 bó。至于同辈的女孩，则取玉的含义，张钹的大姐叫张玖，五姐取名张琇。这样的取名传统也得到了传承，张钹的下一代用了水字旁，取金生水之意，而孙子辈用的是木字旁，即水生木，这种取名的方式也印证着张氏家族的文化底蕴。①

言 传 身 教

张钹出身于书香门第，他从小在浓厚的家学氛围中耳濡目染，受益匪浅。祖父张纲，字立三，号耕隐后人，生于 1863 年 9 月 12 日，乃晚清贡生。张家上一代曾有一些田产，到张钹曾祖父手上便趋破落，好在其曾祖母俞夫人管教有方，张纲才于贫穷中苦壮成长，考试中举，有了地位，境况方趋改善。张纲幼承庭训，饱读经书，以捍卫中国传统文化为己任，在福清的士绅乃至官场中，其道德文章素被景仰。从北洋政府统治后期到国民政府时期，张纲一直担任县农会会长。他站在爱国立场，与在龙田占地建教堂的西方势力进行了长期不屈不挠的斗争。特别是为了收回城关贫儿院，与美国传教士打了 10 年的官司。尽管屡战屡败，但张纲并没有放弃，直到 1926 年北伐军收复福清，在爱国青年学生的支持下终于如愿。该贫儿院后来成了福清一中的第一座校舍。张纲还办了一所小学，名为敦睦小

---

① 张钹访谈，2022 年 7 月 27 日，北京。资料存于采集工程数据库。

学，他自己担任校长。张纲于 1933 年 1 月 10 日逝世，享年 70 岁。张钹在年幼时便听说了祖父的事迹，并在幼小的心灵树立了人生的目标。①②

张钹的父亲张端樵（1901—1943）与母亲余心涵（1900—1987）育有 4 子 6 女：长女张玖（1921—1990）、长子张铙（1926—1994）、二女张琛（1928—2006）、三女张瑾（1930—　）、四女张玢（早夭）、五女张琇（1932—　）、二子张钹（1935—　）、三子张铃（1937—　）、四子张锻（1941—　）、六女张珠（1943—　）。按照当地习俗，张琛和张瑾分别抱给山头村和本镇何厝人家当童养媳。由于山头村离龙田镇很近，何厝就在本镇，所以两位女儿与父母和家庭其他成员一直保持着密切的来往，而张琇在祖父和父亲的支持下顺利留下来由自家抚养。张珠在宁德出生，但出生不久即遭遇父亲去世，整个家庭也面临困境。当时宁德市三都镇一位许姓的人家为了报答张钹父亲的救命之恩，主动提出将张珠作为童养媳抚养。直到改革开放以后，张钹的姐姐们才在福州又与张珠取得联系，恢复了相互的交往。祖父张纲有三个儿子，张钹的父亲张端樵（字仲采）是大儿子。受父亲影响，张端樵学习优异，考入福建省私立法政专门学院（1929 年改为福建学院）。毕业后，受五四运动的影响，张端樵追求进步，积极参加学生运动。在其担任福清留省学会理事长时，常以"融狂"为笔名发表文章，抨击时弊，为民立命。由于与法政专门学院的融籍同学郑昱华（字毓和，立法委员郑忾辰的长子）、唐修德（字怀予，宏路名中医唐瑞圃的长子）、陈寿宇（字栋堪，东阁绅士陈鉴吾的胞侄）、余长资（字仰孙，阳下大华侨余某的儿子）家境相似、志趣相投，他们以郑昱华为大哥结拜金兰，在福清联手反对贪官污吏、恶霸地痞，为

图 1-1　张钹的父亲张端樵（张钹提供）

---

① 张铣访谈，2022 年 7 月 15 日，福清。资料存于采集工程数据库。
② 王钦法访谈，2022 年 7 月 15 日，福清。资料存于采集工程数据库。

民众主持正义,时人予以"五人团"之美誉。1928 年,余长资曾在期刊《福州学生》的《发刊词》上号召福州当地的学生们积极投身到革命工作中去,这也体现了当时"五人团"的进步思想。[1] 1927 年,张端樵参加高等考试,以考查与确认高等学历。1928 年 2 月,他又与陈寿宇考取了福建省公务员。这两次考试张端樵均名列前茅,并与陈寿宇一起被分配到福建高等法院见习。[2] 他们忧国忧民,想为国家、为百姓做一些事情,于是到江苏和浙江两省考察了一个多月,以期了解和学习发展较好省份的政治情况,从而为福建的发展出谋划策。考察结束后,张端樵撰文将自己的感想发表在《福建民国日报副刊》上。他认为江浙两省有较多的优点,如军财政的统一,对于省内公职人员通过考试来任用也落实得很好,且在服装上推崇国货。但是,张端樵发现即使是江浙这样被认为发展较好的省份,仍存在治安混乱、民智开化程度低、普通话不普及等问题,这也使他认识到国家的振兴之路道阻且长。[3] 张端樵供职后,曾先后担任宁洋(福建省旧县名,现已撤销)、大田、明溪等县县长和宁德县政府秘书,还在多所学校当过教师。

1931 年 5 月,仙游县土匪头目林靖所部被省保安处收编为省防军第二支队,林靖为支队长,调往福清驻防。自此,苦难深重的福清人民更是雪上加霜,尤以龙高半岛为重灾区。林靖在政治上残暴统治,镇压抗日救亡运动,借口"清匪""办案",打、砸、抢、奸、杀,无恶不作;经济上横征暴敛、肆意掠夺,新设立捐税十多种,从贫苦百姓到华侨商贾无一幸免。林靖的所作所为引起了当地人民的极大愤怒,1931 年 12 月 26 日,龙田、高山两地数千民众揭竿起义,四天时间,以牺牲 60 人为代价,几乎全歼国民党省防军林靖所部第二支队两个营近 800 人。这一事件被称为"龙高暴动"或"龙高民变"。因林靖所部多为"兴化人"(莆仙籍),故当时老百姓称此为"打兴化兵"。在此次暴动中,思想进步的张端樵扮演

---

[1] 余长资:发刊词.《福州学生》,1928 年第 1 期,第 2 页。

[2] 《福建省政府公报》,1928 年第 32 期,第 9-10 页。

[3] 张端樵:随感:考察江浙政治后的感想.《福建民国日报副刊》,1929 年第 32 期,第 3-4 页;随感:考察江浙政治后的感想(二).《福建民国日报副刊》,1929 年第 33 期,第 3 页;随感:考察江浙政治后的感想(二).《福建民国日报副刊》,1929 年第 34 期,第 2-3 页。

了重要角色。他参与了暴动的策划，但为了疏通上层人士的需要，他选择不动声色地留在县中学当教师，直到得知林靖派兵抓捕他的消息后，才于起事当天下午潜回龙田。于是，凭其一贯的声威和能力，张端樵立即被暴动各方及指挥部成员公推为领袖和总指挥。受命于危难之时，张端樵不负众望，立马采取五大措施确保暴动成功：其一，与暴动策划者王基添、王鸿才及龙高知名人士翁廷本等人组织"匪迫民变铁血团"，在龙高半岛咽喉处文读村桥头建筑工事碉堡，防止福清县城方面的军队来犯；其二，坚决制止对莆仙籍商贩及手工业者的劫掠，把残暴的"兴化兵"与在融"兴化人"严格区分开来，避免殃及无辜；其三，对林部中的其他两个团黄阿大部和刘超部进行分化瓦解，劝使他们保持中立，拒绝执行林靖进军龙高的命令；其四，劝说弟弟张端哲和亲戚何胥陶等中共地下党员不要公开打出共产党的旗号，不给国民党军政当局的血腥镇压以借口；其五，武装斗争与合法斗争相结合。通过他与省政府代主席方声涛的私人关系，加上当时留省学会、旅省同乡会极力请愿陈情，以及当时在南京供职的立法院委员、邑人郑忾辰出面疏通，侨居南洋的融籍华侨各社团致电声援，逼使方声涛宣布林靖迫成民变，并派省教导团进驻福清接替林部。以张端樵为首的"匪迫民变铁血团"团结一致，发誓"非驱逐林匪出境，决不罢休！"战场上，他们杀得龙高匪兵几乎全军覆没，并挡住县城援军数次进军；谈判桌上，他们据理力争，寸步不让，使得说客无功而返。拖到1932年1月18日，林靖得知大势已去，率残部500余人连夜逃遁仙游老巢。至此，"龙高暴动"历时24天，胜利结束。国民党政府面对这一失败忍气吞声，没有采取剿办镇压的报复手段，使得参与暴动的广大龙高民众事后均安然无恙。这在国民党几十年的统治期间极为少见。更重要的是，暴动锻炼培养了一批年轻的中共地下党员，为嗣后的中共福清县委发动群众、组织群众，开展武装斗争和游击战争打下了基础。1936年9月17日，在龙田镇武圣庙边和高山镇邱厝米粉埕前，各立有一块内容相同的青石碑以纪念此次暴动，碑文为民国宁洋县县长张端樵所撰写的《福清龙高两镇义民驱逐林靖殉难始末记》。此碑石现于福清市侨乡博物馆福清革命史陈列馆展出，碑文铭记"张端樵谨撰，陈汝翼敬书"，已被列为福建省第二批革命文物。①②

1943年，张端樵由警卫张在淦（中共地下党员）护送，离开在任宁德行政督察公署，并与多年共事挚友、福安县长高诚学（中共地下党员）告别，去穆阳师范任教。同年，张端樵回家乡时写过一首诗："一别家山又六年，归来旧事半云烟。青年失意多浮海，民众吞声为丈田。鱼肉名词盈耳鼓，沧桑变化动心弦。绝裾毕竟非吾愿，再上征鞍懒着鞭。"这首诗表达了他对国民党腐败政治的不满，以及返回杏坛，继续从事他心仪的救国救民事业的心声。然而，1943年10月，张端樵在福安穆阳师范任教期间，当地大刀会发生暴动，烧杀抢劫。他们误将学校办公楼当成区公署，冲入学校残害师生。张端樵本已组织师生逃出学校，又返回帮助转移生病学生，不幸遇难，时年42岁。③ 8岁的张钹，在幼小的年纪就经历了丧父之痛。

从小康之家坠入困顿，年幼的张钹和他的兄弟姐妹饱尝了世间的苦楚。好在张钹的母亲余心涵是一位温柔而又坚强的知识女性，她出身于家道殷实的商人之家，虽然没有进过正规学校上学，但由于家学渊源，通过家教与自学，亦能识文断字、阅读各类书籍与报刊。正因如此，她总能跟上时代的步伐，始终不渝地教育子女健康成长。当时，张钹家里有兄弟姐妹六人，大姐22岁，最小的弟弟才2岁。为了维系这个摇摇欲坠的家庭，母亲首先说服大姐张玖，要她做出牺牲，继续在小学任教，这种状况一直到大哥张铙高中毕业后，选择暂时在小学教书才得以缓解。此外，由于父亲的薪水断了，张钹一家只能回到家乡龙田继续生活。1943年10—12月，张钹被迫辍学，

图1-2 张钹的母亲余心涵（张钹提供）

---

① 张铣访谈，2022年7月15日，福清。资料存于采集工程数据库。
② 王钦法访谈，2022年7月15日，福清。资料存于采集工程数据库。
③ 张钹访谈，2023年1月13日，北京。资料存于采集工程数据库。

之后与母亲和两个弟弟由叔父张端哲接回龙田。因为张玖还在小学里教书，不能中途回去，所以张钹的五姐张琇就与她一块暂时留在宁德。回龙田的路并不好走，山路崎岖，加上交通不便，张钹和弟弟只能坐在两个竹筐里，被大人用扁担挑着爬山越岭。到了福州，又要坐一段时间的船。前前后后花了近一周，历经艰辛辗转才回到故乡。

　　虽然当时私立学校的小学老师收入还较为可观，但是要养活 7 口人还是很不容易的。大姐把所有的收入都交给母亲，再由母亲来安排。全家的一切都靠母亲余心涵的精打细算，孩子的衣服除一两件洋式的学生装外，其余全是母亲用土布制作的，毛衣则是大姐织的。饮食上一年到头喝稀粥（番薯片与大米一起煮的"薯钱粥"），过年过节才有干饭。菜只有少量蔬菜、咸带鱼等。由于饭和菜都很少，兄弟姐妹们互相推让，于是除大姐外（当时大哥张铙已在福州英华中学念书），其他姐弟的饭菜均由母亲统一分配，母亲自己总是喝最稀、最少的粥。每人面前还有一只小瓷碟，碟子上面画有一只十二生肖中的彩绘小动物，代表每个人的生肖属性，张钹的碟子上绘的是一只猪，张琇的碟子上绘的是一只猴，张铃的碟子上绘的是一头牛，张锻的碟子上绘的是一条蛇，这是母亲想办法给素淡的餐桌增加的乐趣。生活上虽然拮据，但母亲仍用善良的行为影响着孩子们。张钹的小舅余乃馥因为经商，常来龙田办事，每次母亲都千方百计地挽留他，让他吃了"点心"再走。虽然叫"点心"，但实际是一碗炒米粉，通常在上面放上蔬菜、肉、鱼、虾等，这对于本不宽裕的张钹家来说是平时无法吃到的菜肴。而母亲这样做，也说明她的好客和对亲戚的关心。此外，张钹的母亲也是虔诚的基督教徒，待人谦和温柔。七柱厝里的住户大概有 10 家，据张钹回忆："母亲跟大家相处得非常好，我从来没见她发过脾气，她对我们也从来没有打骂过。"母亲的这种品德也深深影响了张钹，他说："我很少得罪人，虽然别人有时可能会得罪我，但我都是采取宽容的态度，不追究，宽以待人。"①

　　由于父亲过世较早，因此母亲还承担着教育 5 个未成年子女的责任。

---

　　① 张钹访谈，2022 年 7 月 27 日，北京。资料存于采集工程数据库。

她不讲大道理，而是用朴素的语言、真实的故事和自己的表率作用去教育孩子。张钹的母亲每天认真阅读圣经，并从中识字。每当遇到不认识的字，她就用小纸条夹在书里作标记，找机会问张钹等人，这种习惯一直保留到八十多岁。虽然这些书本的知识可能对张钹的母亲做家务没有太大作用，但她仍努力去学习，去感染教育孩子。她常说"做什么，要像什么"，要追求完美。张钹在学习或者做事上都非常认真，这一点深受母亲的熏陶。此外，母亲还常给孩子们讲父亲忧国忧民、廉洁奉公的故事，教育他们向父亲学习，秉承父志。她曾说："你父亲当县长时，外出办公事，坐轿子出了城门就下轿，坚持要步行。连卫兵都嘀咕'抬轿的比坐轿的还轻松'"。母亲还说，父亲在"洋厝窝"看到清水（张厝[①]人）一家三口在地里劳作，因为没有耕牛只能人力拉犁，他便倾囊相助，让他们买牛。这样的善举也得到了回报。中华人民共和国成立后，由于孩子们都外出读书，张钹的母亲一人留在龙田时，清水便对自己的儿子说："十三叔（张钹的父亲）是我们的恩人，你要善待十三婶（张钹的母亲）。"在那些艰难时期，张钹的母亲得到了乡亲们的很多帮助，她也一直鼓励在外读书的儿女要勤奋读书、奋发图强、自力更生、改变命运，并自己率先垂范。当然，母亲的辛苦付出没有白费，张钹后来所取得的成绩印证了一切。[②]

才 学 兼 优

1943 年冬，一家人回到龙田老家后，张钹准备到附近的融美毓德联合小学读三年级。当时已接近期末考试，而且新学校的国文课本与张钹在宁德学的完全不同，张钹有些退缩，母亲却说："你还得去，不去的话你要留一级，多可惜啊。"在母亲的鼓励下，张钹硬着头皮插班上学。在临近考试三四周时间，他把全部精力都花在备考上。数学是他的强项，跟上进度

---

① 龙田当地张姓族人集中居住的地方被称为"张厝"。

② 张钹访谈，2022 年 7 月 27 日，北京。资料存于采集工程数据库。

绝对没问题。关键是国文，必须一课一课地补。经过努力，张钹在期末考试中取得了第 11 名的成绩（全班共有学生 70 多名）。他后来回忆说："这是我在中小学学习阶段所有考试中唯一一次没有取得第一名。"张钹从小学习成绩优异，不但数理化是全班第一名，而且文史地也基本上是全班第一名，至于音乐、体育、美术这样的课程，张钹在班上也是名列前茅。①

张钹能取得这样的成绩，离不开学校的培养。创建于 19 世纪 90 年代初的融美毓德联合小学一直以严要求、高质量著称于福清学界。小学离张钹家不远，校内几栋建筑坐东朝西，主要建筑是一座西式两层大楼，外形酷似仓库。中部仅有一层，很高，屋顶开有天窗，供采光用，是学生活动和集会的场所，姑且称为大厅。大厅的两侧是两层楼，一楼两边各有三间教室，门朝里，面向大厅，窗户则朝外，教室正好供六个年级学生上课。二楼为师生宿舍。西南有一棵大榕树，巨大的树根布满地表，盘根错节，是学生们纳凉休息的好去处。南侧是操场。校长林芝兰（1898—1971）端庄、矜持，很有涵养。林芝兰全身心地投入教育事业，终身未嫁，而她的付出也得到了学生与家长的尊敬。林芝兰毕业于福州华南女子文理学院，她信奉基督教，接受的是美式教育，所以生活方式与当地人有很多差异。比如，她喜欢养狗和种花。她养了一只黑狗，名叫布勒客（black），很温顺，见人就摇尾巴，不像是看门护校的。她在大楼南面砌了一排花圃，种有菊花、牡丹等，花圃边的墙上用白粉写下几个大字："践踏花圃者，扣操行 5 分"。这条"处罚"很管用，因为"操行"成绩代表学生的品德，因此学生们都小心翼翼地绕过花圃，不敢抄近道进入教室。学生到了五年级开始上英语课，由林校长亲自授课，她教得很耐心，从不打骂学生。学校的老师有 13 名左右，大多是福清本地人。他们一般受过高中或者中专教育，学历并不高，但多数出身于教育世家，热爱教育，且非常敬业。以国文老师薛惠光（1920—2010）为例，大家称他惠光先生，福清一带学生叫老师都以名字相称呼，更显亲切。惠光先生毕业于福州协和高级职业学校，全家曾被评为"福建省模范教育世家"。他德艺双馨，音乐、书法都

① 张钹访谈，2022 年 7 月 27 日，北京。资料存于采集工程数据库。

很不错，他的教学理念是"让学生学做人的基本道理、学习的基本方法和科学的基本知识"。又如，数学老师薛章积，上薛村人。他的哥哥薛章福是融美初级中学的老师、教导主任，主要教动植物课。此外，张钺的大姐张玖、叔叔端哲，以及大哥张铙都在这里当过老师。①②

学校有学生400多名，一部分来自本镇，为走读生；一部分来自附近村庄，为寄宿生。学生大多是农家子弟，家境贫寒，他们来上学，既不为升官发财，也不是想当科学家、教育家，仅仅为了改变命运。因为当地耕地很少，福清大多数人的出路就是经商或者下南洋，但他们深知无论怎样选择，都需要文化，因此个个学习刻苦、勤俭，人人遵守纪律。女学生很少，大体只占15%，男女生之间互不接触，教室的座位也是男女分开，女学生坐在前面的几排。由于师生都是来自龙田附近地区，因此教学全用福清话，一概不用国语（普通话）教学，即使国文也不例外。国文用福清口音读，既不是福清话，也不像国语。因为福清话无论是在词汇上，还是文法上都与国语不同，这样读出来的国语，福清老百姓也基本听不懂。但好在它很接近国语，只是读音有差别，因此学生们尽管平时很少讲国语，学过国文之后，用国语对话一般没有问题，只是有些口音。学校教学很严谨，对学生的要求很高。每天早上上课前必须参加升旗仪式，下午五点半降旗，每个学生也必须参加。即使下午没有课，也要等到降旗之后才能回家。课桌比较简陋，桌子与椅子连在一起，即前排椅子背面安一块木板，作为后一排学生的桌子，一间教室可容纳60—70名学生。尽管硬件条件简陋，但学生的学习积极性很高。每周有周会，在洋楼大厅举行，周会程序单调，且一成不变：全体起立，唱国歌，背诵孙中山总理遗嘱，向孙中山总理遗像行三鞠躬礼，再由校长讲话。学校的体育设施不多，主要的体育活动是跑步、打篮球、打乒乓球等。此外，学校还经常组织多种文艺活动吸引学生参加，特别是每年4月4日的儿童节（1932—1949年，将每年的4月4日定为中国的儿童节）和12月25日的圣诞节，有唱诗班，有老师导演的话剧、歌剧与舞蹈，有学生自导自演的文艺节目等。学校老师大

---

① 张铙访谈，2022年7月15日，福清。资料存于采集工程数据库。
② 王钦法访谈，2022年7月15日，福清。资料存于采集工程数据库。

多信教，都有一定的音乐修养，他们组成的多声部唱诗班在风琴的伴奏下唱出的赞美诗十分动听，很受学生欢迎。受教会的影响，学校比较重视音乐教育。比如，为测试学生的听力，音乐老师会在风琴上弹一两个音符，让大家辨认。年少的张钹对音乐有一定的兴趣，通常多是他和同学余美琪能猜对。余美琪的父亲是牧师，家里既有风琴又有钢琴，受他影响，余美琪的辨音能力也很强。

学校还有一个经常性的活动——做礼拜。每周日上午，学校都要组织学生到教堂做礼拜，这带有一定的强制性，大部分学生都会参加。走进礼堂的大门，迎面就是讲坛，讲坛前摆满一排排的椅子，是信徒们就座的地方。学生顺着楼梯往上走，在二楼依次坐下。为了防止学生中途退场，带队老师坐在楼梯口把守，除上厕所外，一概不许下楼。布道通常由余牧师担任，讲的都是一些耳熟能详的故事，如"创世纪""出埃及""诺亚方舟""耶稣诞生""耶稣受难"等。有时还请外地或本地的牧师和老师来讲道，给信徒以新鲜感，很受学生们的欢迎。融美初级中学的薛永香先生常来讲道。张钹兄弟姐妹并不信教，但在这种环境的熏陶下，对信徒也十分理解与尊重。在七柱厝前厅西侧正房的张钹卧室的上方有个半阁楼，那里存放着古诗词、古典与现代小说、教会的宣传图片和漫画等，张钹常拿来阅读，如《红楼梦》《镜花缘》《老残游记》和鲁迅的很多作品，有些作品虽然不完全懂，但也学到了不少知识。在七柱厝书院的桌子和书柜里，塞满了祖父张纲与其诗友的诗作和字画，这些也给张钹提供了丰富的精神食粮。受此熏陶，张钹写的文章和作的画经常得到老师的赞许，并把作品张贴出来，让大家欣赏。张钹的弟弟张铃更是心灵手巧、多才多艺。有洋师姑来龙田布道，顺便收集小朋友的画，拿到美国去义卖。于是，就由张钹的大哥张铙拿来一些花鸟山水画作，组织学生进行临摹，其中数张铃画得最好。①

学校考试比较频繁，有定期的月考、季考和期末考，每次考试都要根据成绩进行排名，送给家长检查督促。突击考试很平常，老师在讲课开

---

① 张钹访谈，2022 年 7 月 27 日，北京。资料存于采集工程数据库。

始、中间或者结束之前都有可能安排考试，只要说声"合上书本"，学生就会条件反射似地将书本收起来，准备好纸和笔。考试的内容是几天前讲过或刚刚讲过的。因此，学生必须及时复习功课，始终注意听讲。张琇、张钹和张铃姐弟三人总是以"一日功课一日毕，不要等明日，明日何其多"提醒自己，努力完成每天的功课。晚上三人共用一盏洋油灯，一起复习功课。为了省油，灯光调得比较暗，他们便用一张白纸，中间剪出一个洞，套在灯罩上，以增加亮度。因此，为了能看得清楚，他们都要把书本靠近油灯，彼此之间头几乎碰在一起，一不小心，头发还会被烧着，发出嗞嗞的响声。张铃回忆说："由于晚上读书的地方很小，所以我往往下午回来就把功课复习好，到晚上就去睡觉了。但我哥哥（张钹）很认真，经常读了以后还要再读。我母亲对他说：'你这个孩子怎么不睡觉？'他回答说：'什么东西都要读熟一些总是好的。'他从小就有一种努力认真的精神，所以我觉得他现在的成就与从小养成的这些习惯有关。"[1]年幼的张钹与兄弟姐妹们深知母亲的艰辛和不易，他们以专心学习和刻苦钻研默默地报答母亲的恩情，也为家里减轻了学费的负担。当时的学校为了激励学生们发奋学习，特别设立了奖学金制度，每学期考试第一名的学生学费全免，第二名学费减免 70%，第三名学费减半。在父母的影响下，张钹兄弟姐妹都很争气，均为班里的第一名。也正是因为此制度，张家姐弟不用为学费而担忧。对于学习成绩优异的原因，张钹总结为"认真"，就是在学习时间里把"认真"二字的作用充分发挥好。上课和自习时间，张钹绝对是认真地学习，但是下课和放假则是尽兴地玩，将两者分得很清楚。这样一来，第一名成了张家的最低要求，如果没得第一名或许就算失败。虽然父亲过世较早，但有很多亲人关心着张钹，给他爱心和温暖。林芝兰校长和薛章积等老师都非常疼爱他，在该校任教的大哥张铙、大姐张玖更是在生活上经常关心、帮助他，他的堂哥张锴、张钲与他同窗，学习上你追我赶，共同进步，正是"顾予同邑又同窗，少小论交情谊长"。[2]

1947 年，张钹小学毕业。毕业前有一次例行活动，即集体到福庐山远

---

① 张铃访谈，2022 年 5 月 25 日，合肥。资料存于采集工程数据库。

② 张钹访谈，2022 年 7 月 27 日，北京。资料存于采集工程数据库。

足。学生们在这里观赏景点、做游戏，体会小学的最后时光。张钹的毕业成绩列全班第一，于是得到"天字第一号"的毕业证书。那时候毕业证书背面骑缝上都有编号，即"＊字第＊号"，不同毕业班取不同"字"，张钹的班级是"天字"。"第几号"则以成绩排序，张钹成绩是全班第一名，故排第一号。"天字第一号"证书的故事在校园内一时传为美谈。在张钹的小学毕业合影上，75 名打赤脚的同学和 13 位教师，虽然没有穿着统一的校服，但脸上洋溢的朝气却是一致的。坐于第一排的张钹，制服上的七枚纽扣扣得整整齐齐，凝神挺胸，风范卓然。①②

图 1-3　张钹的小学毕业照（第一排：左二张钲、左十二张钹；第二排：左四张玖、左五林芝兰、左七张端哲、左八薛惠光、左十薛攀皋、左十一张铙、左十二薛章积；第四排：左五张锴。张钹提供）

童 年 生 活

　　成绩的优异并不代表童年生活的无趣。张钹的五姐张琇曾写过一首词作为对他们姐弟童年的一段回忆："童年忆，诸事忆朦胧。难忘双亲谆教诲，唯知文理苦勤攻，岁月去匆匆。亲情乐，姐弟跃登峰。盘坐野餐同览胜，翠荫彩蝶逐顽童，夕照醉玩中。"童年时的张钹对任何事物都感兴趣，当时龙田没有太多娱乐活动，唯一的娱乐是看闽剧。一般节假日剧团来演

---

① 张铣访谈，2022 年 7 月 15 日，福清。资料存于采集工程数据库。
② 王钦法访谈，2022 年 7 月 15 日，福清。资料存于采集工程数据库。

出，小孩子可以免费看，但平日要收钱。好在镇上有个不成文的规矩，戏演到快结束时，就把祠堂仪门打开，让大家自由出入，当地叫作"拔戏尾"。张钹放学正好赶上戏尾的时间，是一定要去看一看的，等看完了戏才回家。还有一个吸引人的活动是变戏法。有一次，在张氏祠堂前围着一堆人，还有急促的锣声，一位中年人手中拿着三根短木棍，来回敲打，声称要把木棍全部吞下去。实际上这是一位卖狗皮膏药的，在这里变戏法是为了吸引人，好招揽生意。由于多数人为看戏法而来，对狗皮膏药不感兴趣，于是不断有人离开，但张钹却很有耐心，他想一直看到最后，揭开戏法的秘密。反复看了几次之后，张钹想通了其中的窍门。变戏法的人每次拿三根木棍，最后都只吞了一根，说明三根里头只有一根有玄机，其他两根没有问题。当变戏法的人敲打木棍时，他会反复倒换以证明都是木头做的，其实有一根是纸做的，而最后就是将这根纸木棍吞入口中。张钹曾说自己有一个特点，就是对任何事都要刨根问底，在童年的这一幕中可见一斑。①

　　寒暑假是小学生最快活的日子。暑假期间，七柱厝内有众多的玩伴，与张钹同龄的就有 4 个，年龄相当的有十多个，因此可以玩各种游戏。男孩最喜欢的游戏是"攻城"，参加的人分为人数相等的两组，各占一座城池，即一根立柱。游戏规则很简单，后出城的人可以追赶先出城的人，并设法把后者打败（触摸到对方），直至把对方的城攻破（立柱被对方触摸到）。他们相互追逐，不仅要跑得快，还要灵活躲闪，运动量很大，是一项很好的体育活动。寒假适逢春节，福清一带把春节叫"做年"，从农历十二月二十三日"筅堂"（扫尘）开始，已经算"做年"了。各家都忙于扫除灰尘，清洗家具。尽管全家都在忙碌，但正值期末考试期间，所以小孩子一般不参加这些活动。特别是张琇、张钹和张铃班级相近，又在同一学校，同时考试。大家都要争取第一名，因此压力格外大。考试结束，孩子们才算正式过年。除夕夜，福清有守岁的风俗，当夜一家老小一起吃团圆饭，夜里张钹的母亲会把压岁钱放在每个人的枕头底下，第二天早上给大家一个惊喜。正月初一，早餐要吃线面，加上太平蛋，寓意福寿绵长、

---

① 张钹访谈，2022 年 7 月 27 日，北京。资料存于采集工程数据库。

太平如意。七柱厝内有近十户人家，挨家挨户相互拜年，很是热闹。午夜，开始燃放鞭炮。年轻人站在前厅燃放二踢脚，或者把燃着的小鞭炮扔到天井上。燃放完，孩子们就跑到天井中央，捡拾没有燃着的小鞭炮，以便取出火药，放烟花。春节一直延续到正月十五日才算结束，而与小伙伴们在春节期间相互玩耍的时光一直令张钹难忘。

学校为防止学生把所有时间都用于玩耍，规定假期除周日外，每天要写一篇日记和一张大楷（毛笔字），开学时交上作业才让注册上学。张钹虽然平时上课都很用功，但毕竟年纪尚小，自制力不够，和大家一样成天玩耍，早把作业丢到脑后。到了快开学时，张钹也会和很多孩子一样，将作业集中补齐。大楷一两天就可以写完，日记则稍微麻烦些，要挖空心思临时编写内容，例如蚂蚁搬家、蜘蛛织网、狗打架等这样的趣事都被写进日记。由于每篇日记的开头都要写上日期、星期几、天气三项内容，前两项还比较好办，查查日历就可以。天气就比较麻烦了，是晴、阴，还是雨，大家都没有记录，只好临时拼凑。幸好每次作业交上去老师没有检查这些，愉快的假期就这样度过了。

由于当时国家尚处于动荡时期，张钹的童年时光并不总是欢乐与祥和的，1943—1945 年，日本侵略的阴影时刻笼罩着龙田的上空。夏夜炎热难眠，人们常在埕墩纳凉，听大人们讲世事。在这段时间传播的多是令人揪心的事：一会儿说，日本人打过来，国民党实行焦土政策，要把龙田镇夷为平地；一会儿又说，日本人一旦打到龙田，当亡国奴，男孩子会全被杀光。长吁短叹，不知如何是好。直到 1945 年 8 月 15 日，日本投降的消息传来，龙田镇沸腾起来。张钹记得庆祝那天，龙田街上空用帆布盖起来，福清话叫"幔天"，指"天空"用布幔遮起来。"幔天"十分隆重，只有大庆才可以用。舞龙、耍狮子、踩高跷、陆地行舟，热闹非凡。表演队从街头走到街尾，所到之处，人们都放鞭炮欢迎。有的商店还请舞龙或耍狮子的进入店内绕一圈，以求吉利；有人打着标语牌，上写"两颗原子弹，结束战争"。欢庆一直持续到深夜。[1]

---

[1] 张钹访谈，2022 年 7 月 27 日，北京。资料存于采集工程数据库。

三 个 满 分

1947 年 7 月，张钹小学毕业，学校保送他升入融美初级中学。融美初级中学创办于 1892 年，其现今已改名为福清第三中学，以"居心当如止水，求学譬诸为山"为校训，办学 130 年来英才辈出。从这所中学走出的校友，有三位中国科学院院士（高由禧、曾融生、张钹）。曾焕枢于 1932 年为校歌写词，校歌描述了美丽的校园、悠久的历史和办学理念。

> 福庐崔巍，金山拥峙，山明水秀钟融美。
> 良师益友，群英翠止，济济多士，梯山航海仰绛帷。
> 猗欤融美，教泽宏敷，声名洋溢逾五纪。[①]
> 勖哉莘莘学子，力学致用，踊跃前进，为国效荩忠。

融美初级中学离张钹家不远，从毓德小学出发，向北走，来到一个广场。走过广场，即到融美中学的围墙南端，校门开在围墙的西面。进入大门，迎面是一座漂亮的二层小洋楼，坐东朝西，由白色的石块砌成，因此叫石厝。石厝的南面有座红砖灰瓦的二层洋楼，称南洋楼。北面也有一座二层砖木结构的灰色洋楼，叫北洋楼。石厝是教学楼，共有五六间房屋，其中三四间为三个年级学生的教室，楼下一间是物理与化学实验室。南洋楼是男生与老师的宿舍，二楼有一个小礼堂，为全校同学聚会的地方。北洋楼是女生宿舍和校长全家住的地方。北洋楼后面有个大操场，因为在金山脚下，被称为后山，南洋楼南面除了一个篮球场，在更南方向还有一个操场。

张钹上学时有在校生 266 名，除来自龙田镇外，还有些来自周边的镇和村，比如海口、高山和渔溪镇。这三个镇尽管也有中学，但因为融美初

[①] 1932 年创作时正逢融美初级中学建校四十周年，歌词最初用"周四纪"。到张钹入学时，歌词已改为"逾五纪"。

级中学历史悠久、办学质量高，大家都愿意来此读书。此外，还有不少从南洋（主要是印尼）回来的侨生，当地叫番客仔，他们的父母希望子女不忘自己的根，于是送回家乡上学。学生的走读和住校方式跟小学一样，本镇来的是走读生，其他镇或村来的是住校生。南洋楼东北面有座厨房，住校生从家里带来一周的粮食，厨房提供蒸煮条件。住宿条件比小学时要好得多，每个房间 4 张上下铺床，可住 8 名学生。多数学生家境贫寒，读书只是为了谋生。1947 年与张铋同期入学的新生（"晨曦级"，级训为"旭日东升"）有 142 人，到 1950 年毕业时仅剩 61 人。时任校长的陈举鸣（土壤学家，1956 年以后在福建农学院任教）认为，辍学的学生"多数因家庭经济困难，或学业能力不及"。面对家庭经济的制约和学业水平的高要求，少年张铋一如既往，在生活上非常低调，俭朴律己；在学习上则精益求精，力争上游。张铋回忆说，他在中学时成绩优异，第二名和他的差距很大。而谈起自己的中学时光，张铋对于老师们的教育之恩非常感激。

1947 年 7 月，福清临近解放，国民党有一个师的残兵败将向南败退，在龙田镇驻扎下来。镇里的机关、学校和民房住满了国民党官兵，闹得鸡犬不宁。当时正值暑假，学校突然宣布要办一个"暑假补习班"，而且马上开学，希望大家踊跃参加，张铋也报了名。这个所谓的"补习班"，其实是张铋的老师薛永香一个人操办的，所有的课程都由他义务承担。原来，薛永香想以"补习班"的名义阻止国民党官兵进驻学校，保护校园和学生。也正是这个"补习班"，让学生们没有受到国民党官兵太多的影响。此外，张铋还念念不忘在融美初级中学的一件往事——校长陈举鸣深感张铋是可造之才，曾经把石厝一楼物理与化学实验室的钥匙交给他，让他在不影响正常教学的任何时间可以自主到实验室做实验。[①] 这把钥匙，既代表着少年张铋的学习实力，也凝聚着陈校长识才的智慧。它不仅是实验室的铜钥匙，更是打开心灵的金钥匙。有了这把金钥匙，少年张铋充满自信、勇于攀登。1950 年夏天毕业的时候，陈校长还请张铋到北洋楼与他全家共进晚餐，并鼓励张铋，希望他能更上一层楼。物理老师对张铋也器

---

① 王永利：人生因追求而壮丽——记张铋院士。《中国科技月报》，2000 年第 1 期，第 38 页。

重有加。为宣传科学知识，做一些物理学方面的科普，物理老师曾办过壁报，而物理成绩突出的张钹成为该壁报的唯一投稿人。由于当时还是初中生，同学们对物理知识接触较少，大多写不了相关材料。在物理老师的鼓励下，张钹完成了一篇关于潜望镜的文章，他根据找到的潜望镜图片，用光学的知识分析了工作的原理。后来，物理老师被调到福州高级工业职业学校任教，出壁报的任务便交给了张钹。在大哥张铙的帮助下，张钹完成了几期壁报。虽然终因材料有限而被迫停办，但这样的经历培养了他对科学的兴趣。物理老师在福州期间，张钹还经常写信向他请教物理学的问题，老师每次都给予详细的解答。此外，数学老师方景曾、余肇浚也对张钹进行过很多课外辅导与鼓励。①

1950 年，福清县（今福清市）召开第一届福清县各界人民代表会议。因为融美初级中学的地理老师张端机在 1946 年加入了地下党，人民代表大会召开的时候，他担任常务委员会的委员。由于当时需要中学生代表参加，张端机便指定张钹作为中学生的代表参加这次人民代表会议。对于被选中的原因，张钹回忆说："他觉得我不但学习好，而且我在同学中的影响也是挺好的，因为我经常帮助困难学生。此外，由于我在全县举行的演讲比赛中获得了第一名，当时在县里头也算有点名气。"② 为了推广普通话，当时福清的中小学经常举办演讲比赛。张钹在所有校级与县级演讲比赛中均获第一名，并在两次全县中学生（含初、高中）演讲比赛中蝉联冠军。县城的国语演讲比赛，每个学校派 2 名演讲人参加，张钹是其中之一。比赛时，全体初三学生都可以去观看。虽然县城离镇上只有 15 千米路程，但平时学生很少有机会去，因此同学们的积极性都很高。当时，演讲稿是老师预先写好的，所谓演讲，相当于朗读（或是朗诵）。在小学时，张钹就曾多次参加比赛，均获得第一名，应该说是比较有经验的。但过去的比赛只在学校范围内进行，而县级赛是全县范围的，不但有好几个中学参加，而且还有高中生。对于还是初中生的张钹，完全是不同级别的竞争。比赛在一座大礼堂进行，听众是各校老师与学生，有五六百人。比赛之前，各

---

① 张钹访谈，2022 年 7 月 27 日，北京。资料存于采集工程数据库。

② 同①。

个学校互相"拉歌"，这是从解放军那里学来的。当时学生们已经会唱很多革命歌曲，如《解放区的天》《咱们工人有力量》《东方红》等，因此"拉歌"很激烈，谁也不服谁。到了演讲环节，演讲内容可以自由选择，张钹选了一个自己的拿手主题，题目是"国防科学与世界"，这篇讲稿是小学时在宁德准备的，大部分是在老师的帮助下完成的。演讲的内容大意为强国利用它的科技优势，发明各种杀人武器，侵略与欺侮弱国，并由此引申出弱国要发展科技，走强国之路。也许，科技兴国的思想在那时已经印在了张钹的脑海里。参加比赛的学生共有12名。来自县中学的学生见过世面，演讲时比较放松，还设计了一套手部动作和即兴插话，但是看得多了，难免会让人感到单调乏味。张钹则是直挺挺地站在那里，基于他对内容的理解进行朗诵，把情感溶于演讲之中，"原生态"，没有任何辅助动作。这样的方式让听众将注意力集中在了演讲本身。最终，评委一致认为，张钹应获得第一名，还给他颁发了一只福建著名的工艺品——脱胎花瓶作为奖品，上面题有"福清县中学演讲比赛第一名"的字样。1949年12月，县里组织全县范围的时事（知识）竞赛和国语演讲比赛。学校派张钹作为代表参加，结果两项均取得第一名。张钹能取得这样的成绩，也离不开母亲的影响。母亲常教育他："事不论大小，都必须认真对待，即使捡猪粪也要争第一名。"当时的竞赛与现在不同，预先没有任何准备，完全靠平时积累。时事竞赛主要考查报上登载的内容，虽然大家平时都看报，但不同的是，张钹看报比较认真，而且阅读后会用心记住。于是，当地很多家庭教育孩子时，往往把成绩突出的张钹作为榜样，让自家的孩子向他学习。①

　　成绩优异的张钹，对自己的未来也有着憧憬。由于交通不便，福清相对闭塞，当地人熟悉的名人寥寥无几，最熟知的便是爱因斯坦和梅兰芳。前者是从老师那里听来的，而后者则是听传闻得知。张钹回忆说："提起未来的理想，我在青少年时期就已经有了，而且十分强烈。记得在中小学学习的时候，由于学习成绩好，加上对数理化特别有兴趣，老师和周围的同学都认为我将来可以成为一名科学家，像爱因斯坦那样，于是长大以后当

---

① 张钹访谈，2022年7月27日，北京。资料存于采集工程数据库。

科学家一直是我的理想与追求。不过，这些想法在当时还是十分朦胧的。"张钹的母亲对于孩子们的唯一要求就是要远离家乡，到外面去学习。母亲认为：窝在镇里头是没有出息的，好男儿应该志在四方。后来，张家兄弟都听从母亲的话，走出家乡，到更广阔的天地去发展。

1950 年，张钹以优异的成绩从初中毕业。按照惯例，所有毕业生须进行毕业远足——"游三镇"（龙田、海口、渔溪），这是同窗三年的最后时光。初中三年，张钹收获了许多友谊。同学薛攀杰，来自薛港村，学习好，且写得一手好字。他常跟张钹开玩笑，劝张钹不要太用功，理由是"毛竹不分叉，天会捅破"。同学翁其楷，渔溪镇人，家境比较好，小学就与张钹同桌，初中又是同班，两人是无话不谈的好朋友。同学安康，福清县人，后来在英华中学读高中时又与张钹同班。安康的姐姐安琼是张钹的大姐张玖的朋友，姐夫郭永融是张钹的老师，常以"享耳"的笔名发表文章，因此同学之间有许多共同语言。在毕业纪念册上，知心好友薛攀杰这样写道："张君名钹，性俭朴，穿着不入时的衣服，但品学兼优，学科成绩在'晨曦级'中首屈一指。打从小学至今十二次头名过，特长数理，尤擅言词，一有演讲，同学总是一致推举他，人家一提起他的名字，莫不称美而仰慕。"[1]张钹在给同学的留言中则说："新时代的青年，应当俭朴、好学、活泼。朋友，发扬你的好风度，做青年中的模范！"[2]

图 1-4　1950 年张钹初中毕业
照（张钹提供）

未来的路如何走，张钹原本有一个明确的计划，即进入福州英华中学读高中，那是他从小向往的地方。从大哥张铙那里，张钹听到了英华中学的许多趣闻轶事。这是一所贵族学校，除国文外，全部用英语教学，毕业学生大部分到美国留学。当时的英华中学已经培养出一批科学家、医生和

① 张钹访谈，2022 年 7 月 27 日，北京。资料存于采集工程数据库。
② 王钦法：科学院院士张钹。《福建乡土》，2020 年，第 8-9 页。

律师。张铙还讲到校长陈芝美（1896—1972）口才如何好；许世晖先生（1914—2000）物理教得如何棒，连他的物理考试难也是"家喻户晓"。在英华中学学生中曾流传一道谜语："世晖先生考物理"，打一世界名人。谜底是"真纳"（真纳是巴基斯坦国的创建者，被称为巴基斯坦之父。福州话是"真刁钻、真难"的意思）。虽然张钹早有当科学家的理想，现在却不得不考虑现实问题：由于大哥张铙准备上大学，大姐张玖也已结婚，唯一的经济来源没有了，五姐、两个弟弟和自己又都在念书。这样的情况，家里如何支撑张钹上完普通高中进而上大学呢？带着迷茫的思绪，张钹踏上了去往福州的路途。当时实行自主招生，各个学校的考试时间不同，分别安排在 7 月底到 8 月底之间的某一天，因此张钹需要赶去福州参加各高中的入学考试。

这是张钹第一次独自出远门。龙田到福清他走过多次，花半天时间即到县城，借住在同学安康家。第二天清晨，从福清县城出发，目的地是连江县的魁歧镇，再从那里乘船到福州。傍晚到福州后，张钹住在姐姐家。张钹的姐夫在福州格致中学教化学，是一位优秀的教师，工作认真负责，深受学生的欢迎。但他沉默寡言，和张钹相处略感冷淡。由于姐姐当时在住院，张钹在福州的生活全由姐夫负责。每天清早姐夫给张钹做好稀饭，留一点菜，就到学校上班。因为稀饭够吃两顿，所以中午姐夫并不回来，晚上下班后再一起吃晚饭。7 月底，张钹考的第一个学校是福州高级工业职业学校。因为这所学校的所有学生都能享受助学金，所以来自福建四面八方的学生都来报考。考试结果张榜公布，贴在墙上，成群的学生仰着脖子，寻找自己的名字。名字按名次排列，张钹的名字排在第一位。自此，大家都知道有个叫张钹的学生，入学考试考了第一名，在当时成了福州学界的名人。几天后，福州第一中学开始考试，这是一所与英华中学齐名的学校，参加考试的学生同样很多。福州第一中学除笔试外，还有口试。时至今日，张钹仍对当时的口试记忆犹新。那天，考官在问了张钹几个学业问题后，最后的问题是"现在的与过去的学生会有何不同"。对于这样新颖的问题，张钹并没有慌张，而是按照自己的理解进行了回答。鉴于张钹的出色表现，老师们私下稍作交流之后，便问张钹："你福州高级工业职业学校考了第一名，准备去吗？"张钹如实回答"准备去"。老师似乎有些惊讶，便问原因。张钹解释说"家里没钱，福州高级工业职业学校有助学金"。"我们这里也有助学金，可以给你，你来我们学校吧"，老师们还是想争取张钹。"我们家实在太困难了"，对于老师的好意，张钹也只能无奈地表示要再考虑。没过几天，成绩公布，张钹同样取得了第一名。虽然连续通过了两所学校的考试，张钹非但没有成就感，反而更加沮丧。因为他最向往的英华中学考试时间安排在 8 月底，考虑到每天麻烦姐夫做饭，张钹最终决定不参加后面的考试，提前回家。回到龙田，听了张钹的汇报，大哥张铙把他训了一通，"哪有这么傻的，放着普通高中不上，去上中专。"[①] 其实，张钹知道大哥的好意，是为他的前途着想，但考虑再三，张钹最后还是选择去福州高级工业职业学校上学。普通高中虽有助学金，但名额较少，职业学校能保证人人都有助学金，可以减轻家庭的负担。

　　1950 年 9 月，张钹到福州高级工业职业学校报到。这里的助学金分甲乙丙三等，完全根据家庭条件来评，张钹被评为乙等，每月发给 20 多斤大米，吃饭 8 人一桌，每顿一碗大白菜，一点油水也没有。这些困难张钹都能克服，这样的饭菜比家里要好得多，至少顿顿还有白米饭。[②] 可是，后来发生的一系列事情让张钹十分失望。一方面，课程太简单，数学课很多与初中所学的差不多，也不学英语，张钹感觉这样学不到什么知识；另一方面，闽南和福清两地的同学在宿舍形成了小团体，互相之间搞小动作、恶作剧，不把心思花在学习上。面对这样的环境，张钹认为福州高级工业职业学校并不是读书的地方，应该赶快离开。于是，他萌生了转学的想法。那时候从职业学校转到普通高中并不容易，张钹找到教务处处长张国藩，询问可行性。由于张钹的学习成绩全校有名，张国藩也支持这名学生到更好的学校求学，随即表示只要对方学校同意接收就可以转学。于是，1951 年年初开学之后，张钹便找到英华中学，表达了转学的意愿，并把福州高级工业职业学校第一学期的成绩单，以及初中毕业的成绩单交给他们。英华中学态度非常积极，很快答复："只要对方肯放，我们一定要。"

---

①　张钹访谈，2022 年 7 月 27 日，北京。资料存于采集工程数据库。
②　张钹访谈，2023 年 1 月 13 日，北京。资料存于采集工程数据库。

这个答复让张钹为之振奋,曾经的梦想似乎又有了清晰的方向。后来听说是英华中学的林穆和、邵宗周等老先生极力促进的结果。他们认为张钹这样的人才难得,应该给他上大学的机会。于是,张钹很快便办好了转学的手续。

来到英华中学,张钹读普通高中的愿望终于实现。英华中学坐落在福州市的仓山区,闽江从山前流过,与闹市区隔江相望。市区内布满精致的别墅,包括"福庐""美庐"等,原是富人的聚居地。校园分高中部与初中部两处,高中部位于山顶,由教室楼、办公楼和学生宿舍三座四层洋楼组成,红砖灰瓦,坐北朝南,景色宜人。英华中学创办于 1881 年,是一所历史悠久的名校。国学名师陈遵统、林行陀,著名作家萧乾,科学家沈元等都曾在英华中学任教。校友中有林森、黄乃裳等 5 位辛亥革命元老,方尔灏、王助等 13 名革命烈士,以及院士(包括中国科学院、中国工程院、台湾"中央研究院"、美国工程院)16 名。校长林观得 1931 年毕业于燕京大学地质系,1936 年赴美国留学,获美国西北大学地貌学硕士学位,是前校长陈芝美的学生。陈芝美是福建著名的教育家,1928—1948 年担任英华中学校长,在任期间将学校带到了全省一流的行列。作为学生,林观得继承了老师的许多优良办学传统。到张钹入学时,英华中学教学老师的水平依然很高,而且很有个性,他们热心教育,热爱学生。物理老师许世晖,早已"认识",就是那位闻名的"出难题"老师。他教张钹物理时精心培养他,夸张钹是至今"唯一不被他难题难倒"的学生。后来他与张钹一直保持联系,直至 2000 年去世。数学老师邵宗周与化学老师史家驹也都对张钹关怀备至。语文老师张书竹会画国画,讲课时经常配上画。时至今日,张钹仍记得当年书竹先生讲解鲁迅短篇小说《药》中的一段时的情形。"华大妈跟了他指头看去,眼光便到了前面的坟,这坟上草根还没有全合,露出一块一块的黄土,煞是难看。再往上仔细看时,却不觉也吃一惊;——分明有一圈红白的花,围着那尖圆的坟顶。"书竹先生一边读着课文,一边用粉笔在黑板上勾勒出了坟场的模样。他夸赞张钹"文理皆通",经常给张钹的作文 90 分以上的高分。地理老师不仅英语好,还略懂俄语、西班牙语,因此那些难记的外国地名在他那里都会迎刃而解。如苏联城市马格里特哥尔斯克（Magnitogorsk），他说城市名字的意思是"磁山城"，同学们一下子就记住了。英语老师海伦，据说曾是加拿大电台的广播员，她的英语流畅、动听。有如此精良的师资队伍，英华中学才得以培育出一批批杰出人才。①

对于张钹在英华中学期间的表现，班主任邵宗周在成绩单上对他的评语是"学习努力，成绩优异；尊敬师长；有互助友爱精神"。这几句精练的话或许就是老师心目中"好学生"的标准。据张钹回忆，给出这样的评语也有其背后的故事。

学习努力，成绩优异。当时英华中学的学生分为两大类，一类是从初中直接升上来的"老英华"，他们是在中华人民共和国成立前进入初中的，大多是富家子弟，福州市人，为走读生。仅张钹当时所在的班级就有国民党元老林森的侄孙，上了《毛泽东选集》的闽北军阀卢兴邦的儿子，福建名牌"民天酱油"行老板的儿子，福州著名外科大夫、外号"林一刀"的儿子。这些出身名门的子弟，个个仪表堂堂，用现代的话讲个个"高富帅"。他们从小受到良好的教育，不但书念得好，而且全面发展，有的会拉小提琴，有的会弹钢琴、跳交际舞，有的学生还会说一口流利的英语，说起美国爵士音乐头头是道，活跃在各种集会上，指挥唱歌，发表演说，样样都会，带有先天的优越感。另一类同学是在中华人民共和国成立后考进来的，他们来自福建的各个县、镇，虽然初中阶段学习成绩都不错，但由于县、镇的教学条件比英华中学差很多，学习相对困难。他们没见过世面，志向不高，但他们思想朴素，实话实说。两类学生从外表到内涵，都有巨大的差异，形成了鲜明的对照，并有一定的隔阂。1951年春季，张钹转入高中一年级下学期，期中、期末考试总成绩都名列班上第一，且分数比第二名高出不少。一个从中专转过来的"乡下"学生，成绩居然超过所有的同学，让一向傲慢的"老英华"很不理解。1952年秋季，弟弟张铃也考入英华中学，又是一个从县镇来到省城的"福清哥"。张铃不但聪明伶俐，而且全面发展，体育、绘画都非常优秀。张钹和张铃两兄弟用自己的

---

① 张钹访谈，2022年7月27日，北京。资料存于采集工程数据库。

成绩让向来自高自大的"老英华"心服口服。

尊敬师长。张钹进校之初，校名仍为英华中学，校长是林观得。不久，旧校名被废除，改名为福州第三中学（后来学校又几经更名，现名为福建师范大学附属中学），任命郑书祥为新校长，学校进行了改造"外资资助学校"的运动，师生关系有点紧张，但张钹始终保持着尊敬师长的态度，这也使老师们对他留下了很好的印象，许多老师都热心地帮助张钹。在这些老师的影响和不断激励下，张钹练就了无论什么时候、无论做什么事都十分认真，而且能克服一切困难坚持到底的个性，而这些也正是成为一名科学家和科研工作者应具备的。张钹回忆说："这些教师都非常热爱他们的事业，他们是诚心诚意地帮助学生成长的。当学生取得好成绩时，他们很自豪。我记得一位中学老师听说我当选为中国科学院院士时，激动地逢人就讲：'这个学生是我培养的，我早就看出来了，他能成为科学家……'"[①]

有互助友爱精神。在保证自己学习的同时，张钹还把大量时间用于辅导学习困难的同学上，特别是来自乡镇的同学。他还到同学（如陈准等）家里进行辅导，因此受到班主任多次表扬。"教学相长"，张钹说："辅导的同时我的数理化也得到了巩固，因此考试时用不着复习。需要复习的反倒是语文、历史、地理等科目，这也是我经常看'闲书'的原因。开始不少同学以为我是一个只会读书的'Booker（书呆子）'，后来有人发现我兴趣广泛，音乐、舞蹈和体育也还不错，不少同学渐渐成为我的好朋友。"林求发是张钹经常辅导的对象，他会吹口琴和拉二胡，张钹便向他学习乐器，很快就能有模有样地拉"王大妈要和平"的曲子（当时最流行的曲子）了。张钹还学跳"插秧舞"，在歌曲"布谷声声"的伴唱下模仿农民的插秧动作。同学们一致认为，他的动作协调、优美。此外，每当学校放假，张钹还会回镇上参加同学会。同学会的活动是组织同学宣传党的政策，并在镇里上夜课。由于当时当地的妇女大多数没上过学，所以由高中生为她们扫盲。妇女们的求知欲很强，学习热情非常高，张钹凭借帮助同

---

① 张钹访谈，2022 年 7 月 27 日，北京。资料存于采集工程数据库。

学补习积累的经验，讲课深入浅出、通俗易懂，因此他的课最受欢迎。

　　张钹在英华中学度过了三年美好的高中时光，而且每学期期中与期末考试他都名列全班第一。1953年夏天，张钹即将高中毕业，面临大学入学考试。当他成功地转学英华中学后，他的目标已经非"清华北大"莫属了。当时，家里经济条件虽然还很差，五姐张琇和其他兄弟都在念书，但好在大家都有助学金，不需要家里负担，特别是张琇获得的是"柯林奖学金"①，奖金十分丰厚。此时上大学对张钹来说，已经比较现实。英华中学高中部的北门前有一座操场，闽江从操场下方缓缓地流向大海。少年张钹常常坐在操场边上，俯瞰江中来往穿梭的船只，充满遐想。当时，福建没有铁路，公路也很少，闽江成为进出福建的主要通道。从这里出发乘船逆流北上到南平县（今南平市），只有100多千米的航程，再从南平乘汽车翻过武夷山，就可以走出福建了。远望来往的轮船，静听汽笛的鸣声，想到有一天乘上其中的一艘去远方逐梦，张钹心中激动不已。

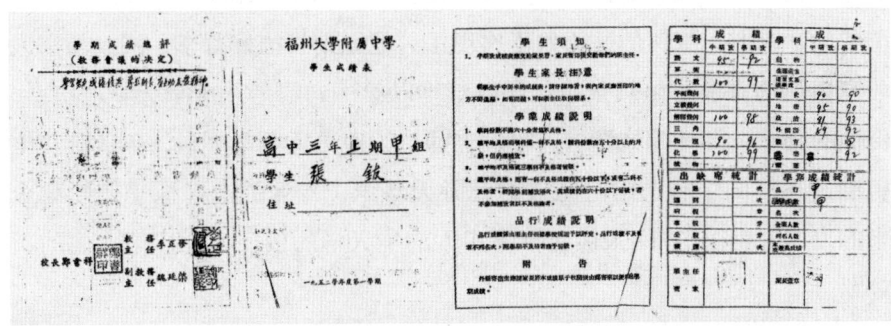

图1-5　张钹高三上学期期末成绩单（张钹提供）

　　高考要考7门：语文、数学、物理、化学、英文、生物，历史地理算一门，生物满分是60分，其他都是100分。当时的高考并没有像现在这样高强度补习，都是学生自己备考。谈到选志愿，张钹回忆说："实际上我那时候已经是有这样的认识了，对于学习的目的是什么，就是要提高自己的能力，增长学问，将来才有可能给社会为国家作出更大的贡献。因为当时当科学家这个目标对我来说还比较遥远，相对而言，比较现实的是，如

———————————

　　① "柯林奖学金"以美国传教士柯林（Judson Dwight Collins）的名字命名。

果想要为国家、为民族多作贡献，就必须努力学习，提高自己的能力。因此，当我选择学校的时候，决定要选最好的学校、最好的专业。只有在最好的条件下进行培养，将来才有可能为国家做更多事情。"① 由于一直生活在很闭塞的小镇，对大学里五花八门的专业了解很少，在志愿选择上有着一定的盲目性。在少年张钹的印象里，全国最好的学校非清华大学莫属，而电机系又是当时最有名的系，所以张钹的第一志愿就是清华大学电机系的电机与电器制造专业，第二志愿则是北京大学物理系。高考时，张钹以数理化三门都满分的优异成绩被清华大学录取，他也因为"三个一百"而被英华中学的老师和福清家乡的人们传为美谈。其实，当时考试的成绩没有正式公布，但张钹的老师很想知道自己这位得意门生的成绩，便特意去查看的。② 可见，老师对张钹是寄予多么高的希望。录取通知单是很薄的一张纸，由自己在封面上填写通信地址，如果考上，学校就会按地址将通知书寄出。张钹当时写的通信地址是福州大学附属中学。一天，张钹在门卫室的信件里发现了那张通知单，"清华大学"四个字清晰地映入眼帘。被清华大学录取，张钹的愿望终于实现了。他立刻收拾好行李，回家与家人分享自己的喜悦。虽然张钹如愿以偿地以第一志愿考入清华大学电机系，但他的物理老师却为他惋惜，物理老师认为他更适合学理科，不适合学电机制造这样的工科，当时张钹对此并无认识，专业的选择似乎还要看未来的发展，但 18 岁的张钹正准备步入清华大学的校门，开启他人生的新篇章。

张钹的母亲为家庭的付出得到了回报。五姐张琇考入福州幼师，还获得奖学金支持；张钹考入清华大学；大弟弟张铃后来被保送到南京航空学院；小弟弟张锻也考入福州大学。兄弟姐妹互相提携，相处无间，是母亲为他们树立的家风。对于为弟弟妹妹做出牺牲的大哥大姐，母亲也很内疚。1950 年，母亲劝大哥张铙去考大学，张铙报考了三个学校：燕京大学新闻系、上海交通大学交通运输系、复旦大学新闻系，均被录取。最终，他选择了上海交通大学。全家没有经济来源，母亲只得把自己陪嫁的衣服

---

① 张钹访谈，2022 年 7 月 27 日，北京。资料存于采集工程数据库。
② 王钦法：科学院院士张钹。《福建乡土》，2020 年，第 8 页。

拿去变卖，艰难地支撑这个家。1953年，大姐张玖想去念大学，母亲也全力支持，并帮她看孩子、做家务，算是对大姐的一种补偿。张钹曾说："如果没有母亲坚忍不拔的意志和自我牺牲的精神，没有兄弟姐妹相互关爱，这个家早已'树倒猢狲散'了。"[①] 也许是受到爷爷和父亲从事教育的影响，兄弟姐妹在人生道路上都或多或少接触到教育事业，大姐大哥在小学任过教，五姐做过幼师，张钹和张铃更是大学教授。对教育的热爱，让张钹家对这个职业有着深刻的体会，他们也在各个层面为国家培养了栋梁。

---

① 张钹访谈，2022年7月27日，北京。资料存于采集工程数据库。

第二章
求学清华

　　拿到录取通知单的张钹，正准备离开养育自己 18 年的家乡，赴北京开始全新的大学生活。当时，张钹的弟弟张锻刚刚小学毕业，由于兄弟姐妹都已离开了龙田，母亲便带着张锻也离开家乡，到福州与大姐张玖一家住在一起。这样，母亲可以帮助大姐照顾家庭生活，张锻也可以去英华中学念初中，一家人便在福州为张钹做出行前的准备。遥远的路途与并不宽裕的家庭条件，让路费首先成为难题。好在五姐张琇 1952 年从福州幼师毕业，刚在泉州幼儿园工作，经过她和母亲的努力，才勉强凑足。慈母手中线，游子身上衣。听说北京冬天很冷，母亲特地为张钹做了一床相当于两条厚的被子。收拾行李时，看到放进小箱子内的只有薄薄的一层衣服，母亲流下了眼泪，"哎！长这么大了……"，后面的"还没有多少自己的衣服穿"就无法再说下去了。由于家庭收入微薄，张钹常常穿大哥留下的衣服，而想到母亲的不易，张钹也流下了眼泪。[1]

　　1953 年 9 月初，张钹从福州启程北上。母亲站在门口，身影孱弱瘦小，这让青年张钹百感交集。他曾经日思夜想坐上闽江的船到北京去读书，但到了真要离开时，竟然高兴不起来。张钹所在的高中班级共有 5 名同学被

---

[1] 张钹访谈，2022 年 7 月 27 日，北京。资料存于采集工程数据库。

清华大学录取，其他 4 人都已先去北京，与他同行的都是去北京其他大学的，其中北京师范大学的林伯良作为他们的领队。轮船行驶一夜到达南平县，他们在县城的一所学校住下。清晨，再从这里乘大卡车出发，每辆乘 4—5 人，由于卡车已经装满了货，大家只能盘腿坐在货物堆中。每人把自己的茶缸挂在车上，以备晕车呕吐之用。一路颠簸，翻山越岭，坐了一整天车，腿麻得根本不能走路。傍晚，终于到达鹰潭，休整一夜，第二天再到火车站。福州没有铁路，同学们第一次见到火车，都感到非常新奇，有的人趴在地上，看看火车是如何在铁轨上奔跑的；有的人摸摸火车，指指点点。火车上午从鹰潭出发，下午到达上海站。外面的世界一切都是那么新鲜，车站上，小贩叫卖着各种食品，有一种叫"素鸡"的食品引起了同学们的兴趣，"鸡"居然这么便宜，有人买来尝尝，原来只是豆腐干。火车到了南京站后，由于还没有长江大桥，张钹与同行的同学只能乘渡轮到浦口站，又坐上另一辆火车。这是一趟去东北的列车，车上的人大多是北方口音，身上穿着大棉袄，饮食也与福建大不相同。经过一夜的行车，清晨到达天津，在此再转车就到了梦想中的北京。①

电 机 时 光

到达北京火车站时是晚上，火车站前广场挤满了各地进京的学生。因为学校已经开学，各校接待站都已撤销，所以大家只能席地而坐，耐心等待学校来接。许久，来了一辆卡车，把清华大学的学生接走。夜晚的车开得很快，但这是张钹第一次环视这座陌生的城市。多年之后，他仍然记得夜色映衬下的天安门。进入清华园，由于行李还没有到达，张钹等同学被安置在化学馆边上的二层简易宿舍里。学校在开学后就将办理新生入学手续的机构撤除了，张钹费了很大劲才找到自己所在的班级——电 83 班，

---

① 张钹访谈，2022 年 7 月 27 日，北京。资料存于采集工程数据库。

大学生活从此开始。1952 年，教育部对全国高校进行了院系调整，清华大学文理科的部分师资被并入北京大学，开启了多科性工业大学的新时期。当时清华大学的电机系有三个专业，分别是发电及输配电工程、工业企业电气化和电机及电器制造。张钹的专业是电机及电器制造，因此班级以"电"字为开头，而"8"代表了他们将在 1958 年毕业，学制为五年。"3"代表了该班级是当年电机及电器制造 3 个班级中的一个，另外两个是电 81 班和电 82 班。加上发电及输配电工程的 3 个班级，工业企业电气化的 4 个班级，这一届电机系共有 10 个班级，每个班有 30 人左右。

　　1953 年 9 月的一个晚上，诚斋（1952 年建成，现已拆除，位于清华大学逸夫馆位置）前的广场上，临时布置了一个讲台，电机系的迎新大会将在此召开。学生们静静地坐在小凳子上，兴致勃勃地等待大会的开始。400 多名学生中，有 300 多名是当年刚入学的新生，其中 100 名来自电 8 的新生尤其兴奋，因为他们从"电气机器制造类"考进清华，自认为属于"正宗"的电机系。当教授们进入会场在台上落座时，整个会场鸦雀无声，新生们都伸长脖子、瞪大眼睛向台上张望，章名涛、孟昭英、王宗淦、黄眉、艾维超……，从没见过这么实力雄厚的教授队伍，令大家倍感骄傲。据张钹后来回忆，当时还有一个小插曲：开会前，突然大喇叭呜呜乱叫，搞得工作人员手忙脚乱，台上教授们静静地坐在那里无动于衷，台下学生们开始议论纷纷，会场立时变得有些嘈杂。这时，机智的孟昭英教授赶紧出来圆场说"我是搞无线电的"，言下之意，（有线的）扩音器坏了与他无关，引起哄堂大笑，会场气氛也顿时轻松起来。例行的嘉宾介绍与致欢迎辞之后，就是学长们的文艺表演。张钹印象深刻的是电 7 同学的魔术表演。一位穿一身黑衣黑裤的学生从白布帘的一端进去，由另一端出来时衣着就全部变成白色了。老同学们笑得前仰后合，新生们却不知底细，摸不着头脑，原来，玄机是电 7 有一对双胞胎男生，两人配合完成了魔术。晚会结束，宣告大家正式成为清华大学电机系的成员。[1] 清华大学是张钹从小梦想的地方，这里的一切是那样新鲜、那样令人陶醉。据张钹回忆，自己选

---

[1]　张钹访谈，2022 年 7 月 27 日，北京。资料存于采集工程数据库。

择清华大学，并进入这个专业，完全是因为它"名气大"，其实对学校与专业都没有特别清晰的认识。虽然有的同学说，受列宁的名言"共产主义等于苏维埃政权加全国电气化"的启发才选择了这个专业，但这应该仅仅是少数。经过入学教育，张钹才逐渐清楚培养他们的目标是"红色工程师"。这个目标其实与张钹当科学家的梦想有所偏离，好在张钹并不固执，很快燃起了新的理想，憧憬在1958年毕业之后成为国家第二个五年计划的建设者。张钹所在的班级（电83班）共有34名学生，其中有5名女生，算是女生比较多的班级。同学中只有两人"根正苗红"，一位是工人阶级出身，另一位是中农家庭出身，其余均来自中产以上，是当时被认为出身"不大好"的家庭。另外还有3名"调干生"，其中郭文采和李美兰是高中"参军参干"几年后才进入大学的；谢澄甫则是工作多年后返回清华园继续读书的，他的学号很特别（33672），与张钹等同学的学号53****（如张钹的学号为531695）差别很大，说明他是民国33年（1944年）考入清华大学的，比大部分人早了整整9年。这三名学生都已结婚生子，拉家带口来读书，学习困难很大，实属不易。通过全国统一高考录取的学生，有一半以上来自华东考区，而南方学生占了大多数。

张钹的宿舍分在了诚斋181房间。诚斋是一座三层楼房，坐北朝南，一般每个房间住8人。181号在一层，是间大屋子，与其他房间格局不同，东西两侧各放2架上下铺，中间放4架，一共可住16人。张钹住在中间一排的下铺，上铺的方世琦同学是印尼归侨，祖籍福建。对面是薛钦琳和唐广金，斜对面为殷志鹤和马福祥，旁边是袁文川和费立信，这8人共用一张大方桌以及几把椅子。宿舍比较简陋，不挂窗帘，床上铺的是同学们从各地带来的各种花色的床垫与床单。由于南方睡硬板床，一般不铺床垫，因此张钹来清华大学前并没有准备，只好将带来的红色羊毛毯铺在下面当垫子。这床毛毯很有历史，是张钹的大舅从南洋带回来送给母亲的，当年算是很时尚的"洋货"，传到张钹这里，时光早已磨去了它的光泽和柔性，变成硬邦邦的了。每人一个行李箱，放在床底下，算是个人的唯一财产。在房间的另一头，还有邓熙民、薛志尚、徐家栋等8人。同寝室的同学来自四面八方，由于习惯不同，难免相互干扰，比如邓熙民晚上睡觉打呼噜，吵得大家睡不好觉，却没有听到任何人的抱怨，还打趣地给他取了个外号"坦基"（俄文坦克的意思）。在张钹的记忆中，同寝室一起住了近3年，同学们从来没有发生过吵架或其他纠纷，相处十分融洽。1954年年初，北京下了一场大雪，面对厚厚的积雪，寝室里的南方同学感到格外新奇，在诚斋前的操场上互相追逐，打起了雪仗。雪仗后，兴之所及，大家摆起姿势，一起照了一张珍贵的合影。①

学生用餐在明斋北面的北大饭厅，离张钹的宿舍很近，非常方便。食堂实行包伙制，一个月12.5元。饭厅里摆有十多张大方桌，开饭之前，各饭桌上准备好8双筷子、8只盘子和1盆炒菜。过道间摆好几笸箩的馒头或米饭，还有一桶清汤。开饭时，饭厅自由出入，不用携带任何票证。学生进了饭厅，可选择任意的饭桌就餐。如果饭桌上的菜还没有分好，需要主动将它均分为8份，享用其中的一份。如果前面的同学已经把菜分好了，就可以随便取用其中的一份用餐。饭和清汤随吃随取，不限量。由于没有椅子，大家都是站着吃饭。吃完饭，把盘和碗放在饭厅出口处的桌子上即可。开

图 2-1　1954年年初张钹与同寝室同学在诚斋前合影（前排左起：徐家栋、宋文榜、邓熙民、马福祥；后排左起：袁文川、沈亚城、张钹、邵富春、刘怡忱、殷志鹤。张钹提供）

头一年多时间，各个饭厅都采取这种自由就餐的方法，既方便，又节省时间。后来出了一段插曲，原来有个小偷白天在饭厅吃饭，晚上在宿舍楼梯下面的储存室睡觉，在学校里白吃白住一个多月，居然没有被发现。为了杜绝此类现象，学校更改了就餐的方式，每个月的月初给同学们发一摞就餐券，每餐用一张，过期作废。进入饭厅，在入口处交了餐券，顺手端走

---

① 张钹访谈，2022年7月27日，北京。资料存于采集工程数据库。

一盘菜，主食照旧不限量，随吃随取。管理虽然严格了，但显然不如以前方便了。

北方的城市对于来自南方的张钹来说也带来了完全不同的感受。1953年张钹来到北京，正值秋冬季节，这里是一片灰色建筑，远不及南方城市的繁华，福州虽然是座中小城市，但有五光十色的橱窗，花花绿绿的招牌，车来人往，十分热闹。北京的马路却是空荡荡的，不仅行人少，车辆也不多，商店门窗紧闭，如果不走进去看，还不知道店里卖的是什么商品。但北京人的热情和礼貌却给他留下了深刻的印象，上车时，年轻人总会给老人和妇女让座；当乘客从身后过去时，总能听到"借光""劳驾"的声音。南方人初到北京，听不懂这些话的含义，以为说的是"老将"，让年轻的张钹感到莫名其妙。街上问路，不管大人小孩，总会热情地提供帮助，"直奔东，过路口往北……"，这让不辨东西南北的南方人更摸不着方向。当时，公共交通不发达，除步行外，清华学生进城唯一的交通工具是一部私营的黑色老爷汽车，往返于西直门和清华园之间，可容 7—8 位乘客。尽管车费只要 1 角钱，但大家还是舍不得，通常是步行进城。在清华大学的 5 年，除每年两次的游行，张钹平时很少进城，因为校园内的小卖部可提供牙膏、毛巾等日用品，足以满足日常的需要。每年五一或十一，全体学生都要参加天安门前的群众游行。游行队伍的排练，每年都在西大操场，由体育教研组的王英杰老师负责。排练的内容是保持队形、喊口号等。游行当天早上四五点钟起床，学生们带好馒头、咸菜和鸡蛋等干粮，先步行到清华园火车站，乘火车到西直门，然后再步行到东单，一般在东单附近南北向的街道上等候。游行通常到下午两三点钟结束，然后沿原路步行到西直门，乘火车返回清华园，而学校食堂会提前为大家准备好一顿丰盛的晚餐。有一年下大雨，同学们的衣服全部淋湿了，回到学校，食堂还为大家准备好热腾腾的姜汤，防止着凉感冒。当时的清华园比现在小很多，一条铁路就铺在现在的"学堂路"上，成为清华大学的东边界。跨过铁路是一片麦地，属东升人民公社。二校门前一条小水沟挡住去路，门外杂草丛生，很是荒凉。西门是主要校门，师生由此进出学校。到张钹 1958 年毕业时，铁路已经移到了五道口的位置，铁路东一大片的土地也已归属清华，学校在那里盖起了主楼、学生宿舍等新建筑。二校门往南，修了一条土路，经照澜院通到南门。南门外有一片空地，331路公交车从平安里出发，以此地为终点，称为清华园站。空地上只有一处很小的饭馆，卖馒头和包子，从此南门代替西门，成为清华师生进城的主要通路。①

大学的学习与中学差别很大，学习负担之重，令新生们始料不及。1952年高校院系调整之后，清华大学在教育模式上全盘学习苏联，学制改为5年。苏联的工科教育既强调实践，又注重基础，课程门类很多，且全部采用苏联教材，比如电工材料这门课，教材非常厚，包含的内容又多是描述性的，需要反复记忆。第一学期，除数理化外，还有政治与俄语；实践环节有习题课、实验课和技工实习等。数学采用的是苏联应用数学专业的教材，即斯米尔诺夫著的《高等数学教程》，共3卷7本；物理用的是福里斯和季莫列娃合著的《普通物理学教程》，也是3卷；化学是格林卡著的《普通化学》。这些教材的共同点是内容多而且难度大。上课也和中学不同，教室不固定，有时大课，有时小课。化学课在西边的化学馆上，物理课却在东面的第一阶梯教室。下课之后，需要从化学馆迅速跑到第一阶梯教室抢座位，占据前排有利的听课位置。当时班上只有两部自行车，所以同学们都得靠两条腿，跑得气喘吁吁。课堂讲的内容很多，通常当天复习不完。课外作业虽然数量不多，但难度很大，经常做不出来，尤其是数学与物理的习题课，题目只有三四道，却很少有同学能够在课堂上全部完成。不少同学曾是各地区重点中学的状元，都不是等闲之辈，来清华大学之前非常自信。但开始大学课程后，发现竟然会面临这样狼狈的局面，高傲与自负便减去了一大半。南方的中学之前教的是英语，张钹等南方同学的俄语是零基础，只好从俄语字母学起。俄语一个礼拜有6节大课，进度飞快，加上集中高强度的突击，大家无不叫苦连天，难以应付。相比之下，北方的同学因为中学学过俄语，负担要比南方同学轻许多。②

由于宿舍比较挤，且图书馆就在宿舍的南面，晚上张钹经常到图书馆

---

① 张钹访谈，2022年7月27日，北京。资料存于采集工程数据库。

② 同①。

复习功课。同学们每天早早来到图书馆门前排队，为的是抢占其中有限的座位。张钹常去的是第二阅览室，那里整齐地摆放着两列长桌，共 5 排，长桌两边各有五把椅子。互不相识的同学围桌相对而坐，在柔和的日光灯下默默地复习功课，宁静、安详，各自遨游在知识的海洋。阅览室周边摆放着各类书刊与画报，如《人民画报》《大众电影》等。感到疲惫时，张钹也会翻阅这些书刊作为调剂，让思想放松一下。晚上 9 点半，闭馆铃声响起，同学们才从沉思中惊醒，慌忙收拾书本，匆匆离开。图书馆是张钹最常去的地方，他大学生涯的许多时光都是在这里度过的。从图书馆回到宿舍，因为规定熄灯的时间是 10 点，同学们一般要等熄灯之后才肯放下书本，走出房间，涌向公共洗脸房，洗漱的洗漱，洗衣服的洗衣服，热闹非凡。大家一直忙到 10 点半，甚至 11 点才安静下来。为了提升成绩，有的同学干脆跑到教室楼去开夜车，半夜或凌晨才回去。宿舍规定每天早上 6 点起床，一些同学还会利用这短暂的时间跑到荷花池僻静处大声地朗读俄语。

清华大学的考试实行的是苏联的口试制度，期末考试一般考 5 门，历时一个月。口试题目有几十种（类），每种题一般 3 道，包括运算与问答题。考官将考题预先写在题签上，同学们按照排好的口试顺序与时间进入考场先抽签，抽到什么题就考什么。有半小时的准备与答题时间，接着是口试。主考老师问的问题主要涉及试题的内容，但也可以增加试题之外的问题，打分采用 5 分制。何成钧老师教物理，他教学严厉，同学们都很怕他，甚至同学之间还流传着这样的说法：何老师的考试一定要把你问倒之后才打分，因为这样一来，给多少分，你都无话可说。张钹也领教过何成钧老师的厉害，记得第一次物理口试，由于张钹的答题很完满，于是何成钧老师不断地提问。奈何张钹都顺利作答，一直没有被问倒。最后何成钧老师问了一个与考题完全无关的问题，"太阳表面的温度是多少度"，由于没有思想准备，张钹被问住了，他迟疑了片刻，回答"几千度吧"。何成钧老师见此，便结束了考试，在张钹的记分册上写下了"5 分"。可以看出，何成钧老师虽然对学生要求严格，但他也很欣赏优秀的学生，对于成绩优异的张钹，他给予了肯定。张钹得到 5 分后非常开心，他后来回忆说：

"我赶紧从考场跑出来，生怕何老师反悔把分数要回去。"①

这种考试方式的好处是，老师可以详细了解学生对课程掌握的情况，但缺点是没有重点，几十份考题几乎涵盖了所有的教学内容，大家不知道会抽到什么题目，复习只能面面俱到，非常辛苦，一个月下来，同学们都已精疲力竭。第一学年，同学们都在努力适应大学的生活，加上高难度的课程，几乎所有的时间都用了学习上，周六晚上西大饭厅的电影、北大饭厅的舞会，根本没有时间顾及，连周日也要复习功课。不过，在诚斋 181 宿舍却有一位同学例外，他叫费立信，从北京俄文专修学校的留苏预备班转学过来，俄语免修，因此有很充裕的时间。周六晚上，只有他常去看电影，在同宿舍室友眼中，这是难得的奢侈。每次看完电影回到宿舍，费立信总要与大家分享看完电影后的愉悦和感悟。同学们只好无奈地听着，电影虽好，但没时间享受。一年之后，这样的状况发生了很大的变化，学习成绩开始拉开，明显分成上、中、下三种，呈现"两头小中间大"的规律。班上学习优秀的不过三四人，学习困难的也有四五人，其他人则处于中间状态。从二年级下学期（1955 年）班上的考试成绩可以看出这个规律。五门考试课程（马列主义、数学、物理、材料力学和电工基础）中"全 5 分"的只有薛志尚、何积范和张钺。看电影的队伍也发生了变化，原来常看电影的同学由于功课赶不上，不再去看了。南方来的学生渡过了俄语这一难关，有的逐渐适应了大学的生活，周六吃完晚饭，这些同学就早早地提着板凳来到西大饭厅门口排队等候看电影。西大饭厅很大，电影的屏幕架在中央，这样可以让更多的观众从屏幕的两面观看。反面影像不清楚，而且左右倒置，因此大家都愿意在正面观看，这是提前去排队的原因。有一次放映奥林匹克运动会的比赛纪录片，因为大家第一次看到这样的纪录片，所以整个饭厅挤满了人。由于张钺去晚了，只好从反面观看，运动员全变成了左撇子，十分别扭。夏天，有时会在西大操场放电影，布幔挂在检阅台上，同学们站在操场上看。当时放映的大多是苏联译制片，给张钺留下深刻印象的是一部叫《第六纵队》的影片，其中的对白很精彩。

---

① 张钺访谈，2022 年 7 月 27 日，北京。资料存于采集工程数据库。

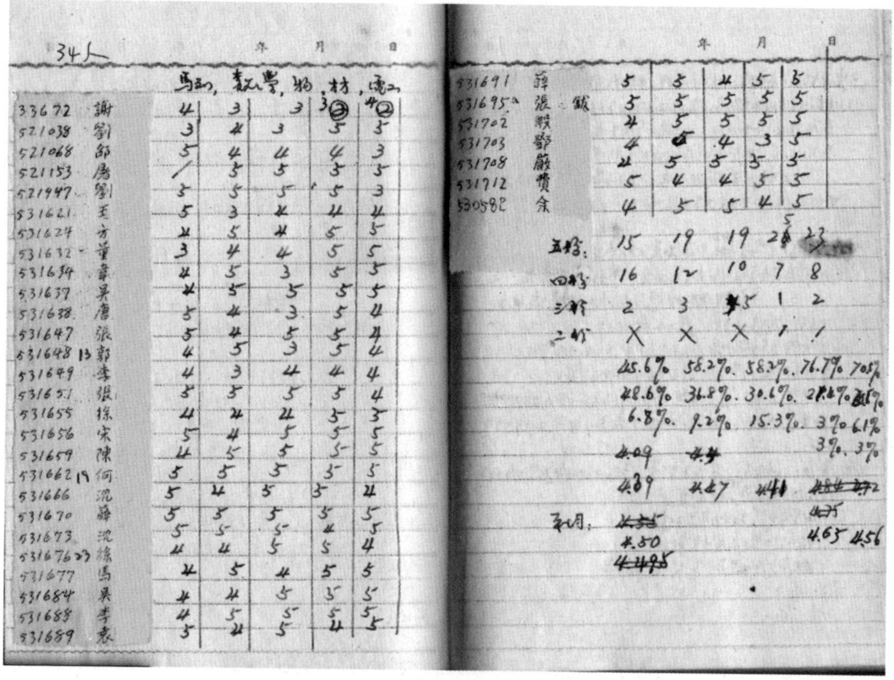

图 2-2　1955 年电 83 班大二下学期期末考试成绩表

在清华大学良好的传统和环境影响下，大家除努力读书外，都很重视全面发展。清华大学一直有重视体育教育的传统，著名的体育教育家马约翰就在清华大学任教。1957 年，蒋南翔校长曾提出"每个同学要争取毕业后工作五十年"，之后更是在 1964 年发展为"为祖国健康工作五十年"的号召。因此，在张钹读大学期间，每天下午 4 点半，大喇叭一响，大多数同学就会换上运动服，到西大操场参加体育活动。张钹一般是绕着跑道跑几圈，锻炼之后，常到体育馆后面的公共洗澡房洗澡。20 世纪 50 年代，国家推行"准备劳动与卫国体育制度"（简称劳卫制），清华大学也鼓励每位同学通过一级劳卫制标准。由于检测项目多样且对测试者的体力、耐力、速度等方面都有要求，因此劳卫制被看作对全面体育能力的一种评价。电 83 班几乎全部通过一级，少数还通过了难度更高的二级，张钹即是通过二级劳卫制的学生之一。此外，张钹还积极参加课外文艺社团和科学兴趣小组，比如清华大学舞蹈队和理论力学兴趣小组。在电机系的联欢会上，张钹曾与电 9 班的曹毓惠等同学一起表演了苏联舞蹈"林中空地"

以及"马刀舞"等。对于学校的其他活动，张钹也多有参与，比如听作家韦君宜讲"怎样阅读小说"，还作为观众参加了匈牙利独唱演员的演唱会等。①

1954年进入大学二年级时，同学们推举张钹担任班长，而张钹也对这项工作非常负责。他常和团支部一起组织班级或团日活动，当时大家热情很高，好似有一股使不完的劲儿，对所组织的活动也积极参加。假期或者节假日学校还经常组织学生到京郊参加扫盲、麦收、摘棉花等活动。如果是全班活动，大家都会参加。1955年夏天，张钹和团支部一起组织了一次到京郊樱桃沟野游的活动，全体同学无一例外都参加了，还拍照合影。作为班长，张钹更是想办法减轻大家的课业负担，或者与大家讨论课堂上研究的问题，帮同学们改进学习上的不足之处。他曾组织班上同学一起访问系主任章名涛教授，与电工基础课老师唐统一交流学习方法等活动，还通过课代表与任课老师建立联系，帮助学习困难的同学，这使得同学们与老师间关系融洽，班上学习氛围浓厚。对于同学们的诉求和期末班上的考试

图 2-3　1955 年电 83 班在京郊樱桃沟合影（后排站立着右二为张钹。张钹提供）

---

① 张钹访谈，2022 年 7 月 27 日，北京。资料存于采集工程数据库。

成绩，他也一一记下，密密麻麻地写满了笔记本。在大家的共同努力下，电83班被评为"先进集体"，先进集体的光荣榜就挂在图书馆大门对面的墙上，同学们每次经过都倍感骄傲。张钹作为三好积极分子代表参加了1955年5月7日举行的清华大学三好积极分子代表大会，当时学校奖励的笔记本他仍保存至今。

自动化转向

1956年夏天，按照教学计划，张钹正准备和同学们外出进行第一次生产实习。实习之前，电机及电器制造专业进一步划分为电机和电器两个专门化。不同专门化的实习地点不同，因此实习之前学生需要选择各自的专门化，张钹选择了电机。原来的三个班也按两个专门化重新分班，变成了四个班（电81—84班）。然而，经过6月份漫长紧张的期末考试，情况却发生了变化。考试结束的那天，同学沈亚城突然把张钹叫到一边，神秘地告诉他，他被抽调到新的自动控制（当时叫自动学与远动学）专业，而沈亚城和沈以鸿则被调到计算机专业，因此他们三人不需要去实习，而是暑假留下来补课。1956年，一个十分响亮的口号是"向科学进军"，张钹和

所有调到新专业学习的同学一样，很自然地把到新专业学习与这个口号联系起来，从而感到无比的兴奋。据张钹回忆，为了庆祝，他与同房间的沈以鸿和韦佩长一起来到颐和园，租了一条船，痛痛快快地

图2-4　1956年夏张钹在颐和园留影（张钹提供）

划了一个上午。当天天气晴朗，风和日丽，天蓝水清，景色特别美。此时划船的张钹或许不知道，这一调动不仅改变了他的专业方向，也完全改变了他以后的人生道路。

1956年，国家出台了《1956—1967年科学技术发展远景规划》（简称《十二年科技规划》），开始了大踏步追赶世界先进科学技术水平的历程，规划的核心是研制"两弹"（导弹和原子弹）。当时，国家要求清华大学增设新专业，以培养专业人才与师资力量，包括自动控制、计算机、工程物理等。因此，学校决定第一批学生主要从清华大学二、三年级学生中抽调。对于自动控制专业，将从电机系三年级10个班中每个班抽调1名优秀学生，成立自动控制"八字班"（简称自8班）。也就是说，张钹是我国自己培养的第一批从事自动控制专业的学生之一。巧合的是，也是在1956年，在大洋彼岸的美国达特茅斯学院，"人工智能"被首次提出，从此开始了模拟人类智能行为的征程。自8班是带着任务组建的，其目标是培养未来的师资力量。所以，班级成立初期同学们还参加了一些教研组的活动，教研组主任是钟士模教授，行政秘书徐继悌，由他代表教研组与同学们联系。后来，这10人的专业方向又进一步细分：张钹与王亚光是飞行器自动控制系统，针对飞机与导弹；沈祖湘、陈同驹和李清泉是原子反应堆自动控制系统；其余5人是遥控与遥测。这10名同学都是各班级学习成绩优秀的学生，且全部是党员或团员，其中有4名预备党员。换了新专业，张钹不得不告别一起生活了三年的室友们，住进2号楼四楼（1954年建成），和李清泉等5人一个房间，沈祖湘等4人则住在对面。大三暑假期间，自8班同学与计7班同学（计算机专业，大部分来自上海交通大学，因为上海交通大学是4年学制，因此毕业时间是1957年，与张钹同级但早一年毕业）一起，补习了电子学等课程。

到了新的专业，张钹除感到学习任务艰巨外，更觉有种使命在召唤，所以他全力投入新的学习任务中。当时与飞行器自动控制系统有关的课程大多由北京航空学院（现北京航空航天大学）的苏联专家讲授，由于课程内容涉及军事应用，所以上他们的课必须持有听课证。上完课大家还要把笔记本留下，不得带走。① 这种严格的要求虽然给张钹的学习带来了诸多不便，但也从中培养了张钹严于律己、保守国家秘密的责任感和习惯。对于专业学习，张钹说"清华大学做什么事情都追求完美"，而在他那里就是追求第一。虽然新班级中都是原来各班的尖子生，但他仍能保持在前列，这也给张钹带来了很大的信心，他逐渐对自己的能力有了更清晰的认识，认为自己可以去争取更大的贡献。在做到成绩优异的同时，张钹也和同学保持着良好的关系，他为人低调谦逊，并且经常帮助他人。这种平静的日子没有维持多久，疾风暴雨式的整风运动开始了。在运动中，自8班一直处于游离的状态，既提不出意见，也写不出大字报。原因是这个新班只有10名同学，来自10个不同的班级，相互都不熟悉，因此找不到一个共同的话题。整个整风运动中，自8班仅写了一张大字报，全班没有开过一次鸣放会。然而，没过多久，"反右"运动开始了。由于班上人数太少，"鸣放"期间也没有发表什么意见，批判会更是开不起来，因此自8班一个"右"派也没有，组织上只好让大家回原班级参加运动。幸运的是，张钹所在的原班级电83班已经因为大三时分专门化而打散重组，张钹回不了原班级，就可以不参加"面对面"的班级批判会，也不必对任何事件表态。②

后来，运动渐缓，张钹与同学们又投入学习研究中。由于当时学校学习苏联办学，并从苏联聘请来了一批专家帮助建设新专业。张钹所在的飞行器自动控制系统专业请来的是该领域的专家苏奇林，他的专业是火炮控制系统。苏奇林在清华大学开设了自动控制系统的课程，为自8班学生讲授相关知识。张钹和王亚光于1957年暑假与北京航空学院3系的毕业生一起到宝鸡陀螺仪制造厂——212厂（也称宝成仪表厂）实习了一个月。1958年年初，张钹开始准备毕业设计，他的导师是苏奇林，其毕业设计题目是《飞行模拟台设计》。据张钹回忆，这个毕业设计意在进行飞行模拟实验研究，因此要事先在地面上做好模拟实验。当时的苏联因为有电子模

① 宗禾：张钹院士：活跃在人工智能最前沿的耄耋老人．《科学大观园》，2019年第20期，第16页。

② 张钹访谈，2022年7月27日，北京。资料存于采集工程数据库。

图 2-5 1957 年自动控制专业部分师生与苏联专家苏奇林合影［左起：沈祖湘、张钹、周维昆（翻译）、贾耀国、苏奇林、钟士模教授（系主任）、金兰副教授、王亚光、蒋君章、陈同驹。张钹提供］

拟计算机，可以利用其进行自动驾驶仪的设计，所以在该方面较为先进。在苏奇林的指导下，张钹完成了飞行模拟平台的设计与研究。毕业设计完成后，答辩成绩为"5分"。对于苏联专家苏奇林的指导，张钹评价说："20世纪50年代，我国科学技术领域的发展主要是借鉴苏联的经验。在我国科技和设备都较为落后的情况下，苏联当时对我们国家是有帮助的，我从苏联专家那里学到了很多东西，包括他们的科学精神和严格的科学作风。"①

1958年夏天毕业时，班级推举张钹和沈祖湘二人为毕业生优良奖状获得者。可是，名单送到系学生党支部负责人那里，却以一句"自8班整风'反右'思想右倾"把张钹和沈祖湘刷了下来，因此自8班没有优秀毕业生。自8班的10名同学原计划全部留校任教，最后留校的只有张钹、王亚光和李清泉三人。毕业后，由于张钹等人早已内定留校，暑假没放假，留在实验室继续工作，从学生直接变成了老师。由于家庭经济条件有限，加上福建离北京路途遥远，5年的大学时光张钹没有回过一次老家。1953年刚到北京时，恰逢张钹的大哥张铙从北京铁道学院②毕业，即将赴兰州铁道设计院工作，两人在北京曾有过短暂的会面。家乡的母亲虽然想念孩子，但也希望他们能够增长见识，鼓励他们在外安心学习。张钹也没有辜

---

① 张钹访谈，2022年10月25日，北京。资料存于采集工程数据库。

② 张铙被上海交通大学铁道运输专业录取后，由于1952年全国院系调整，上海交通大学铁道运输专业调整到北京铁道学院（现北京交通大学），张铙随专业前往北京铁道学院，并于1953年在北京毕业。

负亲人的期望，以优异的成绩毕业并在清华大学以教师的身份开始自己的职业生涯。5 年的本科教育为张钹打下了良好的基础，虽然是工科生，但他们不仅动手能力强，理论水平也不低，实习期间，工科所要求的钳工、车工、铸造、焊接等技艺都有涉及。积累的这些经验让张钹在以后的职业生涯中受益匪浅，他不但可以做基础研究，对于工业产业也相当熟悉。

光 荣 入 党

　　大学对于张钹政治思想的成长也是一个重要阶段。当时对家庭出身的判定首先影响了张钹的个人发展。1951 年进行土地改革，张钹家被评为小土地出租，属劳动人民，因为当时家里的经济来源主要靠张钹的大姐和大哥担任小学教师的工资。虽然张钹的父亲张端樵曾任县长，但早已辞职，转而从事教育工作，并已过世多年。而且，张端樵曾作为"龙高暴动"的总指挥，对革命作出过贡献。照理说，这些都不应该对他的"家庭出身"有什么不良影响。实际上，张钹父亲张端樵曾经担任国民政府县长的经历还是让张钹和他的兄弟姐妹们背上了沉重的"家庭出身"包袱。

　　带着这样的"历史包袱"，张钹来到清华大学读书。虽说班里"根正苗红"的同学并不多，但仍给张钹带来了很大的压力。当时正值 20 世纪50 年代中期，大学期间的各种运动十分频繁，幸运的是，电 83 班班风非常正，同学们一心读书，加上两位政治辅导员陈圣信和徐伯雄老师平易近人，坚持实事求是，运动中没有伤害无辜，同学之间关系比较融洽。这种友善的环境感染了张钹，他于 1954 年年初向支部递交了入团申请，并如实地把自己的家庭情况以及"对自己家庭出身认识不清"等问题一一向组织交代。领导不但没有批评他，反而宽慰说："那时年纪小，不了解情况。"同学们也很通情达理，没有抓住问题不放。因此，1954 年 4 月 28 日张钹顺利地加入了共青团。面对学校和组织的信任，张钹也更加积极。他在大二成为班级的班长，热心为同学服务，还曾当过团组织委员，组织团员的各种活动。①

1955 年，"肃反"运动开始，对学生的家庭出身与社会关系进行了深入的内查外调。经过调查，张钹的家庭与社会关系与他填写的材料完全吻合，没有半点不符，历史与社会关系完全清楚。因此，1955 年下半年，政治辅导员就找张钹谈话，希望他争取入党，并把他作为"入党积极分子"加以培养。结合张钹的平时表现，除学习优异外，还全面发展，积极参加各项社会活动，符合入党的条件。到了 1956 年，恰逢党号召"向科学进军"，充分肯定知识分子在社会主义建设中的地位与作用，于是张钹更加积极地争取入党。可是，后来经历了"整风""反右"等运动，张钹又陷入了沉思，自己作为一个没有经受过任何生死考验的学生，能经得住这样严酷的政治考验吗？"家庭出身"也一直使张钹有着心理包袱。再三思索后，张钹有所犹豫，入党的积极性也因此降低。然而，清华大学却并未因此而失去对张钹的重视，1956 年从电机电器转到自动控制专业正说明了学校对他的信任。张钹的专业方向飞行器自动控制在当时属于保密专业，保密要求很高。后来，张钹回忆起这段经历，也由衷地感激清华大学，他说："正是因为清华大学思想水平高以及实事求是的工作作风，才使我能够在清华大学成长。"② 1960 年，由于党的政策的调整，重新肯定了知识分子的地位与作用，张钹便打消了顾虑。1960 年 2 月 25 日，经清华大学党委批准，张钹光荣地加入了中国共产党，并在一年后转为正式党员。从此，张钹就以一名共产党员的标准严格要求自己，鞭策自己不断前进。

5 年的大学生涯，给张钹带来了巨大的影响，他不仅学到了专业知识，也学会了许多做人的道理。学校的信任让青年张钹受到鼓舞，而同学们的关心也使得张钹能够迅速适应新的生活。5 年时间，张钹从一名学生蜕变成坚定的要为祖国科学事业而奋斗的国家最高学府的大学教师，他即将迈进人生的另一个阶段。

---

① 张钹访谈，2022 年 10 月 25 日，北京。资料存于采集工程数据库。

② 同①。

第三章
清华任教

从 1958 年到 1978 年这 20 年时间，张钹一直在清华大学自动控制系工作。外部的环境虽然对张钹造成了影响，但他仍以积极乐观的态度在教学与科研中不断地寻求突破。在生活中，张钹也组建了自己的家庭。

510 教研组

1958 年暑假过后，张钹正式成为自动控制系的一名助教。这一年自动控制系刚刚成立，是从电机系中两个新建的专业自动控制与计算机拆分出来的，系主任是钟士模教授。系下面共设 5 个专门化，分别是飞行自动控制系统，代号 501；工业自动控制系统，代号 503；计算机，代号 505；原子反应堆自动控制系统，代号 507；后来又增加一个元件专业，代号 502。有 5 个教研组与 5 个专门化相对应，代号分别是 510、530、550、570 和 520。因为自动控制系的研究内容多涉及机密，为保密起见，所以专门化与教研组多用代号表示。[①] 张钹是自动

---

① 张钹访谈，2022 年 8 月 2 日，北京。资料存于采集工程数据库。

图 3-1　刚参加工作时的张钹
（摄于 1958 年，张钹提供）

控制系的第一届毕业生，也是我国自己培养的第一届自动控制系教师，在毕业后成为 510 教研组的一员。章燕申副教授任教研组主任，他从清华大学机械系毕业，后来又去苏联攻读了副博士学位，主要研究陀螺导航。教研组还有个别老师是从东北工学院（今东北大学）来的，由于东北工业之前受到苏联的帮助，因此培养了一批自动化的师资。5 个教研组及相关实验室均在中央主楼西主楼四楼，分布在四个区。由于专业的保密要求，从 3 楼进入 4 楼有一道岗，师生凭证件出入。510 教研组保密要求最高，工作地点在一区。二区与一区之间刚好有一个露天阳台，经阳台进入一区还有第二道岗，这道门岗一度由复员军人看守，保密工作非常完善。

　　暑假期间张钹从学生宿舍搬出，住进五公寓。这是一座三层的青年教师公寓，自动控制系的教师住在二楼。每个房间住三四个人，每层有一间公用的漱洗房与厕所。教师们都很年轻，个个精力充沛，白天上班，晚上用功读书，房间经常灯火通明，过了后半夜才熄灭。一般大家每日三顿饭都在公寓食堂用餐，菜分甲乙丙三种。三毛钱甲菜（荤菜）算是最昂贵的了，因此很少有人买。一般买的都是一两毛钱以下的"乙菜"或"丙菜"。每人月工资只有五六十元，大家都很节俭。好在当时年轻人没有太多奢望，最大的愿望就是购买"两大件"——手表和自行车。为了保证准时上课和参加各类活动，张钹的第一个目标是买手表。当年物资短缺，手表在一般的市场买不到。1959 年为庆祝建国十周年，从苏联进口了一批手表，每块售价 80 元，张钹凭票买了一块，几乎花去他两个月的工资。也是从那时开始，张钹就养成了准时的习惯。自行车更是紧俏物资，也需要凭票购买，1960 年，张钹分到一张"购车证"，而且碰上名牌货——上海产的"永久牌"。可惜，当时正是经济困难时期，原材料短缺，所生产的自行车质量不佳。张钹从五道口取回新车时，居然推不动，只好扛回学校，原来有一条轮胎没有装好露在外面。有了"两大件"，可以保证准时上班、上课，张钹的心里也踏实了很多。[1]

1958年正值"大跃进"的高潮，学校把一项高难度的任务交给510教研组，由于任务太大又太难，最终没有取得太多实质性的进展。张钹并没有被安排参加此项任务，而是继续从事飞行模拟台的研制，以及飞行控制系统的仿真模拟实验。1957年钟士模教授随以钱学森为首的中国军事代表团访问苏联，在参观实验室时，看到了飞行模拟台，使大家认识到研制这套实验设备的必要性。飞行模拟台究竟是什么样子，由于参观很匆忙，钟教授并没有看得很清楚。回到清华大学后，他向张钹、林尧瑞等教师交代任务时只说了一句话："像摇篮一样摇来晃去。"这句话尽管很"抽象"，但"心有灵犀一点通"，大家还是悟出了其中的一些道理。在林尧瑞老师的带领下，经过大家的努力，清华大学于1959年年底研制出全国第一台三自由度飞行模拟台实验样机。[2]第三机械工业部第四十研究所（简称40所）在此基础上制造出我国最早的实用飞行模拟台。随后，张钹又带领部分毕业生，利用三自由度模拟台、苏制的模拟计算机（ЕПТ-5）以及米格飞机的参数，完成了飞机控制系统的仿真模拟实验。这些工作都是与40所合作完成的，有一定的实用意义，为国家在该领域的发展作出了一些贡献。[3]因此，尽管有"大跃进"的冲击，但张钹的教学与科研工作基本上能正常进行。

在教学方面，1959年2月张钹开始给自9班（1959届）和自0班（1960—1961届，后因为改为六年制又叫自1班）的学生讲飞行器自动控制系统的大课。这是张钹工作之后接到的第一项教学任务。由于张钹刚毕业，所以听课的学生实际上只比他低一个或者两个年级，所掌握的知识其实不一定比张钹少多少，这使他倍感压力。之前，国内没有开这门课的先例，所以讲课内容是张钹一手准备的。对于授课，张钹一直

---

[1] 张钹访谈（二），2022年8月2日，北京。资料存于采集工程数据库。

[2] 同[1]。

[3] 张钹访谈，2022年10月25日，北京。资料存于采集工程数据库。

认为"只有当所讲授的内容比听课人所掌握的多得多的时候,才有可能把一门课讲好"。为此,张钹多方收集资料。他最初用的是在学生时期去北京航空学院听苏联专家讲课的内容,当时北京航空学院曾聘请了很多专业是飞机控制、火炮控制的专家来授课,张钹从课堂上获取了很多专业知识。飞行器自动控制系统这门课本来属于概论课,内容涉及很多飞行动力学方程,相对枯燥,但是张钹却用心备课,将内容讲得通俗易懂、深入浅出,因此很受欢迎。张钹后来回忆说,这与他之前中学、大学时期积极参加扫盲活动是分不开的,因为接触到不同文化背景的人群,特别是学习困难的群众,使他积累了很多经验,知道如何传递知识更加有效。同时,为了增加学生的动手能力,张钹所在教研组还克服了当时的困难条件,在学校西主楼的一区 4 楼建立了一个自动驾驶仪实验室,主要的实验装置是苏联 АП-5 自动驾驶仪的舵机,学生在此可以接触到当时较为先进的教学设备。张钹也曾带学生到甘肃兰州的自动驾驶仪制造厂 242 厂(又称新兰仪表厂)实习。由于这门课的教学效果不错,后来成为飞行自动控制系统专业学生的必修课。随着时间的推移,张钹又对该课程的教学有了更深刻的体会,他不断地更新讲课内容,让学生们总能学到新的知识。飞行器自动控制系统(后称自动驾驶仪)课程从自 0 班上到自 5 班(1965 届),得到了学生们的一致好评,一直到"文化大革命"时期才中断。此外,张钹还带过这几个班的毕业设计,与学生相处很好,受到同学们的欢迎。张钹出色的工作也多次受到表彰与奖励,如获得系级或校级的"先进工作者"称号等。为了加强教师队伍建设,1960 年组织上准备派张钹到苏联进修,但由于后来中苏关系恶化,这个计划没能实现。1963 年,清华大学决定依靠自己的力量培养骨干教师,自动控制系选拔了几位青年教师准备通过在职研究生的方式进行培养,其中就包括张钹、王尔乾、岳震五和胡道元等。当时张钹已经担任 510 教研组的副主任,负责自动控制方向。然而,这项计划也因为后来的"文化大革命"未能实现。1965 年,第七机械工业部(简称七机部)通过中央要清华大学派骨干教师支援他们的工作,组织上又选派张钹去支援,这件事也因后来的运动没能实施。

在同一年，清华大学组织教师职称评审工作，张钹顺利通过，晋升为讲师。①

珍 惜 时 光

1961 年 7 月，张钹和张铃相约回家探亲。已离家 8 年的张钹终于坐上了回家的列车，与阔别已久的家人相聚。由于 1958 年鹰厦铁路已经开始运营，从北京回福州不再像刚上大学时那样周折，36 个小时便能到家，但由于当时的车厢条件相对简陋且没有空调，旅途仍很辛苦。冬天往往因为封闭车厢内的气味而令人不适，而夏天的酷热也同样难耐。火车到达福州，张钹的姐姐张琇和弟弟张锻来接站，看到自己的弟弟从小学生变成了大学生，张钹不禁感叹时光所带来的变化，而他自己又何尝不是呢？8 年时间，他从青涩的高中毕业生已经成长为成熟的人民教师。张钹和张铃的到来也令母亲十分高兴，她忙里忙外，一家人度过了一个愉快的夏天。1963 年 1 月，张钹与张铙、张铃相约回家探亲，与母亲、大姐、五姐和弟弟张锻相聚在福州。从 1948 年大姐张玖出嫁离开龙田，15 年后全家终于在福州实现了大团圆。②

随着学校的工作逐渐步入正轨，张钹也开始为自己未来的家庭打算。1963 年，他与正在清华大学水利系读书的研究生李幼龄相识，后来两人发展为恋人关系。李幼龄本科为清华大学水利系 9 字班，1960 年毕业后选择留校攻读研究生，本应在 1964 年毕业，但由于后来赶上"四清"运动，影响了毕业的进度，所以一直到 1966 年才研究生毕业。当时，清华大学规定，学生没毕业是不能结婚的，因此张钹一直等到李幼龄 1966 年毕业，两人才在当年 10 月结为夫妻。相同的教育背景让两人互相理解、相互支持，家庭和睦。1967 年 12 月，张钹的儿子张淮出生，如前文所述，采用了与水有关

---

① 张钹访谈，2022 年 8 月 2 日，北京。资料存于采集工程数据库。
② 同①。

的字作为下一代子女的名字，取"金生水"之意。1971 年 6 月，女儿张浬（后因浬字不常用，而改为理）出生。李幼龄在毕业后被分配到位于六铺炕的北京水电设计院工作。结婚初期，两人住在六铺炕的临时住房内。后来，为了方便照顾年幼的孩子，两人又搬到清华大学的教师宿舍居住（位于北京林学院内，"文化大革命"期间林学院搬到云南，清华大学和北京大学将其中几栋建筑作为各自的教师宿舍），同时李幼龄也调到清华大学水利系工作。① 据张钹回忆，虽然两人都在学校上班，但当时学校的工作任务很重。每天三个单元，上下午要教课、做科研，晚上有时还会加班，而水利专业又经常需要下工地。因此，两个孩子在入托之前都是全托在别人家，周末或节假日才去看望。后来，孩子上了托儿所，为了老师们能够全身心地投入工作，清华大学托儿所也是采取了全托的方式，每周只有星期六晚上把孩子接回家，星期日再送回托儿所。张钹夫妇由于忙于工作，没有更多的精力照顾儿女。② 好在清华大学环境很好，两个孩子都茁壮成长，张钹并没有因为家庭的问题而分心。每当回忆起这段往事，张钹都觉得自己和孩子相处的时间太少，为没能花更多的时间去陪伴、教育孩子而感到内疚。

1965 年暑假，为响应党的号召，张钹赴农村参加"四清"运动。张钹去的是北京郊区怀柔县宝山寺公社，他担任养鱼池大队"四清"工作队队长，队里还有清华大学的滕云鹤老师、北京化工学校的崔福元老师以及清华大学和北京大学的几名学生。这里原是晋察冀边区，中华人民共和国成立前是解放区与日占区（抗战后为国统区）的拉锯地带，日本人在这里搞过"无人区"，农村经济受到很大破坏，老百姓生活很苦。虽然张钹去时中华人民共和国已成立多年，由于地处山区，交通不便，依然非常贫穷。粮食产量低，百姓根本吃不饱饭，衣服全靠政府救济。每年入冬，国家给每人发一套棉衣棉裤，到了夏天，把棉花掏出来，变成夏季衣服，每人一年的穿着就凭这一套救济服。在这样艰苦的条件下，张钹一方面与贫下中农"同吃同住同劳动"，另一方面领导"四清"运动，张钹当时胃病很严重，但仍坚持工作。师生们都很能吃苦，不仅受到"四清"工作团的表扬，也受到农村干部和社

---

① 张钹访谈，2023 年 1 月 13 日，北京。资料存于采集工程数据库。
② 张钹访谈，2022 年 10 月 17 日，北京。资料存于采集工程数据库。

员的称赞。当工作队结束工作时，当地农民都来热情地欢送他们。①

1966 年 6 月"四清"运动快结束时，疾风暴雨式的"文化大革命"开始了，"四清"工作草草结束，工作队成员立即返校参加运动，张钹也无法置身事外，然而后来事情的发展已经超出了想象，他也只能和大多数教师一样当起了"逍遥派"。但是，无所事事的日子让张钹感觉在虚度年华，他感到很煎熬。张钹常常说："先天的因素会决定一个人所能达到的高度，因此不同人能够达到的高度不一样。但每个人最初都是从零开始起步，最后达到的高度取决于他的努力程度，努力的程度越高，达到的高度则越高。所以，有的人虽然智商或者先天的才能很高，但如果不够努力，最后仍达不到应有的高度。当我们无法改变自己的先天条件时，努力就成为我们唯一的选项。"②张钹认为对时间的浪费，将会失去达到目标的很多机会，而且是无法弥补的。为了解决终日无所事事的问题，张钹利用过去的协作关系，先后联系洛阳、邯郸等地的军工研究和生产单位，试图找一些事情做。他先找到的是洛阳空空导弹研究所（又称 612 所）。由于研究所内生产和科研没人搞，张钹正好可以去填补这个空缺，他便与愿意上班的技术员一起，把机电控制系统的研制任务担负起来。后来，又与该所研究人员一起到旅顺军港，和海军战士一起下潜艇体验生活。接着张钹又到邯郸国营汉光机械厂（又称 368 厂），与技术员一起从事研发工作。这段日子他过得很充实，不仅完成了研究任务，还与技术员和工人交上了朋友，与他们建立的关系一直保持到改革开放后。

1968 年 7 月 27 日，工人毛泽东思想宣传队（简称工宣队）进入清华大学制止了武斗。经过一段时间，清华大学局势逐步稳定，学校便号召师生回校"复课闹革命"。从 1969 年起，分散在各地的师生陆续回到久违的清华园。人尽管回来了，但心依然在"闹革命"，根本没有心思"复课"。工宣队只好组织大家学习毛主席语录，于是一天三个单元，每周七天，天天学语录。刚开始，大家还很耐心，把所有的语录背得滚瓜烂熟，接着背"老三篇"，"老三篇"也背完了，便再没有什么可背的了。由于当时没有业

---

① 张钹访谈，2022 年 10 月 17 日，北京。资料存于采集工程数据库。

② 张钹访谈，2022 年 8 月 2 日，北京。资料存于采集工程数据库。

图 3-2 张钹个人照（摄于 1968 年，张钹提供）

务工作可做，老师们只能做一些杂事消磨时间。眼看宝贵的时光白白地浪费掉，张钹便决定学习当时允许阅读的马克思列宁主义经典著作。于是，他找来了许多马克思与恩格斯的著作，如《关于费尔巴哈的提纲》《剩余价值理论》《反杜林论》《自然辩证法》等，认真地钻研起来。这段时间的学习收获很大，引起他对哲学的莫大兴趣，并认真思考"人生的意义"这类哲学问题。后来授课，许多听课的师生经常反映张钹的观点很有深度，而且富有哲理，这在一定程度上得益于张钹曾经的这段经历。

工 厂 历 练

1969 年暑假，工宣队组织教改小分队到工厂"开门办学"。张钹与其他 4 位老师，还有杨春武等 5 位红卫兵小将（自 0 班学生，1970 届，当时称为"新工人"），一共 10 个人，被工宣队派到北京电子管厂（又称 774 厂）"开门办学"。白天到工厂上班，晚上住在工厂对面的大山子中学两间教室里，三顿饭均在工厂食堂里吃，与工人"同吃、同住、同劳动"。从今天的认识来看，让大学老师去工厂劳动似乎不合理，但是对于当时的形势来说，能提供一个让教师锻炼的机会还是很好的，张钹也非常认真地对待这项任务。张钹曾说："不论任何事，如果你只是应付地去做，你就一点收获也没有，实际上是在浪费时间。当你的时间只允许你做这件事时，只要认真去做，还是能在某些方面得到收获和发展的。"① 电子管厂是逾千人

---

① 张钹访谈，2022 年 8 月 2 日，北京。资料存于采集工程数据库。

的大厂，主要生产各种型号的电子管，当时正在研制晶体管和相关的电子设备。到工厂后，张钹与工人打成一片，不管细活还是粗活一样认真干。在老师们到厂之前，工宣队领导曾事先向工厂工人交代："这些老师是来接受再教育的，他们不仅思想需要改造，业务也需要改造，因为他们是'理论脱离实际'，只会说不会干。"张钹用实际行动改变了这种刻板印象，他被分配到维修车间，该车间负责全厂电子设备的维修。于是，张钹一边开设学习班，给工人讲授晶体管电路课，一边积极参加生产、设备维护、技术革新与研发工作。面对这样的成绩，工人们无不佩服，张钹很快就成为最受工人欢迎的老师。一年后，"开门办学"结束，小分队准备撤回，由于张钹表现出色，工厂想留下他。于是，北京电子管厂专门派工人代表到学校与工宣队协商，让张钹继续留在那里，理由是厂内工人极其需要张钹的帮助，生产与研发工作都离不开他。面对工厂的要求，清华大学也不好拒绝，因此张钹又继续在北京电子管厂工作了两年。对于在工厂工作的这段经历，张钹认为并没有耽误自己的科研，反而锻炼了他发现问题的能力。由于工厂设备经常出现故障，这就需要迅速找到故障的原因进行维修，而每当有着丰富经验的工人师傅一筹莫展时，张钹却总能发现问题所在。这正是因为他自身的专业知识使他对设备的工作原理非常了解，通过分析很快找出故障究竟出自哪里。后来，很多人都反映张钹看问题准，能够击中要害，而张钹认为这与自己在北京电子管厂的历练是分不开的。此外，由于需要每天和工人打交道，也练就了张钹为人处事的能力，即使后来当上院士，张钹仍然平易近人，没有架子，善于与他人交流合作，这也是张钹在北京电子管厂的收获之一。[①]

在北京电子管厂这三年时间，虽然白天需要在工厂工作，张钹仍利用晚上的时间搞科研。当时工厂正在研制与生产晶体管，张钹于是准备解决电路板布线的问题，这次他选择了与自己的弟弟张铃合作。张铃天资聪慧，在学校的成绩也一直是第一名。两人年龄相近，因此在兄弟姐妹中关系最好。在张钹考入清华大学的两年后，张铃在 1955 年被保送到南京

---

① 张钹访谈，2022 年 10 月 25 日，北京。资料存于采集工程数据库。

航空学院。按照张铃的水平，他原本可以考入更好的学校，而且相对于工科，张铃也更想学理科方面的内容。因此，虽然被保送到南京航空学院，他仍寻求去其他学校读书的机会。张铃曾尝试写信给北京大学校长周培源，毛遂自荐到北京大学念物理，周培源回信说，这需要他与自己的学校进行联系。后来，南京航空学院的领导也非常欣赏张铃的才华，1956 年推荐他去南京大学数学天文系读书，条件是毕业后需返回本校任教。因此，张铃获得了在南京大学读书的机会，而学习数学的张铃也如鱼得水，曾被评为全校三好积极分子。然而，好景不长，"反右"运动使一向敢于发表观点的张铃被扣上了"右"派的帽子，他毕业后也因为"右"派没能留在南京航空学院。好在张铃本身过硬的业务能力让他没有像其他"右"派一样被下放到农村，而是去安徽的皖南大学教书。条件虽然艰苦，但还能继续从事教育事业。[①] 对于自己的弟弟，张钹非常了解他的能力，也为他无法人尽其才而感到惋惜。因此，当张钹在清华大学开始任教时，他就不断勉励张铃不要灰心，要努力学习，并尝试通过自己的能力来帮助弟弟进步。1961—1966 年，两人每次暑假回家，都会相约先到上海的图书馆共同查找学习资料。当时没有复印材料，兄弟俩就把材料中有用的部分抄下来，回去再慢慢学习、消化，他们把这种方法叫作"反刍"，而这样的经历也让他们萌生了合作研究的想法。同时，在生活上，张钹也努力帮助弟弟，每月所剩的粮票，张钹都会特地换成全国粮票，寄给张铃以缓解他经济上的压力。

"文化大革命"时期，本就被划为"右"派的张铃更加困难了，他被迫到农村劳动，失去了从事研究的机会。张铃曾写信向哥哥表示，如果有可以研究的问题，可以寄给他帮助思考。[②] 而对于此，张钹也一直挂怀。这次，恰好北京电子管厂电路板布线的问题和数学有很大关系，张铃又专攻数学，张钹立即想到了他，写信提出一起合作研究问题。这样，张铃除了在农村劳作，又有了从事自己喜欢事业的机会。很快，张铃便回信给哥哥说问题有了解决的方案。原来，这是关于判别一个给定的网络是否可在

---

① 张铃访谈，2022 年 5 月 25 日，合肥。资料存于采集工程数据库。

② 同①。

平面上实现的数学问题，在理论上早已解决，即波兰数学家库拉托夫斯基（Koratowski）于1935年给出判别平面网络的充分必要条件。因此，两人只需要解决具体的布线方法即可。经过努力，张钹很快就提出了具体的布线方法。当时正值"文化大革命"，不允许发表个人的研究成果，在清华大学吴麒老师的帮助下，两人以"科研小组"的名义，于1973年在《清华大学学报》上发表了研究成果，题目为《自动布线方法》。张钹说："这样的发表不会给我们带来任何名利，而我们当时也没有想要追求名利。应该讲，我们做这项研究是一种责任感，也是一种本能，既然我们花了那么多时间学习，就应该做些力所能及的事情，能作贡献尽量多作贡献。"这是张钹和张铃兄弟二人第一次真正在科研上的合作，经过这件事，他们体会到不同学科交叉合作、各取所长的好处。同时也意识到，为了更好地合作，需要熟悉对方的专业与术语。为此，张钹向张铃提供了索洛多夫尼柯夫的《自动调整原理》《晶体管电路》和《数字线路》等书籍。张钹也在张铃的建议下，学习有关《实变函数》和《点集拓扑》等数学理论。当时两人还不知道，正是因为他们在这段时间坚持学习打下了良好的基础，才会在后来形成优势互补，才能长期合作探索人工智能领域的奥秘。后来，87岁的张钹回想起这段时光，还跟弟弟张铃说："还好我们过去没有把时间荒废，如果荒废的话，现在想补都补不回来了。"①

　　1972年年初，清华大学电子工程系（1978年改为计算机技术和工程系）决定研制小型质谱仪作为当年的国庆献礼。由于质谱仪的调试一直不成功，老师们便建议把张钹调回来参加工作。于是，学校以帮助研制质谱仪为由，又将张钹调回了学校，张钹也赶在国庆之前调试好了仪器，顺利完成任务。北京电子管厂的三年工厂生涯告一段落，对于张钹来说，除了锻炼了他的能力，北京电子管厂还在这三年中成了他的"避风港"，他幸运地避免了学校当时开展的一系列运动。② 这段经历让他明白，并不是"读书无用"，工人、农民、各界人士都欢迎有学问、有能力和脚踏实地的知识分子。张钹对待工作的认真与热情也得到了工厂和清华大学的认可。

---

① 张钹访谈，2022年8月2日，北京。资料存于采集工程数据库。

② 张钹访谈，2023年1月13日，北京。资料存于采集工程数据库。

1973 年 2 月 9 日，《人民日报》登载了一篇题为《在人民教师的岗位上》的文章，其中报道了当时在我国教育界涌现出的一批受群众欢迎的优秀教师。该篇文章评论道，这些教师"'忠诚党的教育事业'，在人民教师的岗位上，努力奋斗，努力工作！清华大学电子工程系教师张钹辅导工农兵学员学习。由于他把思想教育贯穿到教学中去，受到工农兵学员的好评"。报纸上还刊登了张钹辅导工农兵学员的照片。对这篇报道，当时在清华大学工作的张钹并不知晓。有一天张钹去储蓄所取款，储蓄所的工作人员正在看《人民日报》，发现张钹正是报道中的人物，便指着报纸上的照片说："这不是你吗？"张钹为人处世一向低调，报纸上登载的事他没有往外讲，因此清华大学知道这件事的人并不多。后来，《人民日报》登载的消息传到了张钹的家乡，也传到张钹的母亲那里，让她感到十分欣慰。[1]

实际上，正如《人民日报》所报道的那样，张钹在教授工农兵学员工作上的确表现得非常出色。"文化大革命"时期，由于取消了高考，1970 年大学才开始重新招生，实行群众推荐、领导批准和学校复审相结合的制度。选择的对象主要是那些政治思想好、身体健康，年龄在 20 岁左右，有相当于初中以上文化程度的工人、贫下中农、解放军战士和青年干部，他们普遍被称为工农兵学员。相比于"文化大革命"前通过高考考入清华大学的学习成绩优异的大学生，工农兵学员在学习能力上与前者是有着差距的。尽管有着这些困难，张钹对学生依然抱着认真负责的态度培养他们，相互之间关系融洽。在 2003 年工农兵学员毕业 30 周年回校之际，控 0 班（1970 年入学，1973 年毕业）返校的 20 余名学生一起来到清华大学信息科学技术大楼（Future Internet Technology，简称 FIT 楼）张钹的办公室看望他，交流各自毕业后的工作情况，一起回忆曾经的岁月。因此，也正是因为张钹将心比心，从工农兵学员的角度着想，去培养和教育他们，才有了后来的宣传报道。从北京电子管厂回校任教的张钹，还曾带领教师小分队到邯郸国营汉光机械厂工作，并编写教材。后来，他又多次带工农兵学员到呼和浩特市电子设备厂实习。整个"文化大革命"期间，张钹的足迹遍

---

[1] 张钹访谈，2022 年 10 月 25 日，北京。资料存于采集工程数据库。

布大江南北，他始终想抓住宝贵的时间，在教学与科研的实践中尽可能多做一些事情。

1976 年，"文化大革命"结束，整个中国处在该向何处发展的十字路口，而张钹也来到了人生的十字路口。10 年时间让他已过不惑之年，是否坚持自己的研究方向仍待决断。此外，张钹所在的 510 教研组虽然在"文化大革命"中得以保留，但清华大学也面临着转型改革的关键时期，未来如何，一切都还在探索之中。

第四章
异国深造

1978 年，改革开放的春天到来，张钹也将迎来自己学术生涯新的春天。在学校发展的需求下，他毅然改变了自己的研究方向，从自动控制转向人工智能。张钹也通过自己的刻苦钻研和努力奋进，在新的研究领域取得了更好的成绩。

人工智能的选择

1976 年以前，张钹所在院系为电子工程系的 510 教研组，主要研究的方向是飞行器自动控制。[①] 1978 年，为满足科技发展与国民经济建设的要求，清华大学对部分院系进行调整。其中，为了适应计算机科技发展的需要，学校决定将电子工程系改为计算机技术和工程系（后更名为计算机科学与技术系）。这样的改变对于 510 教研组影响很大，新的计算机系的教

---

① 1970 年高校恢复招生，一些教师陆续从鲤鱼洲和绵阳返回清华大学。自动控制系、半导体车间、计算数学专业和无线电电子学系搬迁绵阳后留在北京的部分合并成电子工程系，设立了自动控制、计算机、计算数学、无线电技术等专业。

学科研工作明显不适合涵盖飞行器自动控制领域，因此张钹所在的510教研组成员面临着重新确定去向的问题。相同处境的还有1958年与510教研组一同成立的530教研组和570教研组。530教研组主要研究自动控制理论，而570教研组则是针对原子能反应堆控制，三个教研组的教师加起来有50多名。对于三个教研组教师的去向问题，清华大学采取了较为民主的方式，主要尊重教师的个人意愿，可以自由选择。当时，教师们的去向主要有四个：第一，从事陀螺导航教学与科研的教师可以选择去精密仪器系。陀螺导航与机械加工有很大关系，是一门非常强调专、精的学科，因此该领域的教师留在其他院系无法发挥自身的优势，而去精密仪器系可以继续自己的专业研究。第二，清华大学在1978年成立了新的自动化系，该系由之前测量、控制方面的教师以及以前在电机系工业企业电气化方面任教的一些教师组成。因此，与自动控制有关的教师也可以选择去自动化系。第三，留在计算机系，可以选择去该系的其他教研组。于是，50多名教师中大概有20名选择了以上三种途径中的一种。然而，还有30多位教师没有决定去向，他们虽然来自不同的教研组，但不少人之前共事过，相互都很熟悉，关系也十分融洽，彼此之间已经形成了很好的默契，比起去往陌生的院系，还是原班人马继续合作更有益处。在这种情况下，这三个教研组的剩余成员就选择了第四个方向，即留在计算机系，大家集中在一起继续工作，而不是将团队打散。[①] 对于上述四个方向，张钹在选择上也曾犹豫过。身为510教研组副主任的他自身学术水平过硬，因此有的教研组也曾联系张钹，想争取他的加入。经过慎重考虑后，张钹决定和剩余的30多人一起留在计算机系。不过做出这样的选择需要考虑一个严峻的问题：既然有了自动化系，同样的专业就不可能同时设在计算机系，也就是说，必须改变他原来的专业方向。张钹回忆说："当我做出这种选择时，很多老师不理解，觉得我已经在自动化领域干了20多年，成绩也不错，为什么还要去干一项陌生的专业，有必要冒这个风险吗？我认为一个人事业的选择应当随形势的发展而改变，既然计算机科技的发展有这个需求，我为什

---

① 张钹访谈，2022年10月25日，北京。资料存于采集工程数据库。

么不去试试，在陌生的领域也许能开辟出一番新事业。"①

　　带着这样的思考，张钹与其他老师一起，开始筹备成立新的教研组的工作。其实，这个教研组到底要搞什么，大家心里都没底。当时，剩余30多人的牵头人是张毓凯，他来自 530 教研组，因为自身资历较高，便由他来负责。团队里的骨干成员包括张钹、林尧瑞、石纯一、黄昌宁等，大家都支持寻找新的研究方向。于是，张毓凯找到张钹，希望他能帮助出主意，为整个教研组找到一个新的研究方向。让张钹负责找方向的原因，一方面是他的业务水平较高，另一方面是张钹以前曾学过英文。张毓凯是学俄文出身，还曾去苏联科学院进修两年，林尧瑞等老师来清华大学之前在东北学习，也以俄文为主。教研组内只有张钹和黄昌宁在中学时学过英文。因此，张钹可以看国外的英文材料，更容易把握当时的学术动态。确定方向是一件很困难的事，当时"文化大革命"刚刚结束，我国教育工作者长期与世隔绝，对外部世界完全不了解，对计算机科技究竟发展到什么地步也一无所知。为此，张钹只好通过查阅有限的英文资料了解国外的情况。终于，张钹在英文资料中第一次接触到了"人工智能"这一词汇。说到人工智能，当时的张钹还不十分清楚其具体研究什么，但有一点他是比较明确的，即当时世界范围内大多数名校的计算机系都开始设立人工智能这一研究领域，这个领域虽然很陌生，但正好是清华大学所没有的，这说明他们是可以朝这个方向努力的。因此，在与教研组其他老师反复研究后，人工智能成了整个教研组的研究方向。对于这个新方向，张钹充满信心，很希望在新的领域能开辟一些新工作。从在清华大学任教以来，张钹一直从事自动控制的研究，但是相比于 20 世纪五六十年代自动控制的流行，70 年代末传统自动控制的发展进入了瓶颈期，所以选择人工智能这一新兴领域，张钹认为他又获得了施展自己才能的机会。

　　最终，张钹等老师确定把"人工智能与智能控制"作为新教研组的名称，由张毓凯任新教研组的主任。对于这个名称的选择，实际上是经过反复思索才确定的。人工智能究竟干什么，他们当时并不是很清楚，但老师

---

① 张钹访谈，2022 年 8 月 2 日，北京。资料存于采集工程数据库。

们愿意去探索。当然，有的老师不愿意完全改变自己的研究方向。为了照顾这部分老师的意愿，团结更多的人一起工作，团队决定在"人工智能"之后加上"智能控制"这条"尾巴"。这样，原先自动控制领域的老师也符合教研组的研究方向，剩下的 30 多人就可以全部留在新的教研组了。现在看来，这个决策是非常正确和及时的。在这面旗帜下，通过 30 多名教师团结一致共同努力，人工智能与智能控制这个新领域终于在清华园中诞生，让清华大学成为国内最先发展该领域的几所高校之一，而且一路走下来，一直保持国内的领先地位，为我国的人工智能教学与科研作出了重要贡献。同时，这个决策也是超前的，这意味着其不可避免地会遇到诸多困难。比如，当时"人工智能与智能控制"在国际上也还是一个新兴的领域，不少问题仍存在着争议，有人甚至认为人工智能没有前途，而这些困难在我国就显得更加突出了，在这种情况下，如何结合我国的国情开展这个领域的教学与科研工作成为摆在张钹等教师面前的首要问题。为此，教研组的老师们广泛地查找国内外的资料，努力积累该领域的知识，而国家和学校的政策也给予了大力支持。从 1978 年 6 月开始，国家开始选派各高校的优秀骨干教师到国外访问进修，目的是在这些教师学成归国后能够在国内大学中施展才华，推动学科的建设和发展。清华大学作为国内顶尖的高校，得到了大量的出国机会。为了解国外人工智能的发展情况，办好新的专业，教研组决定让张钹和孙增圻（青年教师）在 1978 年暑假参加出国外语考试，准备出国深造。

实验室里的新面孔

1978 年，张钹被选为第一批出国访学的教师，同教研组的孙增圻被派往瑞典学习，他在那里取得博士学位后回国工作，张钹则被派往美国访学。当时，国内与外界的联系有限，张钹之前不曾与外国沟通，所以选择访问的学校主要靠系里联系和老先生的推荐。了解下来，主要有两个地方可以选择，一个是普渡大学，另一个是伊利诺伊大学厄巴纳－香槟分校。两所学校在计算机领域都属于美国的顶尖学校，学科排名常年排在美国国内前 5 名。其中，伊利诺伊大学厄巴纳－香槟分校在人工智能领域表现不俗，且其人工智能下属的四个专项领域都已包含，分别是专家系统、机器人、机器学习和自然语言处理。因此，张钹最终决定去伊利诺伊大学厄巴纳－香槟分校访学。

按照计划，1978 年下半年清华大学专门组织了即将出国的教师集中学习英语，由陈慕胜老师教授，并在 1978 年 12 月将第一批教师派往国外。然而，张钹因为胃出血需要住院治疗，错过了第一批派出的时间。在养好身体后，张钹在 1980 年 2 月作为访问学者到美国伊利诺伊大学厄巴纳－香槟分校开始为期两年的进修学习。[①] 张钹所联系的合作教授是钱天闻（R. T. Chien），他是该校 CSL 实验室的主任。因为当时与国外的教授联系有限，所以国内往往选择在国外任教的华裔教授进行访学沟通，以尽

图 4–1　1980 年张钹在伊利诺伊大学厄巴纳－香槟分校 CSL 楼前留影（张钹提供）

---

① 张钹访谈，2022 年 10 月 25 日，北京。资料存于采集工程数据库。

快促成派遣计划。在 20 世纪 80 年代，信息领域最有名的华裔教授有 3 人。傅京孙（K. S. Fu），在普渡大学任教，是模式识别的创始人。钱天闻，原来是通信领域的，后来转向人工智能，主要研究专家系统和机器人。黄煦涛（Thomas S. Huang），原本在普渡大学任教，之后又到了伊利诺伊大学厄巴纳－香槟分校，在钱天闻的 CSL 实验室工作，后来成为 Beckman 研究院图像实验室主任，他的研究方向是模式识别和计算机视觉。他们三人都是台湾大学培养的优秀毕业生，后来又都去美国发展。张钹选择钱天闻教授，是符合其与国外先进水平接轨的目的的。[①]

　　CSL 实验室的名字虽然听起来似乎与计算机科学（Computer Science）有关，但其实际的全称为 Coordinated Science Laboratory，即所谓的综合科学实验室。原来，这个实验室整体上还是在研究计算机科学与工程，同时兼有通信、人工智能这些方向，因此用了这个名字。但是，对外大家还是将 CSL 实验室理解为计算机科学实验室。第一批来到伊利诺伊大学厄巴

图 4-2　1981 年圣诞节钱天闻夫妇与 CSL 实验室访问学者合影（左二钱天闻，右一张钹。张钹提供）

① 张钹访谈（二），2022 年 8 月 2 日，北京。资料存于采集工程数据库。

纳－香槟分校的中国访问学者不过五六人，其中 CSL 实验室有张钹和罗振东（复旦大学老师）两位，这在 20 世纪 80 年代初的伊利诺伊大学厄巴纳－香槟分校可是一件新鲜事，引起了很大关注。实际上，这些访问学者都已到中年，张钹赴美国时已 45 岁，且大多数人英语不是很好，也没有发表过任何论文，对于伊利诺伊大学厄巴纳－香槟分校的人来说，这些学者的能力值得怀疑。回忆起最初在美国交流学习时的遭遇，有些问题仍令张钹颇感介怀。CSL 实验室有一位台湾大学毕业的博士生潘永昭，张钹与他接触比较多，深感潘永昭抱有优越感，看不起中国大陆来的访问学者。这深深伤害了张钹的自尊心，他下定决心一定要做出成绩来给他们看看。后来，两人逐渐相熟，张钹曾对潘永昭半开玩笑地说："台湾大学的学生再优秀不过是一个省里最好的，我们清华大学选的是全国最好的，比得了吗？"① 的确是这样，虽然过去的某些经历影响了张钹一代人的发展，但并非是他们素质或能力不够，之前在清华大学的成绩也足够说明他们的优秀。后来，来到 CSL 实验室的中国访问学者逐渐增多，他们都希望能学到国外的先进理论，以后为国家发展贡献力量。

其实，对于当时在美国的中国访问学者来说，他们的研究条件也异常艰苦。那时长途电话并未普及，而且电话费非常贵。张钹所在的 CSL 实验室虽有长途电话，但设在主任办公室里，其他可打长途的电话也有专人看管，因此中国学者都无法使用。复印机最初还允许中国人随便使用，但因使用较频繁，便也管理起来，设置了复印的额度，每次复印要统计复印的数量。国家最初给访问学者的生活费是实报实销的，张钹为了节省开支，就凑合住在别人的客厅，花 20 美元买了一个床垫，连书桌都没有。② 后来，生活费转而规定为包干，每月 400 美元，这个数目对美国人来说是低标准，但对于张钹这些访问学者来说已经是很富裕的了，足以满足日常的开销。研究环境与外语等条件上的限制让一些访问学者难以从事真正的学术科研活动，有些人因此选择到学校听课来提升自身水平。张钹没有因这样

① 张钹访谈，2022 年 8 月 2 日，北京。资料存于采集工程数据库。

② 清华大学计算机系通讯员：他在党的科教园地上辛勤耕耘——记计算机系张钹同志。《新清华》，1985 年 1 月 30 日。

的困难而退却，反而激起了他钻研新知识的劲头。初到美国时，张钹便买来一辆破旧的二手自行车，往返于实验室、图书馆、宿舍和商店之间，大大节省了时间。在相当长的一段时间里，他几乎没有给自己安排一个休息日。他一天要跑两三个地方，从最基本的人工智能教科书啃起，从敲计算机键盘练起。张钹还积极寻求与实验室的同事进行交流，并尝试寻找自己的研究方向。当时 CSL 实验室的人工智能团队实力很强，除钱天闻、黄煦涛（1981 年来到 CSL）两位教授外，还有戴维·瓦尔兹（David L. Waltz）副教授，他是 1972 年从麻省理工学院毕业的优秀博士生，后来在人工智能的多个领域作出重要贡献，并成为美国人工智能协会（Association for the Advancement of Artificial Intelligence，AAAI）的主席，他的博士论文中的成果还写进了人工智能的教科书。[①] 纳伦德拉·阿胡贾（Narengra Ahuja）助教是马里兰大学博士，1979 年来到伊利诺伊大学厄巴纳－香槟分校，从事计算机视觉、模式识别和图像处理等研究。德拉尔德·德容（Derald De Jong）助教是耶鲁大学博士，1980 年来到伊利诺伊大学厄巴纳－香槟分校，从事机器学习、自然语言处理研究，这两位助教后来都成为各自领域的著名教授。钱天闻有 5 位博士生，除潘永昭外，还有大卫·陈（David C. Chen）、威廉·何（William P-C Ho）、肖恩·凯勒（Shaun Keller）和蒂莫西·特里克（Timathy N. Trick），前两位都是从台湾地区移民美国的美籍华人。还有一位叫斯蒂芬·克罗斯（Stephen E. Cross），是戴维·瓦尔兹的博士生，此人很特别，爱尔兰裔纯白人，1951 年出生，长期为美国空军服务。1977 年从空军技术学院（Air Force Institute of Technology）取得硕士学位，1980 年由部队保送过来，带薪攻读博士，学校保证三年后（1983年）授予学位。后转业到高校工作，2010 年任乔治亚理工学院（Georgia Tech）负责科研方面（EVPR）的执行校长。[②] 张钹与这些同事和学生相处融洽，经常交流讨论，他们也很尊重张钹。

在张钹访学美国期间，清华大学人工智能与智能控制教研组也开始了教学工作。他们开设了人工智能导论、人工智能程序设计等课程，并招收

① 张钹访谈，2022 年 10 月 17 日，北京。资料存于采集工程数据库。
② 张钹访谈，2022 年 8 月 2 日，北京。资料存于采集工程数据库。

了硕士生，主要研究专家系统相关的内容。其中，人工智能程序设计这门课程是陆玉昌老师开设的。由于当时国内的人工智能教学仍处在探索阶段，经验较少，因此张钹就利用在伊利诺伊大学厄巴纳－香槟分校的机会了解了美国关于这门课程的教学方法，并向陆玉昌老师提出建议。伊利诺伊大学厄巴纳－香槟分校的人工智能程序设计课为研究生开设，由德拉尔德·德容（Derald De Jong）担任，他刚从耶鲁大学博士毕业，与学生年龄差不多，因此没有架子，上课也很特别，一进教室，便坐在讲台的桌子上，东一句西一句，很没有条理。学生听课也很随意，不少学生端着咖啡或可口可乐进入教室，有的听课时还把脚搁在前面的扶手椅上。因为课程所需的 LISP 语言是自学，老师上第一堂课没有什么内容可讲了就与学生聊天，讲他在耶鲁大学学习时的趣事和编程体会，接着便布置了一道课后作业，即用 LISP 语言编写程序实现给定的技术要求，让学生们回去上机完成。作业难度很大，学生们需要在机器上花很长时间才能把程序调出来。下一次上课主要讨论上一次作业的内容，探讨编程风格、编程经验等，十分精彩和深刻。当时选修他课程的学生有 20 多名，学生们对他的讲课反映还不错，只是一致认为作业"very hard"（很难）。一学期下来，一多半的学生因为某道程序无法在机器上通过而中途退出，剩下 10 名学生由于完成了全部 7 道作业，学期结束全部给予"优"的成绩。这样的模式虽然国内高校无法照搬，但这种通过实践和研讨来学习程序设计的做法很值得借鉴。因此，张钹将所有的 7 道作业以及编程的思路收集起来，寄回国内，供教该课程的老师参考。

此外，张钹还充分利用国外的资源，积极开展人工智能的科研。当时国内学术研究最大的问题是资料的严重不足，以张钹所在的人工智能领域为例，他们能看到的主要资料就是期刊《国际电气与电子工程师协会汇刊：模式识别与机器智能》（*IEEE Transactions on Pattern Analysis and Machine Intelligence*，*IEEE Trans. on PAMI*），这在清华大学图书馆有一份，北京市图书馆也有一份，而其他种类的资料则相对凌乱，期刊常常出现断档的情况。即使是 *IEEE Trans. on PAMI*，也是在出版一两个月后才寄到国内。对于人工智能领域来讲，一般情况下，会议上发表的文章要比期刊所刊载的文章更前沿。期刊的文章基本上是在研究完成之后再发表的，因此其成果往往比当时最前沿的正在进行着的研究要滞后 1—2 年，再加上国外期刊寄到国内，被国内学者所认识又要花上很长的时间，所以国内了解到的国外情况可能比实际的研究情况要滞后 2—3 年。在这样的条件下，仅仅在国内发展很难达到世界水平。因为无法了解世界水平，就不能认识到别人的研究做到什么程度，也就没办法确定自己的研究所要追赶和突破的方向。因此，张钹选择出国访学，正好可以借助伊利诺伊大学厄巴纳－香槟分校的平台阅览当时最新出版的相关文献，掌握研究的动向，并将这些最新的信息与清华大学人工智能与智能控制教研组的老师们分享，从而为大家提供科研思路。对于张钹在国外还心系学校人工智能发展的事迹，清华大学校刊《新清华（党的生活专刊）》还曾进行报道，称赞其为国家、集体着想。[1]

顶 刊 论 文

鉴于 20 世纪六七十年代与弟弟张铃合作并发表论文的经历，张钹认识到两人专业互补的优势。因此，在研究方向转到人工智能后，张钹仍寻求合作的可能。80 年代还处在第一代人工智能的发展阶段，是知识驱动的时代，即当时提出来的模型，是主要以知识和经验为基础的符号推理模型，强调逻辑推理、启发式搜索与知识表示等，并不主张使用严格的数学工具。反观国内，人工智能研究刚刚起步，学者们大多顺应这个潮流，以模糊推理、专家系统为主要研究方向。所谓专家系统，又叫知识工程，当时实际上偏于工程应用，没有太多的理论研究，这就导致了国内外理论成果比较少。于是，张钹敏锐地观察到应该在理论上有所建树。虽然理论工作并不好做，但其在学科构建上具有重要意义。张钹认为，理论研究离不

---

[1] 清华大学计算机系通讯员：他在党的科教园地上辛勤耕耘——记计算机系张钹同志.《新清华（党的生活专刊）》，1985 年 1 月 30 日。

开数学工具，人工智能也不例外，也应该尽可能地引入数学工具。这种观点与当时人工智能界的主流思想并不一致，属于少数派。在如何看待数学工具上，张钹也有一套独特的见解，他曾形象地说："如果将科学探索比作解剖，数学工具就好比解剖用的刀子。陈旧的数学工具是钝刀，不仅切起来费劲，也很难观察得很仔细。好的数学工具是把快刀，切起来自然顺手。因此，理论上要想求得突破，很重要的一点就是要找把快刀——好的数学工具。"[①]带着这样的思考，张钹在出国前就专门制作了一个文档，并列出了详细的提纲，为去伊利诺伊大学厄巴纳－香槟分校搞研究做准备。

1980年2月出国后，国外学校丰富的资料使张钹不用再像以前那样要坐火车到上海图书馆去看相应的材料，于是他便开始在人工智能理论方面寻找研究课题。当时对于理论的研究也存在着争论，即人工智能究竟能不能像物理学那样建立起一般的理论？对于这个问题的回答主要分为两派。一个叫Neat派，Neat即"简约"，代表人物是约翰·麦卡锡（John McCarthy），他们认为机器不需要模拟人类的思维，而是应该尝试寻找抽象推理和解决问题的本质，即最终可以使用一套方法解决各种各样的问题。Neat派的对立面则是Scruffy派，取"芜杂"的意思，代表人物是罗杰·沙克（Roger Schank），该派认为不存在简单和通用原理能够达到所有的智能行为，每个问题都需要编写一个复杂的概念。当时，两派对于此问题仍在不断地争论，难分高下，而对于理论的争论也让多数人选择去做较易出成果的专家系统。第一代人工智能当时的理论研究主要分为三方面内容：推理、搜索和规划。在分析比较之后，张钹选择了搜索和规划两个方向，它们对于研究智能机器人、建立大型知识库、计算机规划、决策、调度和管理系统等都有理论指导意义。张钹没有选择推理模型的原因是当时大多数人研究推理用的是数理逻辑或者模态逻辑等方法，他对这方面的知识较为陌生，便转而研究其他两项。[②]

---

① 姚殊：孜孜以求，硕果累累——记张钹院士。见：福清市民间文艺家协会编，《福清民间文学 第7辑：纪念戚继光倭牛田大捷452周年龙田专辑》。福清：福建省福清市民间文艺家协会，2014年，第86页。

② 张钹访谈，2022年8月2日，北京。资料存于采集工程数据库。

第一项工作是研究规划，主要是机器人的运动规划。机器人的规划有各种各样，包括决策规划、运动规划等。张钹所研究的运动规划，针对的是解决机械臂在空间运动时如何在不触碰空间中障碍物的情况下完成给定任务的问题。这个问题具有很强的现实意义，因为机械臂在现实中使用时势必会面对复杂的周边环境，这就需要寻找其可行的路径。由于机械臂有多个可活动的关节，直接求解存在很大的困难。当时国际上较流行的方法是根据多关节机械臂的形状和尺寸，把原来带有障碍的空间从三维变换为更高维的空间（根据机械臂的复杂程度，可以达到十多维），而把机械臂缩成一个点。这样就把三维空间中机械臂的运动规划转换成一个点在高维空间中寻找无碰路径。但是，后一个问题依然很复杂，于是有人提出一种解决办法——剖分法，通过将高维空间分为若干个小块，对每一块内的运动单独进行分析。这种方法实际上使用的是穷尽搜索的思路，操作起来运算量相当巨大。

既然没有更好的办法，张钹便与张铃沟通，准备在该领域寻求突破。张铃提出可以引入数学工具——拓扑理论，通过对高维空间进行拓扑变换，将复杂的空间变换为一个简单的拓扑空间。在此思想基础上，他们提出了全新的基于拓扑的机器人运动规划方法。所谓拓扑，是研究几何图形或空间在连续改变形状后还能保持不变的一些性质的一门学科，它只考虑物体间的位置关系而不考虑它们的形状和大小。将一个非常复杂的多维空间经过拓扑变换为非常简单的图或网络后，之前研究的障碍物中机械臂的运动规划变成了在二维平面网络中寻找两点之间的最优连通路径。而找到路径后，再通过变换，回到原来的几何空间中去复原该路径，就得出了最后的答案。张钹认为，这两次变换意味着将原来的问题分成两个层次来解决，从而大大降低了计算复杂性。问题解决了，张钹和张铃便决定将两人的成果发表在国际期刊上，但该向哪里投稿呢？由于之前在国内一直浏览的期刊是 *IEEE Trans. on PAMI*，虽然他们知道那是人工智能著名的顶级期刊，但从没有投过外刊的张钹也不清楚其中的难度，便决定投稿试试。[①]

---

① 张钹访谈，2022 年 8 月 2 日，北京。资料存于采集工程数据库。

第四章　异国深造 ｜ 75

1981 年 3 月，张钹将稿件发给 *IEEE Trans. on PAMI*，题目是《机器臂在障碍物之间的无碰撞路径规划》(*Planning Collision-Free Paths for Robotic Arm Among Obstacles*)，当年年底就收到了录用通知。后来张钹了解到，像 *IEEE Trans. on PAMI* 这样的顶级期刊要求非常严格，当时都是学界内有影响力的人物才能在上面发论文，而且很多投稿常常需要反复修改多次后才被接受，像他们这样第一次投稿不要求修改便被接受的情况很罕见。该杂志编辑也将其对论文的审稿意见寄给他，其中主要考核三方面内容。第一是重要性，即所研究的问题在该领域是否重要。第二是创造性，即所作的文章是否有创新点。第三是表达，主要考察文章的表述是否清楚。审稿人对论文在三方面的评价都是"good"(优秀)。张钹回忆说，其实自己当时的英文写得并不好，评审者可能是基于文章的新颖性，所以不用修改就接受了。的确，这项工作并不是张钹和张铃跟随国外学者做的，而完全是他们独立思考出来的。在撰写该文章时，两人只用了三篇参考文献，这说明他们解决问题的思路前人未曾使用，没有以前的研究工作可供参考；也说明了当时评审者的眼光独到，发现了张钹和张铃研究的价值所在。[①]

对于这篇文章的投稿，其实还有一段插曲。由于张钹之前没有投过国外期刊，不清楚具体的流程和署名规则，当时对署名的前后顺序也不在乎，加上听实验室同事说向期刊投稿要交出版费，便有些犯愁。于是，张钹便找到了他的合作教授钱天闻，表示让他作为第一作者，由他付出版费，钱天闻欣然接受。这就有了后来的署名顺序：钱天闻、张铃、张钹。过后张钹才了解到，交出版费完全出于自愿，交费与否的区别只是在于交费后会得到更多的发表文章的复印本。钱天闻确实替张钹他们交了钱，也拿到了一沓文章的复印件，但钱天闻对于这篇文章的贡献也仅限于此。在商量让钱天闻作为第一作者后，张钹曾将文章草稿拿给他，请他提提意见，帮忙改一改，钱天闻没有对文章做任何的修改。张钹也曾经让实验室的研究生帮助改一改英文，使英文的表述更地道。但文章给出去了，研究

---

① 张钹访谈，2022 年 8 月 2 日，北京。资料存于采集工程数据库。

生们也一个字没改。[①] 因此，虽然文章发表后的第一作者是钱天闻，但工作却完完全全是张钹和张铃做的。该文章按照计划本应在 1983 年 1 月出版，但由于张钹 1982 年 2 月回国，期刊的编辑未能与张钹取得联系，便耽搁了一年，在 1984 年 1 月正式发表。这篇文章是中国科学家在人工智能理论领域的第一篇学术论文，引起了国际同行的高度关注。也正是这篇文章，让中国学者们狠狠地"扬眉吐气"了一把，同时增强了张钹为中国人工智能发展作出更大贡献的信心和决心。

对于张钹和张铃来说，在当时的条件下完成这样的文章并不容易。张钹在国外整整两年，他非常珍惜这段宝贵的时间，与家里只有很少的书信往来，生活单调而枯燥。每逢春节，张钹往往是只身一人在实验室里做实验度过。于是，张钹便将主要精力放在与张铃的合作研究上。那时，张铃已摘掉"右"派的帽子，在安庆师范学院任教，由于长途电话不普及且费用昂贵，两人只能通过书信交流学术问题。航空件从国内寄到国外需要 8 毛钱，这个价格对于他们来说并不便宜。因此，每次写信的时候都要用非常非常薄的纸来写。两人仔细计算过，一封信如果超过 5 张纸，就会超重，需多付邮资，因此特意挑选了相对薄的改良纸。每次写信还要用复写纸再备一份，自己保留，防止信件寄出后没有留底，之后讨论问题不方便。为了能够讨论得更充分，每张纸都用小字写得密密麻麻，且不分段，每段结束后就用红笔点一个点作为标记。一般情况下，国内寄出要 10 天到达，美国寄回来大概 7 天，这样大约每 20 天一个来回，进行一次交流。[②] 就是在这样艰苦的跨越大洋的合作研究条件下，张钹和张铃在科研道路上不断攻坚克难。两人的分工也很明确，张钹在美国浏览大量资料后，把相关的资料寄给张铃，并提出问题，张铃则负责解决问题。张钹会指出每个问题的性质，然后张铃根据张钹的问题来做数学模型。当然，张钹也会根据数学模型进行分析，将其用于解决实际问题，有些地方还要自己再编程序实验验证。最后两人经过讨论，写成文章发表。张铃后来回忆说："是我哥哥

---

① 张钹访谈，2022 年 8 月 2 日，北京。资料存于采集工程数据库。

② 王辉：人工智能，从过去到未来——记中国科学院院士、清华大学人工智能研究院名誉院长张钹.《科学中国人》，2021 年第 25 期，第 18 页。

把我带进了科研殿堂。"[1] 张钹也对张铃非常感激："没有他的话，我做不出这么高水平的成果。"[2] "兄弟同心，其利断金"，张钹和张铃都发挥了自身的优势，也就不断有新成果产生。

张钹和张铃在这段时间内完成的另一个重要的研究是关于搜索的。对于第一代人工智能，搜索是其中很重要的基础研究内容。人工智能教材的初始部分即介绍搜索，因为其有助于在人工智能建立的推理模型中搜索所需要的解。通过建立一个启发式搜索的模型，可以避免盲目搜索造成的耗时巨大、效率低下的问题。张钹和张铃在开始接触该问题的时候，发现这个问题远没有解决。当时使用的较为原始的方法属于穷尽式搜索，具体通过两条思路展开，一条是宽度优先，另一条是深度优先。宽度优先，实际上就是从起始点出发，以所处的空间宽度向前展开搜索，直到找到目标为止，这往往意味着可能要对整个空间进行搜索。在这种条件下，假如要搜索的空间非常大，实际上很难找到最终的解。深度优先，则是将空间分成若干条线路，其与宽度优先相对，强调的是先进行纵向的搜索，即先按照一条线路一直搜索下去，在没有找到解的情况下再选择另外一条线路。虽然方法与宽度优先有区别，但其本质上也难以避免穷尽搜索的模式。为了改进这些方法，人工智能界提出了 A^* 算法，即启发式搜索方法。该方法在搜索上增加了一个评价函数，由评价函数估计每种搜索线路找到解的可能性有多大，从而根据评价函数逐步选出"最优路径"。这样做，的确在一定程度上提高了搜索的效率，但该方法的弊端是评价函数的准确性问题，主要是由于知识不够，从而无法进行精确的估计。曾获得过"图灵奖"的人工智能专家朱迪亚·珀尔（Judea Pearl）后来对该方法做了分析，得出的结论是：只要估计的相对误差稍微大一些，所需要的搜索量就会呈指数关系的增长。这使得 A^* 算法的性能受到了质疑，其优势与穷尽搜索相比并没有那么明显。

对于上述问题，张铃利用他的数学观点提出了自己的想法，认为可以通过分层次的方法来改进这种算法。于是，张钹和张铃提出了新的 SA^* 算

---

[1] 张铃访谈，2022 年 5 月 25 日，合肥。资料存于采集工程数据库。

[2] 张钹访谈，2022 年 8 月 2 日，北京。资料存于采集工程数据库。

法，即在 A^* 算法前面加上一个 S，S 为英文 Statistical 的首字母，取"统计"的意思，SA^* 算法被称为统计启发式搜索方法。为什么要加上统计呢？其实，两人在 A^* 算法上又增加了一个数学工具，即统计推断。经过这样的改进，在进行搜索时，函数不再只针对一个节点进行估计，而是对由这个节点出发的一棵树上的许多节点进行估计，也就是对由这一节点出发的全部路径进行估计，因此在选择最优线路时，可将函数估计值最差的路径排除（又称剪枝），而统计推断则解答了在何种条件下可以将一条路径排除的问题。这样，在同样的条件甚至更宽松的条件下，该方法可大大降低计算的复杂性，提高了搜索效率。现在看来，这项工作是很有创造性的，将统计推断的方法引入启发式搜索，使得该方法的效率得到了极大的改进。[1]

1983 年，第八届国际人工智能联合会议（International Joint Conference on Artificial Intelligence，IJCAI）在德国的卡尔斯鲁厄召开，张钹和张铃将 SA^* 算法的成果向该会议投稿，并受邀参会。那时候由于张钹刚刚回国，按照学校的规定他短期内不能再出国参加活动，所以由张铃赴德国作报告。张铃在大会上被安排在第一个发言，题目是两人合作的《一个新的启发性搜索技术》，这次会议没有评奖内容，被安排在第一个发言是给论文作者的最高荣誉。这是我国第一次有学者在 IJCAI 这样的人工智能领域顶级的会议上发表文章，中国由此开启了人工智能发展的新篇章。1984 年，第六届欧洲人工智能会议（European Conference on Artificial Intelligence，ECAI）在意大利比萨召开，张钹和张铃再次受邀在该会议上介绍逐次 SA^* 算法。这次他们对之前的成果又进行了改进。最初的 SA^* 算法存在一个缺点，即删的最差路径有一定的可能性存在最终的解。为解决此问题，两人决定加入错误概率的参数，从而更好地评价 SA^* 算法的准确性，因为在概率统计学上有严格的定义来讨论删错的概率是多少。在这种情况下，逐次的搜索会将最终的错误概率趋近于 0，从而做到没有错误。在计算复杂性方面，实际上只比原来的计算量增加了几倍，这与之前方法的指数式增长相比并不算什么，而且对于执行搜索的计算机来说，这样的计算量增加

---

[1] 张钹访谈，2022 年 8 月 2 日，北京。资料存于采集工程数据库。

也基本上没有什么影响。这次会议云集了世界各国 800 多位人工智能的专家、学者，张钹和张铃一同参加。张钹在会上作了《逐次 SA* 搜索及其计算复杂性》(*The Successive SA* Search and Its Computational Complexity*) 的论文报告，立即引起了轰动。会议对该论文的评议指出："由中国学者提出的估计搜索法的复杂性准则取得了新成果，……这是搜索方法的一项新进展，这是搜索方法的一项重要突破。沿着这个方向，可以展开许多新的研究内容。"华人留学生们纷纷跑来祝贺，有的留学生称赞张钹的英语讲得很流利，以为他从小在国外长大。一些外国同行还特地赶到他们距离会场有十几千米的驻地来请教学术问题。大会主席 Tim O'Shea 也对两人赞誉有加："你们为自己树立了一座塑像，你们的研究是一个重大突破，为搜索技术开辟了新的方向。"在这次会议上，两人还获得了 ICL 欧洲人工智能奖，其中的"ICL"是该奖项赞助商国际计算机有限公司 (International Computer Limited) 的缩写。欧洲人工智能会议将人工智能研究分为几个领域，每个领域设一个奖，张钹和张铃获得的是搜索和规划领域的最优秀奖，这说明当时他们在该领域中是最出色的。对于获奖的经历，还有一件趣闻。一天下午，两人回到旅馆，发现会议布告栏上贴有许多信件，以首字母排列，无意中在字母"Z"一栏中发现有给他们的信件，两人感到十分惊讶。这是他们第一次到意大利开会，在那里并没有熟人或朋友。打开一看，原来是通知他们获奖了。第二天上午在颁奖大会上，张钹和张铃双双走上主席台，激动地领取了会议颁发的奖杯以及 100 英镑奖金，会后还接受了意大利电台的专门采访。欧洲人工智能会议是世界上关于人工智能的两大国际性会议之一，中国学者应邀参加这样的学术会议还是第一次。这次参会与获奖对当时的张钹有很大的鼓舞，他认为自

图 4-3　张钹和张铃所获 ICL 欧洲人工智能奖杯（张钹提供）

己几十年的努力总算得到了回报。[①]

1985 年，两人又作为中国的代表参加了在美国洛杉矶召开的第九届国际人工智能联合会议。张钹和张铃在学术上并没有满足于已取得的成果，而是不断寻求新的突破。这一次，他们又对逐次 SA^* 算法做了改进，称为加权 SA^* 算法。最新的发展是对于每一次搜索后估计的不同路径，两人又引入了加权的概念，增加较优路径的权重，减少较差路径的权重，而对于最差的路径则直接删除。这样，将搜索的效率再一次提高。经过此次改进，张钹和张铃将 SA^* 算法完全建立了起来，他们的成果也得到了人工智能界的肯定。1983 年，麻省理工学院的人工智能专家 Randall Davis 专门致信张钹，祝贺他 SA^* 算法相关成果的发表。1984 年，国际计算机有限公司也对张钹和张铃在欧洲人工智能会议上获奖表示祝贺。

踏 上 归 途

撰写的论文得到顶级期刊录用，让实验室的同仁对张钹刮目相看。他们感到很惊讶，这位来自中国的访问学者竟如此出色。当时，很多国内派往美国的学者因为自身研究以及语言的限制，很难进入他们的圈子，但像张钹这样在该领域能取得突破，并在顶级外刊发表文章的极其少有。钱天闻对张钹的态度发生了很大变化，他在与自己的研究生交流时用 4 个词评价张钹：第一，aggressive，有进取精神；第二，creative，有创造性；第三，productive，即张钹不断有新成果产生；第四，active，指张钹在做研究上有非常积极的态度。这四个单词说明了钱天闻对张钹的肯定，他要求自己的研究生要多向张钹学习。经此之后，大家越发佩服张钹，有问题也常常会向他请教。1982 年，访学期满的张钹准备返回祖国，CSL 实验室的年轻老师和博士生特地一起聚餐为张钹送行。据张钹回忆，此次聚会由博

---

① 张钹访谈，2022 年 8 月 2 日，北京。资料存于采集工程数据库。

第四章 异国深造 *81*

士生斯蒂芬·克罗斯组织，合照也是他拍摄的，因此照片中没有他。会餐当天，大家都 AA 制，但斯蒂芬却专门为张钹买单，这也破了美国人的规矩，之前钱天闻也曾请师生到饭馆共同进餐，但所谓老板"请客"，都是自掏腰包的。①

图 4-4 1982 年 CSL 实验室同仁为张钹送行（由前向后：右一戴维·瓦尔兹、右二德拉尔德·德容、左一大卫·陈、左二纳伦德拉·阿胡贾、左三肖恩·凯勒、左五潘永昭；正中间为张钹。张钹提供）

对于在 CSL 实验室访学的两年，张钹认为还是获得了一些支持，包括工作条件、办公室等，而提供的资料也很好地拓宽了他的研究视野。访学期间，张钹先后参加了 1980 年 8 月在斯坦福大学举行的 AAAI 会议和 1981 年 8 月在加拿大温哥华举办的第七届国际人工智能联合会议。当时，国内的访问学者很难担负参加会议的费用，好在张钹的合作教授钱天闻非常支持，资助张钹参会。当时虽然没有在会议上发表文章，但这是张钹第一次参加国际性的会议，也让他对世界人工智能的发展有了更多的了解。因此，让钱天闻挂名一同发表文章也是应该的，算是对其帮助的回报。但

① 张钹访谈，2022 年 8 月 2 日，北京。资料存于采集工程数据库。

由于没有经验，把他放在第一作者的位置，现在看来是不大合适了。不过，有了第一次的教训，张钹也逐渐认识到他研究成果的价值，因此他与张铃在搜索上完成的 SA^* 算法就没再告知钱天闻，而是等到张钹回国后才发表的。连续在顶级期刊发表文章及参加人工智能国际会议也让张钹和张铃成为国内学术界的一对"新星"，报纸对两人的报道层出不穷。《文汇报》《北京日报》《中国教育报》《新清华》不但介绍了两人的学术成果，而且描述了他们的合作方式。[①] 这些赞誉使得人工智能这一领域在国内的知名度更高，也为当时的中国学者打了一针"强心剂"。

在美国的两年，张钹和其他访问学者一样，没有回国探亲，孤身一人在海外，他经常挂念家里的妻子和孩子。据长子张淮回忆："虽然父亲远在异国，但他也会偶尔写信给我，关心我的学习与生活，并给出一些建议。"[②] 当时张钹的两个孩子都还小，一个上初中，另一个上小学，好在妻子承担起照顾家庭的责任，也让远在他乡的张钹能够放下包袱，努力在科研中拼搏。回顾自己两年的访学经历，张钹心怀感激。他常说："我们还是幸运的，在 1978 年改革开放时我们还算年轻，抓住了一点'尾巴'，能再次开启学术生涯，要是再晚一点我们就什么也做不了了。"[③] 张钹在 45 岁的年纪能够毅然决定转换研究方向，并出国访学，这样的决心令人钦佩。张钹也用自己的努力证明了他的能力，从当时的条件来看，张钹和张铃的成果是国际水平的，是经得起历史检验的。

张钹之所以会取得如此成绩，有三个原因：第一，对于自身优势的充分认识。张钹的主要成果都是与张铃合作完成的，兄弟二人不但亲密无间，而且在学术上各有所长。张钹之前的工作领域偏工程学科，他善于发现问题，对人工智能的发展走向有着敏锐的洞察力；弟弟张铃具有数学天赋，能够运用自己的专业知识解决问题，具有极强的解决问题的能力。张

---

① 清华大学科研处：计算机系一篇论文获欧洲人工智能奖。《新清华》，1984 年 10 月 18 日；武荫：清华大学讲师张钹、安庆师院讲师张铃获欧洲第六届人工智能会议最佳论文奖。《中国教育报》，1984 年 11 月 3 日；秦程：清华大学教师张钹和安庆师范学院张铃获欧洲人工智能会议奖。《北京日报》，1984 年 11 月 27 日；陈正平：在书信往来中完成的论文。《文汇报》，1985 年 5 月 2 日。

② 张淮访谈，2023 年 2 月 21 日，北京。资料存于采集工程数据库。

③ 张钹访谈，2022 年 8 月 2 日，北京。资料存于采集工程数据库。

钹曾说:"当时我们找的方法和路径基本上是对的,所以我们才能在很短的时间做出成果。国外人工智能领域的多数学者虽然掌握的专业知识很多,但是他们毕竟处于信息领域,在数学方面肯定不如专门学数学的。我们提出的解决问题的方法是他们不容易想到的,因此比不过我们。"正是有这样独到的认识,才使得张钹和张铃能达到世界一流水平。第二,勇于创新的精神。即使当时中国人工智能刚刚起步,张钹也没有选择跟随外国的脚步,而是主动开拓创新。早在张钹在 510 教研组工作期间,他在科研工作上就一直寻求创新。20 世纪 60 年代,他曾带领学生开展飞行模拟实验,当时条件非常艰苦,数据很少。可就是在这样的条件下,张钹与 40 所合作通过探索仍然完成了有益的工作。后来,涉足人工智能领域,张钹更注重创新。改革开放促进了对外的联系,让张钹等学者能够了解到国外的学术发展水平,而不再是仅仅靠自己的想象。在发现问题之所在后,张钹和张铃将数学工具引入人工智能,实现了一个又一个的创新,也让国际人工智能界认识了这对中国学者。第三,有一颗报效祖国的赤子之心。张钹回忆说:"当时留在美国是有机会的,但当时我们根本没有这样的想法。我是国家派出去的,目的就是学别人先进的东西,学到东西后回到祖国,把国内的人工智能搞上去,这就是我的想法。"[1] 这些朴实的语言正体现了一位科学工作者为了祖国的事业,为了国家的建设而默默无闻地奉献的爱国精神。

1982 年 2 月,张钹学成归国,重新与家人团聚,也把当时最先进的人工智能技术和理念带回了中国。此时的张钹已满怀信心,准备将自己所学投入发展清华大学乃至中国的人工智能事业中。

---

① 张钹访谈,2022 年 8 月 2 日,北京。资料存于采集工程数据库。

第五章
追梦 AI

AI，Artificial Intelligence 的缩写，中文译为人工智能，正是张钹所研究的领域。在确定从自动控制转向人工智能后，张钹出国两年学习国外的先进知识与经验，同时他也更加认识到国内与国外在人工智能领域存在的差距，中国的人工智能起步比国外晚了 20 多年。筚路蓝缕、披星戴月，张钹和同事们正视差距，迈开了一路追赶国际人工智能发展的脚步。

PUMA 560

1982 年 2 月，清华大学的校园在悄悄地舒展着春天的气息。这个时候，在清华园里突然出现了一个熟悉而又久违了的身影——张钹老师从美国进修回来了。回国后的张钹立刻与教研组进行了沟通，了解到当时的主要问题是科研工作开展不顺利。一方面，大部分人仍在做专家系统，缺乏新意。另一方面，人工智能应用也处于低潮期，没有太多项目和任务。该向哪个方向努力呢？为了解决这个问题，他们决定深入科研与生产一线进行调研，以了解国家的需求。在兵器工业部的支持下，第一批由张毓凯、刘植桢和张钹三人到重庆、万县地区等兵器工业与研究单位调查。第二批由林尧瑞和张钹到齐齐哈尔、辽阳、抚顺和沈阳等地的兵工厂调查。从西南到东北，他们深入化工、机械、电子等生产工厂，了解人工智能在兵工领域的可能应用及其发展前景。其中，在东北地区的齐齐哈尔 127 厂（火炮制造厂）和辽阳化工厂（生产炸药，现为辽宁庆阳化工）的调查给张钹留下了深刻的印象。东北是我国火炮和炸药生产较为集中的地区，这些工厂一般是建在山区。为了防止炮弹装药或生产炸药时意外爆炸的影响扩大，各个车间不得不分别建在不同的山坳里，危险工位之间以水泥墙隔离。此外，工人因没有防护设备，与火药等化工原料长期接触，严重影响人体健康。据说，国外的军事代表团来到这些工厂参观都不敢进这类车间，就是因为危险性太大。这样的实地调查是有意义的，张钹等人敏锐地觉察到我国工业自动化未来的发展需要智能机器人，这也是我们国家所需要的。[①] 因此，发展智能机器人就成为张钹所在教研组当时的研究方向。张钹在美国访学时，实验室的主任钱天闻教授就是主要研究专家系统和机器人的，所以张钹对此并不陌生。尽管做出了这个决定，但是当时的人工智能与智能控制教研组依然得不到科研任务，自然也就没有经费，工作很难开展。

其实，对于经费紧张的问题，张钹在 1984 年参加欧洲人工智能会议时就有体会。回忆起当时的情况，张钹不无感慨地说："当时我们搞科研都没有经费，怎么有钱让你出国去参加学术会议呢？"张钹知道这次会议十分重要，一来可以表明中国在人工智能这一研究领域已取得的成果，二来也有必要与其他国家在这一领域的专家、学者进行广泛的交流、合作，促进我国在人工智能这一前沿学科的进一步发展。在这种情况下，当时清华大学分管财务的副校长就破例从学校借出一笔钱，让张钹参加这个国际性的学术会议。经过这样一番周折，张钹参加这次会议的心情并不轻松，他开始思考另一个问题：科学研究要取得发展，就必须有相应的科研资金，就必须进一步与国家发展的要求结合起来，要建立相应的研究基地。有了这

---

① 张钹访谈，2022 年 8 月 2 日，北京。资料存于采集工程数据库。

样的认识，在当时的系主任周远清的支持下，张钹与教研组的老师们便积极联系有关单位，寻求合作。最终，福建省计算机技术研究所同意与教研组协作，共同开展智能机器人的研究工作。由于福建省和研究所有关领导的高瞻远瞩，在他们的大力帮助下，教研组艰难地迈出了关键的一步——建立一个智能机器人实验室。①

1983 年，张钹、陆玉昌、张再兴和许万雍开始筹建智能机器人实验室。该实验室于 1985 年初步建成，为后来事业的发展打下了至关重要的基础。实验室最初设在中央主楼的地下室。在建设中，遇到的最大难题是没有机器人设备。国外的任何一个机器人实验室，都有一台机械臂，有的是 PUMA 560，有的用 Stanfordarm（斯坦福大学研发的机械臂）。为了开展实验研究，1984 年，张钹提出购买一台机械臂，这得到了实验室老师们的赞同。经过讨论，PUMA 560 成为采购的对象。PUMA 560（Programmable Universal Machine for Assembly，可编程通用装配机）是美国机器人公司 Unimation 于 1978 年开发的六自由度串联结构机器人，它是当时最著名的机器人之一，也是学术机构和工业界广泛研究的对象。然而，张钹与同事们要想购买到这台设备，却面临着两大难题需要解决。第一，正常渠道买不到 PUMA 560 机械臂。由于当时的国际政治环境，美国发起了巴黎统筹委员会，对社会主义国家实行禁运和贸易限制，像机械臂这类工业品属于禁运物资，是不允许卖给中国的，而国内又无法生产这样的设备。② 第二，一台机械臂的价值是 19 万元人民币，教研组根本没有这么多经费。虽然困难重重，但张钹仍和同事们一起找到了解决的办法。经费的问题，是由福建省计算机技术研究所赞助的。清华大学与福建省有很悠久的合作历史，早在 1983 年，时任清华大学副校长滕藤就曾带领团队到福建，与当地政府建立战略合作伙伴关系，张钹是福建人，作为成员之一一同前往。从那时开始，张钹就参与了与福建省的省校合作，从没有间断，一直保持至今。这一次，由系主任周远清出面，找到了福建省计算机技术研究所，协商一同出资购买，在买回后清华大学和福建省计算机技术研究所共同研发

---

① 张钹访谈，2023 年 1 月 13 日，北京。资料存于采集工程数据库。

② 马少平访谈，2022 年 4 月 7 日，北京。资料存于采集工程数据库。

智能机器人。研究所所长林月钿是清华校友，双方一拍即合，最终决定 19 万元人民币各出一半。但当时的智能机器人实验室经费实在是捉襟见肘，一半的费用也很难拿出，最后只好先由福建省计算机技术研究所垫付，待以后经费充足后再偿还。经费有了着落，该如何买到并运回来呢？经过商量，由福建当地委托香港的公司买入，再以修船所需要的"机床"的名义将设备运到内地。[①] 这台 PUMA 560 是我国第一台机械臂，而谁又能想到，今天的智能技术与系统国家重点实验室就是从这样一台貌不惊人的机械臂起家的。

图 5-1　智能机器人实验室的科研人员与 PUMA 560 合影（左起：张钹、李春、陆玉昌、韦佳、许万雍、张再兴。张钹提供）

　　PUMA 560 机械臂最终从福州空运到北京。据实验室成员马少平回忆，教研组事先已经派了陆玉昌和张再兴老师去福州安排运送事宜，一切妥当后，两位老师再跟着飞机一起回京。张钹回忆说："当我知道机器臂已经装上飞机，正在飞往北京时，那种兴奋之情真的难以言表。"[②] 飞机降落在西

---

① 张钹访谈，2022 年 8 月 2 日，北京。资料存于采集工程数据库。

② 贺迎春，丁亦鑫. 张钹：中国人工智能奠基者.《人民日报海外版》，2021 年 8 月 30 日。

苑军用机场，张钹和马少平两人从学校借了一辆车，去机场迎接。马少平说："机械臂加上包装非常沉，张钹老师和其他老师都帮忙搬运，众人合力才将它抬上车，最终运回学校。"[1] 实验室里多了这么一个"宝贝"，教研组立刻安排张钹、陆玉昌和张再兴三位老师负责对机械臂进行设备调试。由于不是通过正常渠道购买的，机械臂上既没有任何标记，也没有说明书，大家都怀疑是个"二手货"。但就当时的条件来说，这已经是能够买到的最好的设备了，加上其价格昂贵，老师们使用时都格外小心。调试的过程很辛苦，设备经常不能复位，一些零部件也存在问题。有一天晚上，陆玉昌与张再兴在调试 PUMA 560 时，机械臂突然撞到桌子上不能动弹，这可把两位老师吓得够呛。因为这是从国外进口的设备，国内根本买不到配件，如果损坏了，都没办法修理。几次尝试下来，机械臂仍没有反应。虽已是半夜，两位老师还是紧急打给了在家休息的张钹寻求帮助。张钹接到电话，也非常紧张，迅速来到实验室，与他们一起仔细寻找原因。张钹询问了两位老师当时的具体情况，根据描述推断应该是机械臂因为过载而触发了动作保护。于是，张钹便寻找机械臂上的复原按钮，一经复原，果然又恢复工作了，大家悬着的心也放了下来。应当说，正是张钹之前在自动控制方面学到的知识，加上其多次在工厂中维修设备的经验，才使得他能处变不惊，精准地找到问题所在。之后的调试虽然也遇到了不少问题，但在张钹和其他老师的共同努力下，都一一解决了。[2] 鉴于设备非常宝贵，当时还专门安排了一位老师管理，使用机械臂必须向他申请，而每天设备的加电关电也由这位老师负责。

机械臂调试好后，实验室立即开展研究工作，并开发了很多视觉系统与机械臂相配合。很快，PUMA 560 机械臂就能实现很多功能了，例如写毛笔字，或是将桌面上散落的积木通过视觉系统实现自动抓取，并进行积木拼搭，抑或绕过障碍物完成规定动作。一时间，机器人在清华园成了一个热门话题。1985 年 4 月，正逢清华大学 74 周年校庆开放日，智能机器人实验室亮出了"绝活"，将 PUMA 560 机械臂与计算机视觉系统搭配，

① 马少平访谈，2022 年 4 月 7 日，北京。资料存于采集工程数据库。
② 张钹访谈，2022 年 8 月 2 日，北京。资料存于采集工程数据库。

组成了一套智能机器人的演示系统，在中央主楼地下室供校友参观。机器人在当时还很新奇，立刻吸引了许多参观者，只见机械臂拿着毛笔蘸好墨，在纸上写出了"你好"两个字，非常奇妙。实验室借此取得了很好的宣传效果，各部的领导和其他单位的科研人员看到机械臂可以写毛笔字，也对此大加赞赏，自动化领域的专家蒋新松看过后，惊讶地说："没想到你们'偷偷地'还把实验室给建起来了。"[1] 后来，这台机械臂还在多个研究中发挥了作用，例如模拟空间站机械手的遥操作等。[2]

在这一阶段，张钹也开始开设人工智能相关的课程。他为研究生开设了一门专家系统课。当时人工智能有两门比较基础的课程，一门是人工智能导论，另一门是专家系统。实际上，最初在国外也是开设这两门课，后来才开设了人工智能程序设计等课程。所以，张钹在美国进修期间就曾接触到专家系统课程相关的内容。在人工智能与智能控制教研组中，林尧瑞和石纯一两位老师主要是做专家系统的，而张钹主要是研究人工智能的基础理论，由于他在美国接触过专家系统课程与研究项目，因此这门课由张钹来讲。根据国外所获得的材料，加上自己的体会，张钹开设的这门课很受欢迎，他讲课条理清晰、生动有趣，学生们收获颇丰。

国家重点实验室

1985 年，中国首个智能机器人实验室在清华大学成立，开启了中国智能机器人的研究之路。1986 年 3 月，为追赶世界先进水平，发展中国的高新技术，国务院批准了《高技术研究发展计划（"863"计划）纲要》。"863"计划的推出，有力地促进了中国高技术及其产业发展，也给予了科技工作者更大的支持。曾经参观过智能机器人实验室的蒋新松被选为国家"863"计划自动化领域首席科学家，而智能机器人正是"863"计划中

---

[1] 张钹访谈，2022 年 8 月 2 日，北京。资料存于采集工程数据库。

[2] 马少平访谈，2022 年 4 月 7 日，北京。资料存于采集工程数据库。

自动化领域的两大主题之一，所以蒋新松立刻就想到了张钹，将他纳入第一届国家"863"计划智能机器人主题专家组的成员中。正是由于张钹等教师先行一步，选准了方向并做了一些前期的工作，专家们在考察、论证后，认为张钹所在团队在智能机器人研究上具有一定的优势，于是把清华大学列为该主题的主要承担单位之一。其实，清华大学研究机器人的有好几个院系，机械系在研究机械臂，自动化系在研究假肢，张钹所在的计算机系起步相对较晚，但其领域却是人工智能，属于新兴学科。因此，最终还是由张钹代表清华大学进入专家组，主要负责有关人工智能方面的项目。从 1987 年到 1994 年，张钹连续担任了三届智能机器人主题专家组的专家，参与了"863"计划的制订、研究和管理工作，张钹所在的清华大学计算机系也一直是该主题的主要承担者和主要研究基地。[①] 在一段时间里，清华大学计算机系还同时是民用与军用两个"863"机器人主题的组长单位，民用智能机器人的主题专家组组长是贾培发老师，军用主题的空间机器人组长是孙增圻老师，应当说，清华大学引领了当时全国智能机器人的研究与开发。

　　"863"计划的实施对张钹所在团队来说也是一个转折点，清华大学人工智能学科和教师队伍因此得到了飞速发展。1985 年年底，张钹被评为清华大学教授，并获得了清华大学 1984—1985 年度教学工作优秀奖一等奖。1986 年，张钹作为学科带头人，成功促成了清华大学计算机系"计算机应用技术"（二级学科）被国务院学位委员会批准为博士点，这是我国在这一方向最早成立的博士点之一。1996 年，在我国按一级学科批准博士学位授予权的试点中，清华大学计算机系成为国内最早成立的计算机科学与技术一级学科的博士培养点，这得益于"计算机应用技术"等系内二级学科的贡献。2001 年，张钹领导的计算机应用技术二级学科被评为全国重点学科，清华大学在历届学科评估中均名列全国第一。张钹从 1986 年开始担任计算机应用技术学科博士研究生导师，并招收了我国计算机应用技术（人工智能）领域第一位博士生帅典勋。[②]

---

① 张钹访谈，2022 年 10 月 25 日，北京。资料存于采集工程数据库。
② 张钹访谈，2022 年 10 月 17 日，北京。资料存于采集工程数据库。

1987 年，张钹与教研组的老师们计划筹建智能技术与系统国家重点实验室。为什么要取这个名字呢？原来，当时在相关领域已经成立了两个国家重点实验室，一个是中国科学院的模式识别国家重点实验室，另一个是北京大学的视觉与听觉信息处理国家重点实验室。因此，当清华大学准备成立重点实验室的时候，申请受到了一些阻碍。国家计划委员会和科学技术委员会的负责人表示，既然已经有两个国家重点实验室了，为什么还要建第三个呢？张钹等老师则认为，之前的两个实验室研究相对比较专，都是属于模式识别的范畴，而清华大学准备成立的智能技术与系统实验室覆盖面较广，且偏向于技术。最终，建立重点实验室的申请得以通过。从批次上来讲，三个实验室应该算是同一批次的，只是另外两个实验室挂牌运行稍早。[①] 智能技术与系统国家重点实验室从 1987 年开始筹备，到 1990 年 2 月对外开放运行，是我国当时第一个冠以"智能"两个字的国家重点实验室。张钹作为该实验室的创建人之一，在其中发挥了重要作用。实验室建成后，由于学校希望院系的主任兼任重点实验室主任，以方便协调工作，所以实验室的第一届主任由系主任周远清担任，张钹任副主任。没过几个月，周远清因工作需要被调到学校机关工作，张钹接替他成为国家重点实验室的主任，并在 1990—1996 年连续三届担任该实验室的主任。新成立的智能技术与系统国家重点实验室是在原先的智能机器人实验室的基础上建成的，教研组中原来研究控制的老师也转向研究智能机器人，因此整个科研团队的实力很强。在张钹主持该实验室的几年中，先后派出 80 多人到国外参加相关的国际学术会议，30 多人到国外合作交流或进修。邀请国外著名专家到该实验室讲学 50 多次，实验室接待来访问或参观的专家超过 1000 人，主办或联合主办国际学术会议 2 次，举办高级研讨班 1 次。日积月累，张钹带领团队搭建起了中国的人工智能研究平台。

"一分耕耘必有一分收获"。在实验室成立的十余年中，科技部曾委托国家自然科学基金委三次组织专家对实验室进行评估（每 4—5 年评估一次），智能技术与系统国家重点实验室得到专家与同行的好评，三次均被

---

① 马少平访谈，2022 年 4 月 7 日，北京。资料存于采集工程数据库。

评为"优"，在信息领域的全国 18 个国家重点实验室中名列第一，并在第四次获得免检。[1] 张钹本人也因此获得国家科技部、计委和教育部的多次表彰与奖励。1990 年 4 月，因为在国家重点实验室建设中作出重要贡献，张钹被国家计划委员会、国家教育委员会和中国科学院评为先进工作者，获得"金牛奖"。1991 年和 1992 年连续两年被评为"863"计划工作自动化领域优秀工作者。1994 年 12 月，在庆祝国家重点实验室建设十周年的表彰会上，张钹作为智能技术与系统国家重点实验室主任被评为为国家重点实验室建设作出重要贡献的先进工作者，再次获得"金牛奖"。[2] 凭借这些重要的贡献，张钹从 1991 年 7 月开始享受国务院政府特殊津贴。

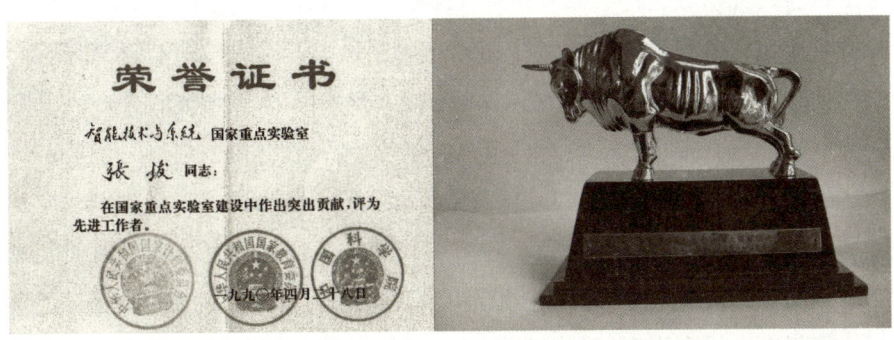

图 5-2　张钹获得的先进工作者荣誉证书与"金牛奖"奖杯（1990 年 4 月 28 日，张钹提供）

累　累　硕　果

　　在建设国家重点实验室的同时，促进人工智能的学科发展也是张钹非常上心的事情。从 20 世纪 80 年代我国人工智能事业起步开始，国内发展较快的高校主要有三所。第一个是北京大学，其主要专家是马希文。马希文在 80 年代初曾在斯坦福大学作为访问学者，跟随人工智能创始人之一

---

① 张钹访谈，2022 年 8 月 2 日，北京。资料存于采集工程数据库。

② 傅秀芬：两实验室和四教授获"金牛奖"。《新清华》，1995 年 1 月 13 日。

的麦卡锡教授工作，因此与国外的人工智能领域专家接触较多。回国后，他专攻计算语言学，并在 1986 年参与组建了北京大学计算语言学研究所，在国内计算语言学领域建树颇多。第二个是吉林大学，领军人物是王湘浩和刘叙华。吉林大学是我国最早开始研究人工智能的高校，王湘浩是我国第一批计算机学科博士生导师之一，其早期从事近世代数的研究，后从事多值逻辑的自动机理论研究，也尝试将数学的方法引入人工智能。80 年代，王湘浩将更多的精力放在学校的行政事务中，吉林大学之后的研究主要以刘叙华牵头。刘叙华师从王湘浩，他 1985—1986 年在美国伊利诺伊大学厄巴纳 - 香槟分校计算机系作访问学者，在定理机器证明和自动推理等人工智能研究领域进行了深入和具有开创性的研究。第三个即是清华大学，张钹与弟弟张铃在搜索和规划中引入数学工具引领了人工智能研究方法的创新。80 年代，中国学者能在人工智能领域的国际人工智能联合会议上发表文章的，只有张钹、张铃、马希文、刘叙华四人，而能在顶级期刊 *IEEE Trans. on PAMI* 上发表文章的，只有张钹和张铃。应当说，三个单位都在人工智能领域作出了自己的特色，对奠定我国人工智能研究基础起到了很大作用。而对于清华大学来说，其重要的收获之一是建立了一支研究队伍。[①]

清华大学的人工智能研究队伍不但水平一流，而且覆盖面较广。除张钹外，石纯一与林尧瑞的研究方向是专家系统与知识工程，石纯一是北京大学数学系毕业的，林尧瑞则是从东北工学院调到清华大学工作的。应明生从南京航空航天大学调入清华大学，研究方向是量子计算与量子信息。黄昌宁主要研究自然语言处理。在机器人与智能控制方面主要有何克忠、孙增圻和贾培发，虚拟现实领域有王家廞，还有从事文字识别研究的夏莹、马少平、朱小燕，计算机视觉的许万雍，数据挖掘的陆玉昌。除朱小燕是日本留学博士，王家廞是比利时留学博士外，黄昌宁、何克忠、孙增圻、贾培发、夏莹、马少平、许万雍和陆玉昌 8 位都是清华大学自身培养的。在这些教师的不断努力下，他们把自己所从事的研究内容从原来较狭小的范围扩大到人工智能理论与技术的各个方面，包括人工智能的基本原

---

① 张钹访谈，2022 年 10 月 17 日，北京。资料存于采集工程数据库。

理、基本方法（如问题求解、计算语言学、智能控制、神经网络理论等），以及与人工智能有关的应用技术与系统集成技术（主要有智能机器人、人机交互技术和声音、图形、图像、文字及语言处理）等。[①] 也正是因为有这样一支队伍，在申请筹建智能技术与系统国家重点实验室时，清华大学才能将研究范围广作为自己的优势，也才能最终建立起自己的人工智能研究基地。卓越的队伍也保证了实验室的出色运行，对智能技术与系统国家重点实验室的评优就是对张钹等人工作的肯定。而且，国家在了解到人工智能学科发展的重要性后，为了支持智能技术与系统国家重点实验室的研究，给予了最高运行经费 1000 万元，几年后又增加到 2000 万元。有了这笔钱，实验室的科研有了保障。[②]

在人才队伍与硬件条件都具备后，张钹继续寻求在人工智能理论上的突破。由于和弟弟张铃的合作效果非常好，两人继续在学术上相互帮助。20 世纪 80 年代后期，张钹和张铃在国内外期刊多次发表论文，提出了很多新

图 5-3　1992 年张钹和张铃一起讨论学术问题（张钹提供）

的思路和方法。为总结研究成果，完成一部专著，张钹和张铃对已发表的论文进行了整理，但他们发现各个论文相互独立，关联性不强。如何实现这些理论的统一呢？经过深入讨论，张钹和张铃提出了"分层递阶"（hierarchy），即"粒度"（granularity）这个概念，并用数学中的商集和商空间，准确地描述了"粒度"的概念，两人基于商空间的问题求解理论就此诞生。在提出分层求解的 *SA** 算法和基于拓扑的运动规划算法之后，张

①　王永利：人生因追求而壮丽——记张钹院士。《中国科技月报》，2000 年第 1 期，第 38 页。
②　张钹访谈，2022 年 10 月 25 日，北京。资料存于采集工程数据库。

铍和张铃更加清晰地认识到，分层求解的方法似乎适用于很多领域，具有很大的普适性。人类智能一个公认的特点，就是人们能从极不相同的粒度上观察和分析同一问题。人们不仅能在不同粒度的世界上进行问题的求解，而且能够很快从一个粒度世界跳到另一个粒度世界，往返自如，毫无困难。以人们都熟悉的电视机为例，电视机中的零件有成百上千个，如果一台电视机有故障了，人们不会采取一个一个零件排查的方法，因为这样做不仅费时，也容易产生误判。较为常见的做法是先分析电视机的四大部件中哪一部分出了问题，是电源、高频放大，还是低频放大、屏幕显示部件，在锁定有问题的部件后，再对该部件内的各个零件进行排查，最后找到故障的零件。这就是自上而下、由粗粒度到细粒度解决问题的方法。反之，在人口普查中，我们往往先调查每个人的年龄、性别、民族、住址和健康状况等，然后归纳出不同地区（城市与农村）、不同民族的健康状况，这是一种自下而上，从细粒度到粗粒度解决问题的方法。多粒度计算（简称粒计算）就是利用计算机模仿人类这种分层处理问题的方法，可以有效地应对不确定的复杂世界。为了让计算机能够模拟这种解决问题的方法，首先需要建立它的理论模型。[①]

为此，张钹和张铃建立了"商空间"问题求解的理论，这里的"商"，指的是除法所得结果的意思。为什么用商呢？因为在分层次解决问题中，需要不断地在粗空间与细空间之间相互转换。从细空间转换到粗空间，就相当于做了一次除法，因此可以把粗空间看作是细空间的商空间。基于该数学模型，张钹和张铃解决了不同粒度空间的描述、它们之间的相互转换以及降低复杂度的措施等，并由此提出不确定性处理、定性推理、模糊分析、证据合成等新原理和新方法。有了整个理论框架的构想，张铃用了几个月的时间，根据之前的研究成果整理出一部近 50 万字的书稿。1990 年，张钹和张铃的专著《问题求解理论及应用》由清华大学出版社出版，该书 1992 年 10 月获高等学校出版社优秀学术专著特等奖。后来，张钹又将该书译成英文，于 1992 年由荷兰爱思维尔出版社出版。[②] 1995 年,《计算

---

① 张钹访谈，2022 年 10 月 17 日，北京。资料存于采集工程数据库。

② 张钹访谈，2022 年 8 月 2 日，北京。资料存于采集工程数据库。

机杂志》对《问题求解理论及应用》（英文版）进行了评论，称该书是"一部在重要研究领域的优秀著作"。美国普林斯顿大学的 AI 教授 Harold S. Stone 认为，张钹和张铃教授在统计启发式搜索等方面的工作，是"最近几年中国学者作出的很有意义的贡献……将新一代计算技术的前沿向前推进了"。[①] 这本专著后来经过反复修改补充，于 2007 年出版了中文第二版《问题求解理论及应用：商空间粒度计算理论及应用》。2014 年出版英文第二版时，书名改为《基

图 5-4 张钹和张铃合著的《问题求解理论及应用》（1990 年版）

于商空间的问题求解：粒度计算的理论基础》，由爱思维尔出版社与清华大学出版社联合出版。

商空间理论的提出，得到了国内外同行的广泛认可。国内很多学校的硕士、博士研究生在研究相关问题时都会以张钹和张铃的著作作为参考，并按照他们的思路进行研究生阶段的课题研究。武汉大学的博士关泽群师从李德仁院士，他 1995 年的博士论文题目为《商空间下的遥感图像分析理论探讨》，文中大量运用到张钹和张铃的理论，该论文获得了第一届全国优秀博士论文奖。在国际上，张钹和张铃将数学引进人工智能，建立了问题求解的商空间理论，其理论被归属为粒度计算领域里的三大学派之一。当时，国际上研究粒度计算较为出色的主要有四组学者：哈佛大学的美籍华人林早阳（T. Y. Lin）教授、加拿大里贾纳大学的姚一豫（Y. Y. Yao）教授、波兰科学院的 Zdzislaw I. Pawlak 团队，以及中国的张钹和张铃。在粒计算中，除商空间理论外，另外两个分别是模糊集理论和粗糙集理论。模糊集理论旨在通过模糊的概念，在一个较"模糊"的粗空间下处理问题。粗糙集理论则是将细的空间转化为较为"粗糙"的粗空间，并在此空间下解决问题。模糊集理论和粗糙集理论侧重于单粒度计算，而商空

---

① 陈永红：耕耘不辍 诲人不倦——记新当选的中国科学院院士、计算机系教授张钹。《新清华》，1995 年 11 月 24 日。

间理论则强调多粒度计算。三种理论从不同的角度解决多粒度计算问题，在世界范围内各自有着很多的支持者。后来，在张钹的推动下，清华大学在 2005 年主持召开了 IEEE 粒计算国际会议，正式将世界范围内粒计算领域的研究者聚在一起，张钹作为大会的主席之一与学者们进行了广泛的学术交流。之后粒度计算的相关会议每年都会举办。张钹曾跟学生说："做学问要将眼光放得长远，至少你的研究 10 年后还有人在关注，才说明该研究有所贡献。"[1] 张钹和张铃从 1980 年开始研究相关问题，粒计算经过 30 多年还在发展，说明其经得起时间的检验，也说明了这项工作的重要性。商空间理论成为张钹和张铃多年合作的代表成果，有力地推动了中国粒计算研究的快速进展，而二人后来获得的重要奖项也大多与此有关。1995 年 12 月，"人工智能问题分层求解理论及应用"获科技部颁发的国家自然科学奖三等奖。

张钹在 20 世纪 90 年代的另一个重要成果是在人工神经网络方面，也是与张铃合作取得的。人工神经网络是在人工智能创立的时期就作为与符号主义方法相对的亚符号方法提出的，但由于初期进展较慢，80—90 年代关注的人并不多。张钹一开始就敏锐地察觉到这是对人工智能中传统符号主义的补充，便有意识地收集大量的资料，及时跟踪国外最新的研究动态。之后，张钹和张铃将优化技术引进学习算法，提出了一种基于规划的神经网络学习方法。该方法与传统的学习方法不同，它是自上而下的规划方法，而传统方法是自下而上的以搜索为基础的方法，因此较传统方法提高了学习效率，改善了学习性能。虽然后来其他学者也进行了类似的研究，但张钹和张铃是最早的探索者之一。相比于其他人所针对的没有反馈的前向网络，张钹和张铃针对的是反馈神经网络，而且以吸引子半径最大化作为优化目标，与机器学习的著名学者、俄裔美籍教授弗拉基米尔·万普尼克（V. N. Vapnik）提出的分类边界裕度的最大化有异曲同工之妙。他们的一篇论文还讨论了概率逻辑神经元（Probabilistic Logic Neuron，PLN）网络生成的分形图，所涉及的内容正是现今流行的生成式网络的问题。[2] 张钹

---

① 张钹访谈，2022 年 8 月 2 日，北京。资料存于采集工程数据库。

② 同①。

和张铃这些具有很强前瞻性的研究成果，虽然先后在 *IEEE Trans. on Neural Networks* 等顶级杂志上发表，可惜的是，由于和国际的交流不够，没有得到应有的效果。1997 年，张钹和张铃将他们在该领域的理论成果编辑成专著《人工神经网络理论及应用》，由浙江科学技术出版社出版。该书被编纂在《智能自动化丛书》中，1999 年 10 月，《智能自动化丛书》荣获第四届国家图书奖和全国优秀科技图书奖暨科技进步奖（科技著作）一等奖。

凭借着在人工智能领域的突出表现，张钹 1985 年任自动化学会机器人专业委员会副主任，1999 年任自动化学会智能自动化专业委员会主任。1991 年起被选为《计算机学报》副主编，一直持续到 2009 年。

国 际 交 流

从 1985 年到 1995 年，张钹和张铃在学术上取得了一个又一个突破。在国际上，人工智能学界对他们的关注度也越来越高，自 1984 年他们在第六届欧洲人工智能会议上获奖后，赴世界各地作学术报告的邀请纷至沓来。1986 年 7 月 20 日，张钹和张铃赴英国布莱登参加第七届欧洲人工智能会议，顺道访问了欧洲的几所大学并做了学术交流。

作为改革开放后走出国门的第一代学者，张钹和张铃不仅要与国际学术界接轨，也要作为中国的代表了解国外的社会文化，他们是国际化的探索者。1986 年参加欧洲人工智能会议时，张钹和张铃到会议注册处领取胸卡和会议材料。一位中年女性接待了他们，听说两人来自中国，更加热情友好，除了发给他们胸卡和会议材料，还递来一份会议期间的餐券。由于会议餐很贵，张钹并没有订购，以为服务人员搞错了，他很礼貌地将餐券退还给她，表示自己没有订购。女接待员不仅把餐券还给了张钹，见他们是两个人，另外又加了一份，表示是她送给他们的。原来，这位接待员是来自伦敦大学玛丽女王学院的留学生负责人，她负责会议的注册，当时出国访问的中国学者还很少，她很希望与中国的学校建立联系，促进学校间的交流。可见，当时国内外联系的诉求是双向的。[①]

在布莱登开完会后，张钹的第一站是爱丁堡大学，应人工智能系系主任 Jim Howe 教授的邀请访问该系。爱丁堡大学的人工智能专业历史悠久，其建立了全世界第一个人工智能系，在研究水平上也居世界前列。因此，张钹受邀作关于机器人运动规划的学术报告，也代表着这所人工智能强校对张钹的认可。对爱丁堡大学的访问，也有一段小插曲。张钹坐火车到达爱丁堡时已经晚上 11 点多了，由于处于高纬度，7 月底的爱丁堡当时天还微亮。那时还没有网上预订旅店的服务，一般情况下张钹都是到了目的地才找住宿。然而，四处询问可以住宿的旅馆，竟都没有房间。

图 5-5　1986 年张钹在爱丁堡大学人工智能系作报告（张钹提供）

原来，当时正逢由爱丁堡承办的英联邦运动会召开之际，运动员和前来观赛的游客将当地的旅店都订满了，这样的巧合在张钹意料之外。该如何过夜呢？当时已经半夜，他不好意思再打扰邀请方，于是便找到了爱丁堡大学的计算机系大楼，准备在那里临时休息一夜。国外学校的教学楼晚上也不关闭，但需有大门钥匙才能进入。在大门口等了一会，来了一位学生模样的外国人进入大楼，张钹便跟了进去。也许是亚洲面孔并不多见，学生便询问张钹来意。恰好，张钹发现计算机系大楼内的大厅墙上有自己的学术报告通知，便告诉学生自己来作报告，并指了指布告栏。学生很快了解到张钹的困难，立即同意帮他解决。在爱丁堡大学，有一个教授俱乐部，会为远道而来的教授提供住宿。电话打到那里，服务人员听说是来自中国的教授，立刻安排了住宿房间，还提供早餐和午餐。原来教授还有这样的待遇！1985 年年底刚刚评为教授的张钹未曾想过有什么教授待遇，但这次

---

①　张钹访谈，2022 年 8 月 2 日，北京。资料存于采集工程数据库。

却是实实在在地沾到了光。[①]

在爱丁堡大学作完报告后，张钹的第二站又到了法国的格勒诺布尔市，应 Christian Laugier 教授的邀请，在格勒诺布尔大学的 LIFIA 实验室（Lab of Information Foundation & Artificial Intelligence，信息基础与人工智能实验室）作了关于机器人运动规划的学术报告。LIFIA 实验室不但负担了张钹从爱丁堡到格勒诺布尔的路费，并且支付了一定的讲课费。这是张钹第一次收到这样的费用，也是对他学术成果的回报。张钹的第三站是苏黎世联邦理工学院的自动化与工业电子学院，因为该校的 W. Schaufelberger 教授曾去清华大学访问，与张钹相熟，刚好借此机会请张钹来分享自己的研究。这次学术交流让张钹对欧洲的人工智能发展也有了一定的了解，并与当地人工智能领域的专家建立了联系。

1987 年 8 月 22—28 日，张钹和刘叙华组成代表团参加了在意大利米兰举办的第 10 届国际人工智能联合会议。国际人工智能联合会议是国际人工智能的顶级会议，每两年举办一次。后来，张钹又多次参加该会议，包括 1989 年在美国底特律举办的第 11 届，1991 年在澳大利亚悉尼举办的第 12 届，1995 年在加拿大蒙特利尔举办的第 14 届和 1997 年在日本名古屋举办的第 15 届。其中，1989 年在美国底特律举办的第 11 届国际人工智能联合会议张钹和张铃一同前往，张钹还在会上作了运动规划研究的报告。由于研究领域相近，刘叙华也经常与张钹一起参加国际会议，刘叙华英文相对一般，因此与英文流利的张钹同去也十分放心。[②]

1988 年 8 月，张钹应托马斯·洛萨诺－佩雷斯（Tomás Lozano-Pérez）教授的邀请，访问美国麻省理工学院的人工智能实验室并作报告。麻省理工学院在人工智能领域处于领先地位，其研究人员也因此有着很强的优越感，很少请发展中国家的学者。张钹在该校介绍了其运动规划的研究成果，得到了与会师生的肯定，Brooks R. 教授还与张钹进行了深入交流，并建立了联系。后来，Brooks R. 教授投身商业，研究扫地机器人，2012 年左右来中国长沙开办工业机器人企业时，张钹还担任了该企业

---

① 张钹访谈，2022 年 8 月 2 日，北京。资料存于采集工程数据库。

② 同①。

图 5-6 1989 年张钹和张铃参加在底特律举行的第 11 届国际人工智能联合会议后留影
（张钹提供）

的顾问。1990 年 10—11 月，张钹受德国著名机器人专家 Ulirich Rembold
邀请访问了德国的卡尔斯鲁厄大学（现为卡尔斯鲁厄理工学院），这次出
行他还应 P. Gaspart 教授邀请访问了比利时布鲁塞尔大学。1992 年 5 月，张
钹和张铃一起参加在法国尼斯举行的 IEEE 机器人学与自动化（Robotics &
Automation）会议。在会议结束后，张钹应 G. Giralt 教授的邀请访问了
图卢兹的法国国家科学研究中心系统分析与体系结构实验室（Laboratory
for Analysis and Architecture of Systems，French National Centre for Scientific
Research，LAAS-CNRS 实验室）。由于张钹和张铃分别在北京与安徽工
作，平时当面交流的机会相对较少。因此，即使在国外开会期间，两人仍
不忘抓住宝贵的时间讨论学术问题。此外，由于当时获取国外资料的途径
较少，张钹也会利用出国访问的机会尽量多地查阅最新研究资料。据智能
与复杂系统控制专家王飞跃回忆，1995 年，张钹到他主持的亚利桑那大学
机器人与自动化实验室访问。当时，因为王飞跃刚买新房不久，便邀请张
钹访问期间住在家里，正好方便一同开车去学校，下班一同回家。张钹对

于时间的珍惜与工作的刻苦给王飞跃留下了极深刻的印象:"往往车一开到学校,张老师办公室不进就直奔图书馆,而且常常一待就是一整天。我自己是一个非常喜欢图书馆的人,但比起张老师,只能自叹不如!就连学校里的其他教授,虽然与张钹老师接触不多,但也印象深刻。记得当时系里从事人工智能专家系统研究的 Terry Bahill 教授对我说:'张教授与其他中国学者不同,是一位非常 Serious Scholar(严肃的学者),理论水平极高,研究很有深度,而且 Up to date(深知当前学术潮流与趋势之意)'。连傍晚我们在家旁边的 Sabino Canyon 国家公园散步时,讨论的话题还是学术问题。"[1]

图 5-7 1992 年张钹访问 LAAS-CNRS 实验室就餐时合影(左三 G. Giralt,右一张钹。张钹提供)

除了个人的学术交流,作为"863"计划智能机器人主题专家组的成员,张钹也为学习国外先进的经验而随专家组参加国外的学术活动。例如,1987 年 10 月,张钹随"863"智能机器人专家组访问法国与比利时;

① 王飞跃:未识的商空间:张钹老师从教 57 年纪念。科学网,2015-04-16。

1988 年 11 月，随专家组参加在法国凡尔赛举行的世界机器人会议，并顺道在法国访问了两周；1989 年 10 月，与蒋新松一起参加在日本东京举办的第 20 届工业机器人会议；1990 年 10 月，随专家组参加在丹麦哥本哈根举行的第 21 届工业机器人会议。通过参加学术活动，张钹对智能机器人的发展方向也有了更充分的了解，这使得他不但在理论上成果颇丰，而且在技术应用上也有所建树。据统计，张钹在改革开放后出国进行学术交流或参会 80 余次，这正是中国的人工智能走向世界的一个缩影。①

随着张钹不断地在国际期刊上发表文章，他在国际上的知名度也越来越高。1987 年 6 月，张钹成为英国施普林格出版公司的期刊《人工智能和社会 – 人类与机器智能杂志》（*AI & Society-The Journal of Human and Machine Intelligence*）的顾问。此外，国外的学者也通过各种方式寻求了解张钹在学术上的成果。20 世纪 80 年代还没有现在如此发达的网络通信，更缺乏丰富的期刊数据库，如果想要阅读期刊中发表的论文，除购买期刊外，还有一种方法就是向原作者索取。在没有电子邮件的情况下，这种论文索取只能靠纸质信件，为此还专门出现了一种明信片，上面打印好“想要索取论文副本”的字样，这样的方式比寄信的成本更低。从 1984 年开始，张钹就不断收到来自世界各地的此类明信片，包括瑞士伯尔尼大学、古巴国家科学研究中心、加拿大魁北克大学、前南

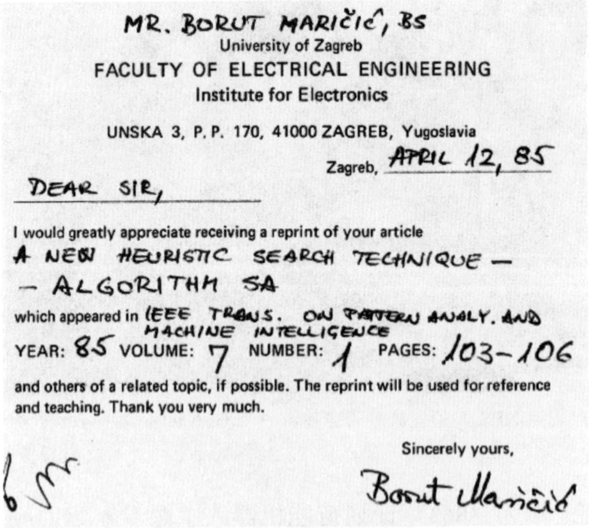

MR. BORUT MARIČIĆ, BS
University of Zagreb
FACULTY OF ELECTRICAL ENGINEERING
Institute for Electronics
UNSKA 3, P.P. 170, 41000 ZAGREB, Yugoslavia
Zagreb, APRIL 12, 85

DEAR SIR,

I would greatly appreciate receiving a reprint of your article
A NEW HEURISTIC SEARCH TECHNIQUE — — ALGORITHM SA
which appeared in IEEE TRANS. ON PATTERN ANALY. AND MACHINE INTELLIGENCE
YEAR: 85 VOLUME: 7 NUMBER: 1 PAGES: 103–106
and others of a related topic, if possible. The reprint will be used for reference and teaching. Thank you very much.

Sincerely yours,
Borut Maričić

图 5–8 1985 年萨格勒布大学的 Borut Maricic 向张钹寻求论文副本的明信片（张钹提供）

① 张钹访谈，2022 年 8 月 2 日，北京。资料存于采集工程数据库。

图 5-9　张钹与兄弟姐妹合影（前排左起：张铙、张玖、张琇；后排左起：张锻、张钹、张铃。张钹提供）

斯拉夫的萨格勒布大学、捷克斯洛伐克的技术控制论研究所、波兰西里西亚工业大学、塞尔维亚诺维萨德大学、印度技术研究所、阿根廷卡塞大学等。论文索取者从大学本科生到教授，其中还有学者多次写信，希望能看到张钹最新的学术论文。由于当时国内外的信件往来并不畅通，从明信片寄出到张钹收到往往需要十几天甚至几个月的时间，而且很多寄信地址的笔迹难以辨认。所以，虽然很想与来信者进行交流，但张钹可回的信仍是少数，这也是当时由于通信条件不便造成的无奈之举。

在张钹访学回国后的十几年中，他在自身学术研究和清华大学学科建设上不断突破，助力中国的人工智能事业持续发展，在个别领域已达到世界水平。在这段时间，张钹的家庭也发生了变化。1991 年，张钹与哥哥张铙、弟弟张铃、张锻相约回到福州，与在福州的大姐张玖和五姐张琇相聚，这是兄弟姐妹自 1963 年之后时隔近 30 年的重聚（其他两位姐姐和妹妹因不在福州而缺席），每个人的脸上洋溢着温暖的笑容。[1] 在张钹自己

---

① 张钹访谈，2023 年 1 月 13 日，北京。资料存于采集工程数据库。

图 5-10　1983 年张钹与家人合影（左起：张钹、张理、李幼龄。张钹提供）

的小家里，虽然张钹工作很忙，但他仍努力为子女树立一个好的榜样。在儿子张淮的印象中，张钹对待任何事都特别认真，且从不拖延。即使工作再忙，张钹也会抽出时间了解子女的学习情况，对各门功课给出建议和指导。儿子张淮天资聪慧，从小成绩名列前茅，高中时期在清华大学附属中学更是全年级第一名。因此，张淮在 1986 年被保送到清华大学计算机系，父子同校同系，十分难得。在张淮进入清华大学之前，张钹就曾给他打过"预防针"，提醒他"要做好准备，因为进入清华大学将会和全国最优秀的人在一起学习"。进入清华大学后，正如张钹所说，同学们的能力之强令张淮惊讶。同时，张淮也很感激张钹让他提前准备的建议，他很快适应了大学的学习与生活。后来，清华大学计算机系又将年级中成绩优秀的 12 名学生聚到一起，组成一个理论班，与同届的少年班一起上课，张淮又在其中，出色的成绩让张钹为之骄傲。① 女儿张理到美国读大学，并获得学

---

① 张淮访谈，2023 年 2 月 21 日，北京。资料存于采集工程数据库。

士学位。然而，1987年，妻子李幼龄查出肺癌，以当时的医疗条件，这几乎是不治之症。一边要筹备重点实验室的建设，一边要照顾生病的妻子，张钹在困难中艰难前行。1989年7月，妻子因病去世，这给当时的张钹带来了很大的打击。张钹事业上的成功离不开妻子对家庭的操持，后来每每回忆起往事，张钹都心怀愧疚，希望可以为家庭付出更多。在儿女的陪伴下，张钹逐渐从悲痛中走出来，而他也感觉到儿女需要一个完整的家庭来照顾，他也需要一个能理解、支持他工作的人相伴。[①] 1991年10月，张钹与房景莪结婚。房景莪是张钹清华大学62届校友，在清华大学获得本科和研究生学历，毕业后在北京市计算机技术研究所工作，任总工程师，教授级高级工程师，享受国家特殊津贴。房景莪的前夫是她的研究生同学，因癌症去世。她因与张钹具有相当的学识与相互的理解而走到了一起。此后，房景莪与张钹互相扶持，在生活上给张钹以细心的照顾，事业上也给

图5-11　1991年10月张钹全家合影（左起：张淮、房景莪、张钹、张理。张钹提供）

---

① 张钹访谈，2023年1月13日，北京。资料存于采集工程数据库。

予积极的支持，张钹又有了一个完整和温馨的家庭。[①]

　　每当回忆起 20 世纪八九十年代中国人工智能的发展历程，张钹对自己参与的两件事最为看重，一是帮助建立了智能技术与系统国家重点实验室这个研究基地，二是协助清华大学组建了一支出色的科研队伍。正是张钹一辈学者的不懈奋斗和拼搏进取，为中国在世界高科技领域占有一席之地奠定了坚实的基础。

---

① 张钹访谈，2022 年 10 月 17 日，北京。资料存于采集工程数据库。

第六章
当选院士

　　随着张钹在人工智能领域的不断开拓创新，各种各样的荣誉也随之而来，这不仅是对他的肯定，更是一份激励。虽然到 20 世纪 90 年代后期张钹已过花甲之年，但他仍继续前行，学术长青。

人工智能的低谷

　　20 世纪 90 年代，清华大学建成了智能技术与系统国家重点实验室，计算机系人工智能学科建设也飞速发展。然而，正在张钹等人奋力追赶的时候，人工智能却遇到了低谷期。受到算法、计算机算力等原因的限制，人工智能的"冬天"降临，越来越多的声音开始质疑人工智能。与此同时，国外很多研究机构纷纷停止了人工智能方面的研究。在这样的大背景下，国内一些高校也都很难继续该领域的工作。当时，张钹的团队面临着巨大的压力，但是外界的这些声音并没有影响他的决心，在许多人开始转行的时候，张钹初心不改，选择了迎难而上。这位将人工智能引入中国的先驱者，在低谷中依然坚持不懈。他常常说："人工智能不可能毕其功于一役，它最大的魅力就是永远在路上。"① 在张钹的同事和学生眼中，他就是一个"旗手"，带领着大家在困难、狂热抑或浮躁中保持冷静、砥砺前行。

尽管信心坚定，要在这样的大环境中生存又谈何容易。对于高校来说，一门学科，尤其是理工学科，要想长久地发展下去，一定离不开充足的经费支持。因此，如何获得经费来源也就成了张钹等人所要解决的重要问题。在一定程度上，国家重点实验室前期的努力取得了成效。由于连续在实验室评估中得"优"，每年实验室可以获得国家提供的上千万元运行费，这笔经费在当时无异于雪中送炭，使得清华大学的人工智能学科相比于其他学校要宽裕不少。另外，由于张钹是"863"计划智能机器人主题专家组的成员，清华大学计算机系还曾是"863"机器人主题的组长单位，通过申请"863"计划的项目来获得资助成了一个途径。早在1984年在 *IEEE Trans. on PAMI* 上发表文章时，张钹就对规划方面的研究有了自己的思考，因此他又将该方法与思路应用到"863"移动机器人的运动规划项目中，其他老师也利用自己的专业所长，积极申请项目。从1991年开始，张钹与实验室的老师们每年都会申请到多个项目，包括"863"计划自动化领域"八五"课题研究、国家基础研究和应用基础研究重大项目、攀登计划、国家自然科学基金等。张钹作为智能技术与系统实验室的主任，是多个项目的负责人。项目课题涵盖了人工智能研究的多个领域，例如，与智能机器人相关的交互式机器人装配规划系统、移动机器人定位导航及规划；与人工神经网络相关的人工神经网络新机制及其实现技术、逻辑与感知信息的描述和集成；与理论研究相关的包容体系结构研究、任意时间的实时任务规划技术研究等。这么广的覆盖面离不开清华大学计算机系人工智能队伍的建设，同时也是因为张钹等人在20世纪80年代不断钻研，发表了许多文章，打下了一定的研究基础，才使得这些课题能够在申请中脱颖而出，并得到支持。后来，张钹找到当时的课题申请书，曾这样评价："从今天看来，这些项目给的经费并不多，少的只有几万，多的也不过二十万，但就当时来讲，这已经是比较可观的数目了。90年代以后，人工

---

① 王辉：人工智能，从过去到未来——记中国科学院院士、清华大学人工智能研究院名誉院长张钹，《科学中国人》，2021年第25期，第18页。

智能处于低潮，大多数学校根本没有项目。我们因为有国家重点实验室，再加上我们有一些工作基础，所以我们还是得到了基金委和'863'计划的支持，这些申请书就是我们在最困难的时期申请的项目，是我们当时工作的证明，也是我们能坚持下来的原因。"[1] 在张钹担任实验室主任的六年时间，智能技术与系统重点实验室总科研经费 2580 万元，其中国家任务占 77.3%，科研经费逐年增加，从最初的年科研经费 200 万—300 万元，增加到 1996 年的 800 万元。[2] 严冬终将过去，春天就要来临，在人工智能低谷中仍努力奋斗的张钹与清华大学计算机系，都将迎来又一个春天。

中国科学院院士

张钹在人工智能领域的突出贡献获得了国内外的瞩目，学界对他的评价也越来越高。1994 年，张钹当选为俄罗斯自然科学院外籍院士。20 世纪 80 年代，张钹对外的学术交流主要集中在西欧和北美，与当时的苏联往来并不频繁。1993 年 6 月底，张钹与同事石定机一起应邀访问了俄罗斯莫斯科大学和圣彼得堡大学，这是其转向人工智能方向后第一次来到俄罗斯。而被选为俄罗斯外籍院士的原因，其实与一位俄罗斯学者有关。1993 年，A. N. Melikhov 教授访问中国寻求科研合作。A. N. Melikhov 是俄罗斯模糊逻辑和模糊控制的专家，在位于塔甘罗格的无线电工程学院（现为塔甘罗格国立无线电技术大学）工作，是俄罗斯自然科学院院士。A. N. Melikhov 教授到中国后首先结识了冯纯伯教授（中南大学教授，留苏副博士，自动控制专家，1995 年当选中国科学院院士）。张钹回忆说："A. N. Melikhov 当时寻求在自动控制、模糊控制方面与中国学者开展合作。因为冯老师跟我很熟，而且对我们的工作很肯定，他觉得要合作的话应该找水

① 张钹访谈，2022 年 10 月 25 日，北京。资料存于采集工程数据库。
② 王永利：人生因追求而壮丽——记张钹院士。《中国科技月报》，2000 年第 1 期，第 38 页。

平更高的单位，就介绍 A. N. Melikhov 来北京跟我商谈合作。"① 在北京期间，张钹还安排 A. N. Melikhov 作了关于模糊逻辑和模糊控制的报告，发现他的理论研究比较深入，但是整体来说还是跟国际的先进水平有差距。A. N. Melikhov 在北京期间也了解了清华大学计算机系和张钹的情况，这给他留下了深刻的印象，当即表示出合作的意愿。在合作一段时间后，A. N. Melikhov 很欣赏张钹的才学，便主动提出推荐张钹为俄罗斯自然科学院外籍院士，并将张钹的材料进行整理，做了推荐。在 A. N. Melikhov 的积极推荐下，1994 年 11 月 23 日，张钹被俄罗斯自然科学院信息与控制论学部选为外籍院士，成为俄罗斯科学院中国籍院士中的一员，冯纯伯也在同年当选。成为俄罗斯自然科学院外籍院士，不但授予证书，还有院士证件，这枚证件张钹一直珍藏着。由于工作原因，张钹并没有第一时间赴俄罗斯接受院士证书。一年之后，张钹邀请 A. N. Melikhov 来北京商讨关于合作的事情，A. N. Melikhov 便询问是否可以同俄罗斯自然科学院的一位副院长 Dmotri S. Chereshkin 一同前来，张钹欣然接受了这个提议。1995 年 11 月 1 日，两位俄罗斯专家在清华大学为张钹举行了颁发院士证书的仪式。1996 年 9 月，张钹与妻子房景蕤、弟弟张铃受 A. N. Melikhov 教授邀请访问俄罗斯，在莫斯科和塔甘罗格与俄罗斯同领域的学者进行了学术交流。遗憾的是，1998 年 A. N. Melikhov 教授因心脏病突发而离世，两人的合作也被迫终止。②

在当选俄罗斯自然科学院外籍院士一年后，1995 年，中国科学院进行了两年一度的院士增选工作。当时，参加院士的评选有两种推荐渠道，分别是单位推荐和院士推荐，单位推荐又分为教育部推荐和中国科学技术协会推荐。鉴于张钹在人工智能领域的成就以及在清华大学人工智能学科建设的贡献，清华大学决定推荐张钹参加院士评选。据张钹回忆："当时两种推荐渠道都推荐了我，除教育部和科协推荐外，还有 4 位院士推荐，分别是李衍达、卢强、高庆狮和戴汝为。"③ 多方的推荐说明了大家对于张钹

---

① 张钹访谈，2022 年 8 月 2 日，北京。资料存于采集工程数据库。
② 张钹访谈，2023 年 1 月 13 日，北京。资料存于采集工程数据库。
③ 同②。

图 6-1　1995 年俄罗斯专家为张钹颁发俄罗斯自然科学院外籍院士证书（左起：Dmotri S. Chereshkin、张钹、A. N. Melikhov。张钹提供）

工作的认可，而在院士评选中，张钹第一次就通过了。1995 年 11 月 3 日，张钹当选为中国科学院技术科学部院士。喜讯传来，新闻报道、学校宣传、同事祝贺，让张钹成为清华园中的焦点人物。面对这一重大的殊荣，张钹却显得平静而又自然，他说："我们不能拿院士这样的头衔来吓唬人，也并不是说当了院士就可以高傲自大了，科学研究是永无止境的，我要做的事情还很多。"[1] 的确，张钹也是按照他说的话来做的，他继续在人工智能的教学与科研上下功夫。

1997 年 3 月，为解决国家战略需求中的重大科学问题，以及对人类认识世界将会起到重要作用的科学前沿问题，我国颁布了《国家重点基础研究发展计划（973 计划）》。人工智能作为重要的前沿学科，得到了足够的重视，国家科技部也号召该领域学者积极申请 "973" 项目。张钹立即意识到这是学科发展的机会，组织实验室的老师们一起写申请书。据当时实

---

① 张钹访谈，2023 年 1 月 13 日，北京。资料存于采集工程数据库。

验室的副主任马少平回忆，张钹与其他老师进行了多次讨论，分析国际国内人工智能的发展方向，思考要做的课题。为此，张钹还多次到图书馆翻阅资料。马少平说："1998 年春节，我因为放假期间想借本小说阅读，便在大年初五去了学校图书馆。按照惯例，这是图书馆上班的第一天。结果我去到图书馆，发现张钹老师正在那里查资料。我上前和张老师打招呼，他说是为申请项目来找资料。实际上，他整个过年期间都在想这件事情，所以图书馆一开门马上就过来了。"看到张钹对工作如此认真，马少平也受到了鼓舞，积极参与到申请书的撰写中。当时，因为"973"计划刚刚提出，大家都没有经验，摸着石头过河。张钹和同事们花了很大力气才将申请书写好，提交给科技部。在申请书中，他们提出的核心思想是，要实现人工智能，必须从信息科学处理"信息的形式"转变为处理"信息的内容"，而要实现这种转变，就需要解决信息内容的表示问题。因此信息（文本）内容（语义）的表示是解决人工智能问题的关键所在，所提出的思路新颖且具有前瞻性。虽然科技部还没有确定评判标准，但看了张钹团队提交的申请书后，计算机和人工智能方面的评审专家都非常兴奋。"什么是'973'，张老师的这个本子就是'973'，你们应该照这个样子做"，科技部的专家向参加申请的老师们这样交代。于是，张钹团队的申请书被作为复印材料发给学界的各个团队，让大家学习。但可惜的是，由于思想超前，项目风险较大，最终未能通过。[1] 但它充分表明，中国人有能力提出创新的思想。此外，由于张钹治学严谨，且学术水平高超，他在 1998年、2002 年和 2003 年被选为清华大学计算机系学术委员会的主任，任职时间将近十年。2000 年 10 月 31 日，经清华大学 2000—2001 学年度第 3次校务会议通过，张钹任清华大学第七届学位评定委员会副主席。[2]

　　当选为中国科学院院士后，张钹的学术交流活动更加频繁了。1998 年8 月 28 日—9 月 7 日，张钹参加在奥地利维也纳和匈牙利布达佩斯举办的世界计算机大会并作报告。1999 年 11 月 14—22 日，张钹在墨西哥世界计算机大会上作大会特邀报告，会议期间与多位人工智能领域专家相识，

---

[1]　马少平访谈，2022 年 4 月 7 日，北京。资料存于采集工程数据库。

[2]　卞侃：我校第七届学位评定委员会组成。《新清华》，2000 年 11 月 3 日。

并参加了会议方组织的应邀报告专家的参观游览活动。2004 年 8 月，受姚期智教授邀请，张钹赴美国普林斯顿大学访问两周。随着学校访问的增多，张钹也开始寻求学校之间更深度的合作。2002 年，韩国科学技术院（KAIST）邀请张钹组织访问团赴韩国参加清华 –KAIST 联合研讨会，学科包括脑科学、人工智能等。最终，张钹组织了一个 5 人的访问团，除他外，还有史元春、朱仲涛、帅典勋和徐明星，旅途费用全部由韩国科学技术院方面承担。2008 年 4 月，张钹随清华大学信息学院组团访问了美国加州大学。前文曾提到，张钹和张铃在粒计算方面提出了商空间理论，而波兰的学者也在该领域颇有建树。因此，在读过张钹和张铃的英文专著 *Theory and Applications of Problem Solving* 后，波兰科学院与华沙大学曾多次向张钹发来邀请，希望进行学术交流。原本张钹在 2001 年赴希腊开会时就可成行，但由于签证时间结束得太早，去波兰时已经过期，只好作罢。2003 年 9 月，应 Andrzej Skowron 教授邀请，张钹赴波兰华沙大学作报告，题目是《问题求解的商空间理论》，受到了 Andrzej Skowron 团队的欢迎。[1]

图 6-2　1999 年张钹参加墨西哥世界计算机大会会议方组织的参观游览活动（张钹提供）

---

[1]　张钹访谈，2022 年 8 月 2 日，北京。资料存于采集工程数据库。

助 力 企 业

由于人工智能在商业中的应用也非常广，因此除了高校，很多企业也与张钹开展交流与合作。1995 年，德国戴姆勒－奔驰（Daimler–Benz）公司研究院智能辅助驾驶研究部主任率团到清华大学访问。他们参观了当时位于主楼一区四楼的智能技术与系统国家重点实验室，时任实验室主任的张钹代表实验室热情接待了访客，并详细介绍了实验室的主要研究内容。针对来访者的兴趣，张钹让博士毕业不久的王宏在 SUN 工作站上演示了基于地图的智能车路径规划与导航系统（国家"863"和国防科工委预研资助项目）。德方研究部的主任看到仿真演示十分高兴，主动提出在该领域与清华大学深入合作的意向，并邀请计算机系的研究人员赴德进行合作研究。1996 年 8 月，王宏受邀到位于德国埃斯林根的戴姆勒－奔驰公司研究院智能辅助驾驶研究部进行为期一年的访问研究，主要参与了德方的智能车辅助驾驶系统的研究内容，建立了一套智能车路径规划与导航系统，并完成了相关的研究报告和仿真系统。1997 年 7 月，张钹受邀先后访问德

图 6-3　1997 年张钹访问德国戴姆勒－奔驰公司研究院（张钹提供）

国的戴姆勒－奔驰公司研究院以及位于乌尔姆（Ulm）的奔驰公司研究中心，并作了学术报告和讨论交流。后来，德国戴姆勒－奔驰公司研究院又派高级管理和技术人员来我国访问，并到访清华大学。20世纪90年代后期，在张钹的规划和领导下，智能技术与系统国家重点实验室与德国戴姆勒－奔驰公司研究院在智能车领域的合作初见成效。2001年6月27日—7月1日，张钹访问了日本富士通公司在东京、横滨和金泽的分部，学习其在计算机制造上的先进经验。2007年4月，张钹出席了中国洛阳科技合作峰会并被聘请为洛阳市信息产业首席科技顾问。

张钹帮助最多的要数微软亚洲研究院。1998年年底，微软公司开设微软亚洲研究院（最初的名字是微软中国研究院，2001年后改为微软亚洲研究院）作为其海外基础科研机构，计算机专家李开复出任院长。微软亚洲研究院的研究方向主要是计算机和人工智能相关领域，包括自然语言、语音、媒体搜索、无线和网络、图像视频压缩等。因为有微软公司雄厚的资金支持，科研队伍很快就组建了起来，而为了能够获得更多的建议与指导，微软亚洲研究院决定成立技术顾问委员会。1998年10月31日，李开复致信张钹，聘请其为微软中国研究院技术顾问委员会委员，聘期两年。顾问委员会的职责是对微软亚洲研究院的研究、人员聘任与运行情况提出自己的观点和建议。根据合同要求，顾问每个季度要拿出2天时间出席研究院的会议或活动，每年参加2—3次研究院的技术顾问委员会会议。虽然只是顾问，但张钹认为，既然接受了这份工作，就要认真对待。因此，他多次参加微软亚洲研究院的活动，1999年6月，微软中国研究院在北京召开"21世纪的计算"学术研讨会，张钹在研讨会上作了题为《人工神经网络及其在模式识别中的应用》的大会报告。2006年5月，张钹和李未（北京航空航天大学校长、中国科学院院士）应邀到微软雷德蒙德总部访问，参观了微软总部的研究成果，与在微软工作的清华校友座谈。2006年10月，张钹作为特邀嘉宾出席教育部－微软"长城计划"第二期合作周年汇报，由教育部部长周济和微软首席研究官兼总监理察·拉希德（Richard Rashid）主持。2009年4月13日，在微软亚洲研究院名师讲堂上，张钹

图 6-4　2006 年张钹出席教育部－微软"长城计划"第二期合作周年汇报（左五理察·拉希德、左六周济、左七张钹）

图 6-5　2009 年微软亚洲研究院名师讲堂报告宣传页（张钹提供）

作了《计算机视觉研究并无捷径》的报告，该报告取得了很好的效果。①

清华大学计算机系的朱文武教授在 1999 年 10 月曾加入微软中国研究院，并在那里工作了 9 年，对张钹的印象非常深刻。朱文武回忆说："每年年底，顾问委员会都会召开一次会议，各部门的负责人要汇报工作情况，而张钹老师则负责给出建议。"朱文武认为张钹的思维非常敏锐，每次听完汇报之后，都会评价其中的优点，同时指出问题所在，并就解决的方法给出建设性的意见。朱文武在微软亚洲研究院任职之前曾在美国的贝尔实验室工作过三年，对国外的情况非常了解，在他的印象中，中国当时在计算机和人工智能领域还相对落后。然而，张钹却已经具有了国际视野，这让朱文武钦佩不已："当时微软亚洲研究院顾问委员会里国内的只有张钹院士、潘云鹤院士和迟惠生老师，剩下的都是来自卡

① 张钹访谈，2023 年 2 月 8 日，北京。资料存于采集工程数据库。

内基梅隆大学、麻省理工学院、微软总部雷德蒙德的一些美国的专家。张钹老师与这些国际上的大师在一个舞台上评估我们的工作，他在学识等方面都很卓越，看待问题还具有国际性、前瞻性，非常难得。"[1] 后来，微软亚洲研究院又多次聘任张钹作为顾问委员会委员，时间超过了 20 年；2022年起，他由技术顾问改为名誉技术顾问。为了感谢张钹的付出，2016 年 7

月，微软亚洲研究院向他颁发了 25 周年杰出合作贡献奖，该奖项由微软公司在全球范围内选出 32 名获奖人，张钹是其中最年长的获奖者。张钹的获奖评语中写道："他是微软亚洲研究院的伟大支持者，并是微软与清华大学建立战略伙伴关系的重要推

图 6-6　2016 年微软亚洲研究院颁发给张钹的 25 周年杰出合作贡献奖证书（张钹提供）

动力。"[2] 2011 年，朱文武希望能到高校从事研究工作，他之前曾被清华大学聘为兼职教授，也通过张钹等老师了解到清华大学的研究水平，因此首选目标就是清华大学。在张钹的帮助下，朱文武顺利通过了学校的考核，成为清华大学的教授。凭借在微软亚洲研究院多年的沉淀，朱文武迅速成为国内顶尖的多媒体计算和大数据领域专家。2012 年，朱文武获评 "973"项目的首席科学家，而张钹正是该项目指导委员会的委员，在项目运行的五年时间一直提供建议。最终该项目在结项时被评为优秀。时至今日，对于自己所取得的成绩，朱文武仍非常感激张钹的支持与指导。[3]

　　在科研方面，张钹团队承担的 "军用地面机器人" 项目获得多个国家

---

① 朱文武访谈，2022 年 4 月 18 日，北京。资料存于采集工程数据库。
② 张钹访谈，2023 年 2 月 8 日，北京。资料存于采集工程数据库。
③ 朱文武访谈，2022 年 4 月 18 日，北京。资料存于采集工程数据库。

级奖项，包括 1998 年获国防科工委科技进步奖一等奖，1999 年获国家科技进步奖三等奖以及 2002 年获国防科学技术奖二等奖。张钹凭借在"863"计划中的突出表现和为智能机器人主题的突出贡献，在 2001 年被授予"八六三计划"先进个人和先进工作者称号。2009 年，张钹筹备并成立了清华大学"认知与神经计算研究中心"，参与该中心建设的包括清华大学信息学院、医学院以及心理系等单位的著名教授，张钹担任该中心主任。对于自己的研究成果，张钹每年都会在国内外期刊上投稿发表，其文章发表的总量超过了 200 篇（包括合作发表的文章）。张钹曾说："我在 80 岁之前每年都要争取写一篇文章"，这样的认真与自律是其成功的因素之一。[①]此外，除了前面提到的三部专著，张钹还参与了多本书的编写工作，包括与张铃在陆汝钤主编的丛书《世纪之交的知识工程与知识科学》里合著的章节《计算智能——神经计算和遗传算法技术》，与孙增圻、孙富春合著的《机械手神经网络稳定自适应控制的理论与方法》，张钹作为主编编写的《英汉多媒体技术辞典》等。

荣 誉 博 士

对于张钹来说，还有一个比较重视的荣誉是 2011 年获得的汉堡大学自然科学荣誉博士。早在 2003 年，清华大学计算机系就与汉堡大学展开了科研合作关系。两所学校之所以能建立联系，是因为张钹的研究生张建伟毕业后赴德国攻读博士学位，后来在汉堡大学任教。因此，科研合作让这对师生再续前缘。为了能够进行深度的学术交流，张钹在 2003 年到 2006 年，每年夏天都会拿出一个月的时间在德国开展研究工作。在张钹与张建伟的合力推动下，清华大学计算机系申请到了中德联合博士生培养项目"自然与人工认知系统跨模型交互研究计划参加者"（Cross-model Integration in

---

① 马少平访谈，2022 年 4 月 7 日，北京。资料存于采集工程数据库。

Natural and Artificial Cognitive Systems，CINACS），该项目在 2006—2015年，共联合培养出近百名与人工智能有关的博士。在与汉堡大学的科研人员的互动中，张钹对学术认真的态度也给德方留下了深刻的印象。

2011 年，汉堡大学开启了对优秀学者授予荣誉博士学位的工作。得知这个消息后，张建伟立刻准备推荐老师张钹。由于是自然科学领域，并不像人们认为的那样，仅仅因为张钹之前和汉堡大学有着密切的交往合作，就会轻松地获得荣誉博士。实际上，推荐需要准备相关的材料，并且汉堡大学会组织国内外专家进行评审，以确定参选者是否达到要求的学术水平和科学贡献。为了准备推荐材料，张建伟向张钹要了 5 篇代表作。经过专家评审，张钹最终在 2011 年 11 月 18 日被汉堡大学授予自然科学荣誉博士。当天，恰逢汉堡大学举行庆祝该校计算机系成立 40 周年的庆典。庆典期间隆重安排了张钹的荣誉博士授予仪式，由计算机系主任 Horst Oberquelle 教授颁发证书，张钹在会上作了半小时的学术报告。迄今为止，汉堡大学在信息科学与数学领域只为 5 位学者授予了荣誉博士学位，这也说明了其含金量之高、评审之严格。张钹是其中唯一的亚洲学者，其余四位获得者

图 6-7　2011 年张钹获汉堡大学荣誉博士（左一张钹，右一 Horst Oberquelle。张钹提供）

分别是康拉德·楚泽（Konrad Zuse，1910—1995，德国工程师和计算机先驱、发明家、企业家）、卢特菲·阿利亚斯卡·泽德（Lofti Zadeh，1921—2017，美国逻辑学家和数学家）、卡尔·亚当·佩特里（Carl Adam Petri，1926—2010，德国数学家、信息学家）、理查德·达戈贝尔特·布饶尔（Richard Dagobert Brauer，1901—1977，美国数学家，主要工作领域是抽象代数，在数论上也作出了重要贡献，是模表示论的创始人）。

张钹的诸多成果是与弟弟张铃一起合作完成的，其后来获得的许多荣誉也都是与张铃一起分享的。在个人发展上，张铃的成绩同样得到了肯定。1984 年，张铃担任安徽省计算机协会副理事长，并在 1986 年在安庆师范学院由讲师破格晋升为正教授。1991—1993 年，张铃先后任安庆师范学院副院长、院长。1993 年，在被调至安徽大学后，张铃成为博士生导师，是安徽大学计算机应用博士点的带头人。2002 年，在教育部组织的全国计算机应用技术学科评审中，张铃代表安徽大学参加了答辩。当时，全国高校中可以获评国家级重点学科的名额只有 7 个，竞争异常激烈。最终，除清华大学、北京大学、浙江大学等名校外，安徽大学的计算机应用技术也被评为重点学科。以安徽大学的名气，与其他学校竞争的难度相当大，但正是在张铃等老师的不断努力下，安徽大学凭借优秀的科研成果，才能获得这份成绩。张铃后来成为安徽大学计算机系的系主任，受其研究方向的影响，安徽大学计算机系也注重使用数学的方法，并着重发展理论。在个人荣誉方面，张铃获得了 1999 年安徽省自然科学奖二等奖，2003 年度安徽省科学技术奖二等奖等。他在 1985 年后连任四届安徽省政协委员，并被评为安徽省劳动模范。清华大学、浙江大学、同济大学和中国科学院合肥智能机械研究所等单位也先后聘请张铃为客座教授。[1] 截至 2021 年，计算机应用技术一直是安徽大学的优势学科，是其拥有的两个国家级重点学科之一。虽然张铃已经光荣退休，但正是其打下的基础与打造的团队，才让该学科在安徽大学一直长盛不衰。

"路漫漫其修远兮，吾将上下而求索。"攀登科学高峰的道路漫长而

---

① 张铃访谈，2022 年 5 月 25 日，合肥。资料存于采集工程数据库。

又充满荆棘，但张钹未曾退却。每当登上一座座科研高峰时，张钹也从未因获得了荣誉而停下自己的脚步，科研工作者的使命让他向新的高山继续迈进。

第七章
桃李满园

从 1958 年本科毕业在清华大学任教起，截至 2023 年张钹已经从教 65 周年。在他上大学时期，清华大学的蒋南翔校长曾提出"为祖国健康工作五十年"的口号，张钹说，自己不但完成了这一目标，还大大超出了！回顾自己的教师生涯，张钹认为最令他感到自豪的并不是作出的科研成果，也不是建成的实验基地，而是为国家培养出一批批优秀的人才。1958—1978 年，张钹在自动控制领域培养了大批本科生，他们中的大部分成为国防建设的骨干。1978 年后，张钹又在计算机科技领域培养了大批本科生、硕士和博士研究生，他们有的已经成长为大学的教授、博士生导师，有的成为经济与国防建设的科技带头人。每当学生们在各自的工作岗位上取得成绩时，张钹总是感到非常欣慰，为他们骄傲！

七十二贤人

在张钹 73 岁的时候，学生们为他举办了从教 50 周年的庆祝会。张钹在会上曾说："我们国家当老师的最高标准是孔夫子，因为他是'万世师表'，是大家学习的榜样。如果拿我和孔夫子相比，我的很多方面都不及他。但是，我觉得我有三个指标是可以超过他的，我对此很高兴。第一是我的教龄比孔夫子长得多，因为孔夫子从 30 岁开始讲学到 72 岁去世，教龄 42 年，我已经从教 50 年了，并且还将继续。第二是我的弟子比孔夫子多。孔夫子培养了 3000 弟子，所谓弟子，应该是听过他讲学的人。听过我的课的学生肯定超过了 3000 人，因此我的弟子比他多。前两点我已经做到了，第三点虽然还未达到，但我有信心做到。孔夫子培养了七十二贤人，当时的'贤人'应该是指全国范围内的名人。我培养的博士生在各自的领域都是佼佼者，大多数是国内名人，甚至有一些还是国际名人。因此，我要培养超过 72 个博士生，在这方面超过孔夫子。"① 截至 2023 年，张钹已经培养了 85 名博士生，他实现了自己的目标，这是对他教师生涯的肯定。

1978 年，清华大学新成立的计算机技术和工程系开始招收硕士研究生，由于张钹即将被派往国外访学，因此没有招收。1982 年回国后，张钹也没有以个人的名义招收硕士生，只是带过计算机系的硕士研究生，因此不算是他们的正式导师。1985 年，张钹被评为教授，按照学校要求，教授可以培养博士生。于是，张钹在 1985 年 6 月招收了他的第一个博士生帅典勋。虽然是张钹的学生，但帅典勋与张钹的年龄差距并不大，他 1962 年从华中科技大学电机系毕业，后来先后在西安电力机械制造公司和西安电子计算技术应用研究所担任技术员等职务。1985 年，清华大学开始试点从全国大型重点企业的在职优秀科技人员中选拔招收博士研究生（论文博士），帅典勋原来的单位西安电子计算技术应用研究所便推荐他报名。帅典勋到清华大学后找到了张钹，向他介绍了自己的情况，张钹了解后表示同意招收他为博士生。后来经过面试和专业考试，帅典勋被成功录取。② 由于帅典勋读硕士时曾师从我国著名计算机专家夏培肃院士（帅典勋因 1980 年出国而中途退出），加上有着二十多年的工作经验，帅典勋的基础非常好。仅用了三年时间，帅典勋就在 1988 年 6 月完成了博士学位，当时被报纸报道为国内人工智能领域的第一个博士毕业生。帅典勋的毕业论文题目是

---

① 张钹访谈，2022 年 8 月 2 日，北京。资料存于采集工程数据库。
② 张钹访谈，2022 年 10 月 25 日，北京。资料存于采集工程数据库。

《LCS 问题与 Unification 问题研究》。最长公共子序列（Longest Common Subsequence，LCS）是一种比较成熟的算法，帅典勋之前就很熟悉，而"合一"（Unification）算法则在人工智能的推理、自然语言的语法分析等方面都有广泛的应用。在张钹的启发下，帅典勋将两者结合起来，他的论文证明了在一定条件下这两者的格代数系统是同态的，因此可以使用求解 LCS 的算法与硬件来求解"合一"问题，使后者更加容易和高效。毕业后，帅典勋走上了教育之路，先后任西安电子科技大学、华东理工大学教授、博士生导师。他在人工智能、群体智能、人工神经网络、计算机网络信息智能处理等领域颇有建树，承担并完成了十多项国家自然科学基金项目、国家自然科学基金重点项目子项目、"863"和"973"项目子项目、国家重点实验室项目等。帅典勋的经历，代表了他那一代人的努力，虽然他们在改革开放后已到中年，但仍在学术上有所追求，他们的坚持与毅力让他们在教育事业上取得了成功。[①]

由于祖父和父亲都曾献身杏坛，受家庭影响，张钹对教育事业非常热爱。后来，张钹也逐渐体会到自己特别适合教师这个职业，他平易近人，从学生时代就经常帮助同学补课，因此张钹善于发现他人学习方面的问题之所在，也了解帮助他人克服困难的方法。在培养学生方面，张钹认为自己最大的一个特点是全心全意地从学生的角度为他们考虑，让学生能在最适合自己的条件下成长。学生张建伟和朱军最具代表性。1986 年，张建伟从清华大学计算机系以全年级第一名的成绩本科毕业，优秀的成绩使他可以继续在清华大学深造。早在张建伟读大学三年级时，他就开始跟随张钹学习科研，所以他选择在毕业后成为张钹的研究生。后来，清华大学推出直博生培养计划，张建伟便成为学校的第一批直博生。1989 年，按照国家关于与国外一流大学"联合培养"博士生的计划，张钹推荐张建伟到德国卡尔斯鲁厄大学攻读博士学位。对于这件事，张钹从各个方面评估了它的利弊，并且着重从学生的角度出发来思考。虽然张建伟的成绩非常优秀，但是 20 世纪 80 年代末我国博士生的培养条件与欧美还有差距，如果能在

---

① 张钹访谈，2023 年 2 月 8 日，北京。资料存于采集工程数据库。

更好的条件下成长，以后一定会取得更出色的成绩，而学到国外先进的知识后将来也可以向国内传递。同时，张建伟也同样有着出国读书的意愿，因此张钹积极推动了这项工作。之前参加国际会议时，张钹结识了卡尔斯鲁厄大学著名的机器人专家 Ulirich Rembold 并建立了联系，于是张钹便帮助沟通，得到了对方的欣然接受。然而，由于德国对于学历的要求比较严格，不允许本科生直接攻读博士，一定要有硕士学位才行，这给直博生张建伟出了"难题"。考虑到当时张建伟直博已经快三年了，张钹当即决定，让张建伟立即完成硕士论文。由于之前的三年学习已经积累了足够的研究成果，张建伟用了两周的时间便完成了硕士论文的撰写，张钹立刻组织他进行硕士答辩，并将答辩结果第一时间送到学校审批。最终，张建伟在极短的时间内拿到了硕士学位，从而成功赴卡尔斯鲁厄大学攻读博士学位。①

张钹将张建伟送往德国留学，有的人不理解，认为不仅张钹少了一个博士生，还将国家的人才送往海外。对此，张建伟后来的贡献是对上述观点最好的回应。1994 年张建伟在德国博士毕业后，选择继续在德国高校任教，虽然远在异乡，他却心系祖国。从 1999 年开始，张建伟就一直推动清华大学与德国高校之间的研究合作，并联合培养博士生。很多清华大学的博士生因此获得了赴德国访学的机会，并且费用大部分由德方承担。2004—2007 年，张建伟任清华大学计算机系讲席教授，开拓了认知多模态人机交互的重要研究方向，并培养了多名年轻教师。2008—2011 年，他又任清华大学计算机系认知与神经科学讲席教授组成员，开创了多模态机器学习的交叉领域研究。在张钹的指导下，张建伟与清华大学相关骨干教授共同合作，培养从事未来人工智能核心算法研究的博士生及博士后近二十名。2002—2006 年，张建伟被选为留德中国学生学者团体联合会主席，他从 2004 年起一直担任德国清华校友会会长，指导德国各领域清华校友，为北京的发展建言献策、服务捐赠。由于张建伟个人在人工智能领域的成绩也非常突出，他本人在 2004 年被推荐为全国政协海外委员，并受聘为国务院侨办海外及中国侨联专家咨询委员会信息领域专家。此后，

---

① 张钹访谈，2022 年 8 月 2 日，北京。资料存于采集工程数据库。

张建伟每年多次返回中国为国家自然科学基金委、科技部以及工信部做产业布局、研发立项、白皮书、路线图、世界级大会以及国际合作等方面的咨询，并参与了中国的机器人、智能制造与人工智能相关的高技术发展规划，倡议并参与了中国制造 2025、国家下一代人工智能发展战略以及中国大脑计划的制订和修改，成为连接中国与世界机器人以及智能制造合作桥梁的核心人物之一。2021 年 10 月，张建伟当选德国国家工程院信息学部院士，是该部门第一位入选的华裔科学家。现在看来，张建伟对于国家的贡献并不亚于他当初如果留在国内所可能做到的。张钹的决定是正确的！对于当年张钹帮助他赴德读博的经历，张建伟一直非常感激，他说："在德国，博士生导师被称为 Doktorvater，即'博士生父亲'。在三十年和张老师的项目讨论和闲暇交流中，我越来越强烈地感觉到，张老师是我终生的最优秀的'博士生父亲'，用他始终如一的视野、创新、儒雅和公正，在学术和做人上，教育着我和我们周围的人。"[①] 也正是想回报恩师，张建伟在汉堡大学荣誉博士的推荐时竭尽全力地帮助张钹，希望为

图 7-1　2011 年张钹与张建伟（左）合影（张钹提供）

自己的"博士生父亲"做一点事。

　　张钹的另一位学生朱军的经历则与张建伟恰好相反。21 世纪初，国内的人工智能研究有了一定的基础，软硬件条件与国际同行相比差距也缩小不少。当时，本科毕业后出国留学的热潮逐渐兴起，在这样的环境下，想留住优秀的人才着实不易。朱军 2005 年从清华大学本科毕业，他在大四时也曾徘徊在出国留学与留校读博之间。朱军回忆说："大三的暑假我曾去德国参加一个国际性会议，认识了一些国外的华人朋友，他们分享了很多

---

① 张建伟：动态系统中的不变量。见：《思想的力量》，2015 年，第 83 页，内部出版物。

国外读博的经历，劝我申请美国的博士，我也有点动摇。"①犹豫之下，朱军主动找到张钹，说出了自己的困惑。听后张钹语重心长地说："国外知名导师的科研、教学水平比我高，培养条件也比我这里好，你们选择出国深造和科研，我非常支持。但是，如果你选择留下来，我会全心全意地培养你，这是国外不一定能做到的。"②张钹的真诚让朱军下了决心，他选择留下来，作为张钹的直博生。由于研究水平非常出色，朱军仅用了4年的时间就完成了博士学位，并在毕业后获得了去美国卡耐基梅隆大学做博士后的机会。对于自己的这名弟子，张钹非常清楚他的能力，同时也感觉到此时的国内环境已经与张建伟读书时代大不相同，中国在培养人才方面也非常有实力。因此，张钹便想劝说朱军在完成卡耐基梅隆大学的博士后工作后回国任教。据朱军回忆，在他撰写博士论文期间，周末经常在实验室加班，他清楚地记得有两三次，张钹在周末特地来到实验室找他，坐在他旁边与他谈心。对于那段经历，朱军说："张老师作为一个院士，能够在周末主动坐到学生的旁边，和我聊未来的发展规划，我真的觉得特别感动，这也是我后来决定回清华大学的一个很重要的方面。因为张老师从我读书的时候开始，到毕业再到工作，甚至在美国做博士后期间，都和我有很多的交流，我能够感受到张老师是真心地为了学科发展、为了这个领域去付出，并不是为了个人的偏好或其他的方面，这令我非常钦佩。"③

对于希望朱军回国任教的理由，张钹不仅仅是从学校的角度来思考的，因为他认为那样没有足够的说服力，他更是从朱军的实际情况出发。张钹认为："美国的条件确实好，朱军到那边也会成为他们优秀人才中的一个，但美国不会将大量的资源倾注到朱军身上，换言之，朱军在那里可能无法得到充分的成长条件。而在中国，朱军很可能成为人才中最优秀的一个，会得到足够的支持。"在张钹的动员下，朱军在2011年回国任教。为了能得到这名人才，张钹还与清华大学及计算机系沟通，最终学校破格以副教授的职称聘用朱军，并给予了10万元的启动经费，这在当时是一笔

---

① 朱军访谈，2022年4月26日，北京。资料存于采集工程数据库。

② 张钹访谈，2022年8月2日，北京。资料存于采集工程数据库。

③ 同①。

不小的数目。朱军也用自己的成绩证明了张钹的慧眼识珠，他 35 岁即被清华大学聘为教授，是当时最年轻的教授。2014—2019 年，朱军一直担任国际机器学习大会（International Conference on Machine Learning，ICML）和人工智能中的不确定性（Uncertainty in Artificial Intelligence，UAI）领域主席，他还入选了国家"万人计划"领军人才，成为世界上机器学习和贝叶斯方法的顶级学者。2022 年 11 月，朱军与他的学生陈键飞在清华大学光荣入党，张钹作为朱军曾经的老师，也是一位有着 62 年党龄的老党员，参加了他们的党员发展会。张钹在会上表示："总有人问我，你一生当中最满意的是什么？我说，最满意的，莫过于培养了八十几位博士生，他们个顶个优秀，而朱军，是他们当中我最满意的之一。做学问不掺杂个人利益，无私奉献，这一点他们都做得非常好，欢迎他们加入党的队伍。"[1] 看到自己的爱徒不断地追求进步，张钹倍感骄傲。

除了以上三位在学术研究上非常卓越的学生，张钹的学生在各个领域也都颇有成就：韩玫任平安科技美国研究院院长，袁进辉任北京一流科技有限公司董事长，黄兴亮成为著名的基金经理……。据统计，在他的 85 名博士毕业生中，有 33 人在高校和研究所工作，30 人在企业中工作，22 人在海外工作。对于自己培养的"七十二贤人"，张钹说："每当得知他们在事业上取得了新进步，我都抑制不住内心的激动和快乐。能够为国家和社会培养出优秀的人才，是我人生最大的成功！"[2]

启 智 润 心

"人是伟大的，又是糊涂的。"每年博士生课程新技术革命讲座的第一讲都是由张钹讲授的，而张钹喜欢用这样的语句开头。紧接着，符号主

---

[1] 王希勤参加计算机系教授朱军、助理教授陈键飞入党发展会。清华大学计算机科学与技术系网站，2022-11-09。

[2] 王辉：人工智能，从过去到未来——记中国科学院院士、清华大学人工智能研究院名誉院长张钹。《科学中国人》，2021 年第 25 期，第 19 页。

义、连接主义，时间、空间，全局、局部，有限、无限……他用浅显易懂的语言和生动的事例把抽象的概念娓娓道来。在他慈祥的微笑中，同学们收获了知识与思想。他的学生曾这样描述："张教授的学识是五光十色的。"[①] 春风化雨，张钹如一盏"明灯"照亮科学的追梦人。张钹热爱教育事业，把教育视为他生命的一部分。从教多年，为何张钹可以不断培养出如此优秀的学生呢？以下几方面应该可以作为答案参考。

第一，学术自立。张钹在培养学生方面有自己的理念。作为张钹的博士生，一入师门便会被告知自己去寻找要研究的问题，而不是像其他一些老师那样直接给学生指定研究的题目。张钹会问学生："你可以按照一个前人走过的路去走，这样你肯定能按时拿到博士学位；你也可以去尝试别人没有走过的路，我也会帮助你，但这可能存在一定的风险，有可能最终会失败，你愿意怎么做呢？"大部分学生选择前者，但也有少数挑战自我，尝试后者。不论学生做何种选择，接下来的一年时间，张钹只会给学生们一个大方向，题目、内容全由他们自己选择。张钹说："这一年的时间，让他们慢慢去想，实在不行了，再来找我讨论。"[②] 张钹认为，在博士阶段要学习的一个方面就是发现问题、提出问题的能力，只有过了这一关，在以后的研究中才能独立工作，如果没有过这一关，那博士的学习实际上是不合格的。能找到自己要研究的问题并不是一件易事，一些学生因此在入学的第一年倍感压力，他们广泛地查找资料，发现既往研究存在的不足或是探寻新的研究思路。但是，过了这一关，对以后的学术研究是终身受用的。到了第二年，大部分博士生都会发现自己的研究问题，完成这项任务。其实，让博士生自己提出问题并不意味着张钹对他们放任不管，而恰恰是为了给他们最大限度的自由。张钹的整个团队是在一种相对宽松的氛围下工作的，他并不会不停地给学生压力去完成各种具体任务，因为这样的效果往往会适得其反。更重要的是，能这样大胆地让学生去选择是以张

---

① 姚殊：孜孜以求，硕果累累——记张钹院士。见：福清市民间文艺家协会编，《福清民间文学 第 7 辑：纪念戚继光平倭牛田大捷 452 周年龙田专辑》。福清：福建省福清市民间文艺家协会，2014 年，第 87 页。

② 张钹访谈，2022 年 10 月 17 日，北京。资料存于采集工程数据库。

钹雄厚的学术能力作为后盾的，他可以在学生们走弯路时及时给出自己的建议，让他们回到正轨，从而顺利完成学业。据张钹回忆，自己的学生中有一位选择尝试未曾涉足的生疏领域，并最终完成得很好，他对此非常满意，称赞他是真正拿到了博士学位的人。[①] 此外，张钹认为，博士阶段对于学生的培养也不应该局限在学术研究上，而是要多方面的发展。2007 年，博士生袁进辉在德国汉堡大学张建伟的实验室访学半年。刚到国外时，人生地不熟，袁进辉周末常自己去实验室做研究，生活比较单调。后来，张钹和妻子也在夏天到实验室短暂访问，张钹就鼓励袁进辉："要多出去转转，去体会外国的文化。"于是，每逢周末，张钹都会带着袁进辉等学生在德国进行短途旅游，一路上讨论所见所闻，真正融入当地体验生活。偶尔妻子房景蕤还会给学生们做中餐，让他们感到了家的温暖。有一次，中国驻德大使馆举行音乐会，得知张钹在德国，便送了两张票请他和妻子观看。张钹把票给了袁进辉，说："这种活动我们参加得比较多，你们应该多去，这对个人成长也很有利。"此后，使馆中一些海外华人作家、艺术家的活动，张钹也都为学生们争取参加的机会，让他们增长见识。袁进辉回忆说："张老师对各国文化都非常尊重，不排斥，这种包容的精神对于做学问也很有帮助。"2005 年，博士生袁进辉、李强与张钹一同参加在越南举行的亚太知识发现和数据挖掘会议（Pacific-Asia Conference on Knowledge Discovery and Data Mining，PAKDD）。会议期间的早餐是越南酒店准备的，饮食和中餐差别很大，袁进辉感觉不太习惯，张钹却适应能力很强。张钹曾说："国外的饮食文化也是经过了许多年沉淀下来的，这里面一定有好的东西，我们要去体验。"[②]

第二，因材施教。张钹会根据学生的特点选择最适合他的培养方式。一般情况下，张钹的博士生都会在第三年进行博士论文开题，有些晚的甚至会到第四年上学期，这主要是基于张钹对其研究工作的评估。有些老师让学生适当延后开题和毕业时间可能是希望学生能继续完成他的研究课题，但张钹完全没有这样的想法，而是选择对他们研究学习最合适的节

---

① 张钹访谈，2022 年 10 月 17 日，北京。资料存于采集工程数据库。
② 袁进辉访谈，2022 年 4 月 23 日，北京。资料存于采集工程数据库。

图 7-2　2005 年张钹参加在越南河内举办的 PAKDD 会议（左起：袁进辉、张钹、李强。张
钹提供）

奏。由于朱军在博士阶段的工作非常出色，第二年上学期张钹就通知他开
题，而朱军开题一次就通过了。后来，朱军读到直博第四年，张钹感觉他
达到了毕业的水平，让他完成博士论文，提前一年毕业。①朱军的经历说
明了张钹对于学生的评估非常准确。另一位学生马少平 1984 年在清华大
学计算机系研究生毕业后留校任教，原是张钹的同事，1994 年清华大学下
发了一个征求意见稿，询问在校老师对于评教授需要博士学位的意见。当
时还是副教授的马少平对此事非常关心，便询问张钹的想法。考虑到马少
平的情况，张钹建议他在职读博，于是马少平成了张钹的一名博士生。一
边要承担教学科研工作，一边还要完成博士论文，两头兼顾让马少平有些
吃力。为了减轻他的压力，张钹便建议马少平将博士论文与当时正在承担
的一个"863"项目相结合，研究其一直专攻的汉字识别领域。在写作博
士论文阶段，张钹也适时给出建议，认为将专家系统与汉字识别相联系是
一个不错的角度，这也启发了马少平，他运用其中的黑板模型，将汉字识
别不同的角色整合在一起。论文写出来后顺利通过了答辩，评审专家认为

---

① 朱军访谈，2022 年 4 月 26 日，北京。资料存于采集工程数据库。

马少平的研究角度非常新颖，观点独特。[①]

第三，以身作则。用实际行动为青年人树立严谨治学的榜样，是导师的责任。在张钹学生们的记忆中，张钹在生活与工作上都会以身作则，让他们体会到一位真正的学者所应具备的品质。日常生活中，张钹是朴素的，老式的黑色手提包与年头很久的自行车是张钹多年来的"固定搭配"，他并不追求生活上的高质量，却总是以高标准对待学术研究。每年开学，计算机系都会邀请张钹为新生作一场讲座，让刚进入清华园的学子能够从院士的话语中汲取力量。对于此，张钹一向都非常重视。据一位学生回忆，张钹曾专门提前约了会场的工作人员，骑着自行车去讲座地点彩排，试一试自己的笔记本电脑，生怕不能正常使用，影响到报告的顺利进行。为人正、为学严、为师贤，这是张钹日常学术与生活中的真实写照。张钹所带领的团队有一个惯例，每周都要开一次学术讨论会，由一两位学生介绍自己之前的工作进展，或是参加国际会议的师生为大家传递最新的科研新闻。最初安排在每周一晚上在西主楼进行，后来改到每周四下午在 FIT 楼。对于这个讨论会，张钹格外重视，只要他在北京，必定会参加。张钹曾说："我参加会议的优先级是实验室、系、学校、教育部。上边的会议，多一个我少一个我关系不大，但实验室的会议关系到今后的科研发展方向，我必须要参加。"[②]每次讨论会，张钹都会提前来到会议室。相反，一些学生偶尔会迟到，但张钹从没有批评或训斥他们。开会讨论时，他从不把手机放在桌面上，也没有因手机铃声响起而中断讨论，许多学生直到毕业都没有见过张老师的手机。时至今日，年近 90 岁的张钹只要条件允许，仍坚持参加。清华大学计算机系教师苏航在博士后阶段曾跟随张钹做研究，据他回忆："在我的认知中，极少有像张老师这样身份的人还能来参加组会的，但他基本每次都来，而且往往 3 个多小时的会议全程都在认真听。偶尔有事需要提前离开，他也会和大家表示歉意。在组会中，张老师每次都会做点评，提出一些意见、建议，并且观点往往切中要害，所以我们在

---

① 马少平访谈，2022 年 4 月 7 日，北京。资料存于采集工程数据库。

② 马少平：大师小事——敬贺张钹院士八十寿辰。见：《思想的力量》，2015 年，第 81 页，内部出版物。

组会上都非常愿意听张老师点评，能够学到很多东西。"[1]

图 7-3　1992 年张钹参加组会讨论（第一排：张钹；第二排左起：韩玫、谭群华、王宏。张
钹提供）

2015 年，苏航去美国参加了国际机器学习大会，回国后在组会上分享了自己的参会经历。他将会议中的 20 多篇文章做了概述，并阐述了自己的观点。听完后，张钹单独挑出了其中的一篇，题目是《深度神经网络很容易被欺骗》（*Deep Neural Network are Easily Fooled*），认为这篇文章非常重要，让在座师生认真阅读。当时，这篇文章所介绍的领域在学界还没有形成共识，其主要内容是关于通过加入一定的扰动从而使人工智能系统产生识别错误的，现在被称为对抗性的攻击。张钹在看完文章后，认为这是一个非常重要的方向，但由于当时相关的研究较少，很多老师与学生并没有太重视。过了几个月，张钹又再次在组会中提出要重视这篇文章的研究方向。于是，苏航与学生们便从 2016 年开始一起研究该方向的一些内容，这很快成了他们团队的一个特色领域，在国内外都处于领先地位。2017

<hr />

① 苏航访谈，2022 年 4 月 15 日，北京。资料存于采集工程数据库。

年，谷歌大脑在神经信息处理系统大会（NIPS2017）上组织了面向对抗样本攻防的竞赛，张钹的团队（指导教师：朱军、胡晓林、李建民、苏航）获得冠军，战胜了来自斯坦福、约翰斯霍普金斯大学等世界著名高校在内的 100 多支代表队。取得这样的成绩，离不开张钹敏锐的学术直觉，这令苏航钦佩不已。[①] 为了培养学生们养成良好的学术习惯，张钹会认真阅读学生们的文章，对于缺乏投稿经验的学生，他还会主动让他们到家里细心地指导。据袁进辉回忆，他的第一次投稿是 PAKDD 会议。由于这是他的第一篇文章，张钹花了很大工夫帮他润色，从语法、选词到标点符号，事无巨细。袁进辉在访谈时说："文中有一处 data 后面的谓语用了单数，张老师指出了这里前后矛盾的问题。从张老师那里我第一次知道原来 data 是 datum 的复数形式。"为了能够清晰地说明，袁进辉还在文章中画了一张示意图，并说明图中共有 15 个节点。张钹给的反馈指出，这张图实际上只画了 14 个节点。袁进辉仔细一数，确实如此。张钹说自己并没有特意去数，只是一眼看上去不像是 15 个节点，就数了一下，果然有错误。当时的张钹已是古稀之年，但仍然对细节非常重视，这种严谨审慎的精神给袁进辉留下了深刻的印象，这也成为袁进辉日后做学问的态度。[②] 虽然张钹在论文上给予了自己的学生很多的指导，但他从来不要求学生将研究成果与他分享，或是在论文上署他的名字。

第四，关爱学生。在培养学生方面，张钹不曾有一点私心，他的目的是千方百计地帮助学生成长。从 1995 年开始，学校为张钹设立了一个学生秘书的岗位，约占三分之一的工作量，学生秘书每月可以收到 1000 元的补贴，后来又涨到两三千一个月。在国外，博士生一般会被称为 TA（Teaching Assistant）或者 RA（Research Assistant），即教学助理或者科研助理，导师可以通过一起做学术研究的方式来培养博士生，而张钹的这个秘书岗实际上相当于教学助理。但是，张钹并不这样看待，他会选择学生中家庭情况相对困难的，让他们来承担学生秘书的职位。因此，学生秘书岗变为了一种对困难学生提供额外补贴的方式，以减少他们家庭的负担，

---

① 苏航访谈，2022 年 4 月 15 日，北京。资料存于采集工程数据库。

② 袁进辉访谈，2022 年 4 月 23 日，北京。资料存于采集工程数据库。

学生们理解张钹的良苦用心，也非常感激他。张钹的学生吴俊就是受益者之一，他来自农村，家庭收入较低，张钹便安排他做了自己的秘书。在吴俊的印象中，张钹给他的实际工作屈指可数。[①] 张钹曾说："虽然他们是我的学生秘书，但我不会让他们为我干一件私事，因为博士生的时间非常宝贵，将时间用在写博士论文上才更重要。"[②] 张钹也确实是这样做的。姚殊那几届博士生们都记得，有一个雨天，张钹第二天要出国，但为了不影响学生们的研究进度，他仍然冒着大雨赶到学校，到学生宿舍与博士生们进行讨论。当博士生们看到披着雨衣的教授出现在面前的那一刻，触动中的感悟已远远超过了学术研究本身。[③] 张钹很少要求学生秘书为他做事，很多事情他都是亲历亲为的。张钹所有报告的 PPT 都是自己做的，一直到现在还坚持如此。据朱文武回忆："每次听张老师的报告，发现他 PPT 都是自己做的，现在一般这么资深的老师都会让学生帮助做了，但他不是这样。张老师的 PPT 每张字数并不多，但用很简单的符号和话语将思路串起来，是真正地把自己的思考、认识和智慧都注入 PPT 里面。而且，每次听他的报告都有新内容。听过他课的省部级领导也说，张老师好像和别人不太一样，很多人讲得很空，内容很常见，而张老师的见解非常独到。"[④]

在与学生的日常交流中，张钹并不给人以居高临下的感觉，而是非常尊重对方，以平等的方式对话。"望之俨然，即之也温，听其言也厉"是他的风格。对于学生们的优秀成果，张钹也不会过度的表扬，以免他们骄傲；但当其他人问起张钹关于学生们的情况时，张钹会给予他们充分的肯定，为他们的成绩感到满意。由于工作非常忙，张钹无法做到事无巨细地关心学生，但仍会尽可能及时了解每一位学生生活当中所遇到的问题，并想办法帮忙解决。有的时候，张钹也会作为一名长辈与学生谈心，鼓励学

---

① 吴俊：回忆与张钹院士的点点滴滴。见：《思想的力量》，2015 年，第 102-104 页，内部出版物。

② 张钹访谈，2022 年 8 月 2 日，北京。资料存于采集工程数据库。

③ 姚殊：孜孜以求，硕果累累——记张钹院士。见：福清市民间文艺家协会编，《福清民间文学 第 7 辑：纪念戚继光平倭牛田大捷 452 周年龙田专辑》。福清：福建省福清市民间文艺家协会，2014 年，第 87 页。

④ 朱文武访谈，2022 年 4 月 18 日，北京。资料存于采集工程数据库。

生要豁达面对生活，经历一些事情反而会刺激人更多的思考。生活上的稳定才能在学术上更有干劲，为此，张钹也曾为学生的恋爱、婚姻和家庭遇到的困难提供帮助。

其实，能成为张钹的博士生，本身就非易事。张钹所在的智能技术与系统国家重点实验室团队是清华大学计算机系里非常强的一支队伍，来这里读研究生竞争非常激烈，而张钹作为中国科学院院士，更是大家心目中的理想导师。因此，张钹团队也经常会招收到清华大学计算机系（或其他系）当年成绩排名年级前三名的本科毕业生。张钹的学生姚殊、张建伟、韩玫、黄兴亮（电机系）等，都是以全系第一名的成绩保博的，此外还有来自交叉院的优秀学生徐旻捷、谢凌曦和季剑秋等。[①] 外校的本科毕业生想跟随张钹学习更是不易。张钹从小学到大学成绩一直非常突出，他本人也对学生的成绩要求很高，认为优秀的成绩是做科研的重要保证之一。也正是对于选材的高要求，才能取得出色的成绩。但成绩并不是刚性标准，据张钹的学生景风回忆，他在清华大学读大三时曾向张钹表达了想跟他读研究生的意愿，张钹便把自己在《国际电气与电子工程师协会汇刊：神经网络》（*IEEE Transactions on Neural Networks*，*IEEE Trans. on NN*）发表的论文给了景风，让他去读一读。景风根据这篇论文，实现了张钹的算法并将它用到一些具体应用中，张钹对此颇为满意。虽然张钹得知景风的本科成绩并不突出，但他认为景风是可造之才，便同意接收他为自己的博士生。张钹并没有看错，景风在博士阶段发奋努力，毕业论文还被评为清华大学优秀博士论文。[②]

在张钹的培养下，他的博士生在学校的各项评比中名列前茅。学生孙富春的博士论文被评为2000年全国优秀博士学位论文，学生陈汐获2007年清华大学优秀博士学位论文一等奖，薛德军、景风、朱军、李崇轩等学生的论文也先后被评为清华大学优秀博士学位论文。张钹本人也因为在教育岗位上的出色表现而受到各级表彰，1991年他被评为北京市优秀教师，1993年获北京市普通高等学校优秀教学成果一等奖，2002年获"清华之

① 张钹访谈，2022年10月25日，北京。资料存于采集工程数据库。
② 景风：我的导师。见：《思想的力量》，2015年，第99-101页，内部出版物。

友——优秀教师奖励金"一等奖，2005 年获清华大学第八届"良师益友"荣誉称号，2009 年获得北京市学位与研究生教育改革与发展突出贡献奖，2013 年被授予"清华大学教书育人先进个人"称号，且多次因为指导优秀博士论文而获奖。

感 念 师 恩

一直以来，张钹都非常感激他的老师们在他学生阶段所给予的帮助，他曾专门撰文回忆自己的中学老师薛永香，也与曾经的老师许世晖一直保持着联系。张钹说："我从老师们身上学到很多对事业负责任的敬业精神"。正是因为张钹不忘师恩，才让他对于教师这个职业有着更深刻的理解，才能培养出一批批优秀人才。袁进辉说："张老师在每个方面都设立了一个天花板、都是一个标杆，激励着我们不断进步和努力，力争做出让张老师满意的成绩。"[1] 张钹的博士后袁培江出站后选择在北京航空航天大学工作，过硬的科研能力让他参与了与我国多款飞机有关的研发工作。在采访中，袁培江说："张老师以前曾参与了我国技术研发的多项第一，包括引进我国第一台机器人，而我在航空领域接过了张老师的'接力棒'，这是一种精神的传承。"[2]

学生们毕业后，张钹仍在各方面对他们给予帮助。张钹说："我有一个微信群叫'张老师组学生'，这个群里现在有 67 人，我的博士毕业生几乎都在这个群里，包括后来去国外发展的。他们一直是跟我有联系的，而且碰到问题，无论是工作还是婚姻，都和我沟通，希望给予指导。"[3] 曾有一位博士生准备辞去原来的工作下海创业，家人对此都坚决反对，但无法说服他。他的奶奶和母亲只好千里迢迢来到北京寻求张钹的帮助，因为她们

---

[1] 袁进辉访谈，2022 年 4 月 23 日，北京。资料存于采集工程数据库。
[2] 袁培江访谈，2023 年 3 月 9 日，北京。资料存于采集工程数据库。
[3] 张钹访谈，2022 年 8 月 2 日，北京。资料存于采集工程数据库。

深信只有张老师的话孩子才听得进去。张钹给予了她们很多建议，也圆满解决了这个问题，此后，这位学生每遇到重大的决策都会找张钹交流和讨论。"新竹高于旧竹枝，全凭老干为扶持"，很多学生在毕业后选择到高校工作，而张钹在提携后辈方面也是不遗余力。每当在其他高校任教的学生邀请张钹作报告或者是对学科建设提供建议时，张钹总是欣然同意，不曾拒绝。同实验室的林福宗老师说："张老师帮助过实验室的很多人。"[1] 张钹全心全意培养自己的学生，学生们也感念老师的恩情。每年张钹过生日的时候，分布在世界各地的学生都会单独或相约到老师家里看望他、为他庆祝生日。已经毕业的学生们与张钹一起聊天，从时政到工作体验、从社会到家庭趣事，天南海北无话不谈，此时的张钹与他们亦师亦友。

2008 年 10 月 28 日，在张钹从教 50 周年之际，他的学生自发组织了一个庆祝会，从各地（包括国外）回来参会的博士生（博士后）共 30 多名。因事来不了的学生精心制作了多媒体邮件，给大家送来了内容丰富、

图 7-4　2008 年庆祝张钹老师从教 50 周年合影（张钹提供）

---

[1]　应明生：张钹老师对我的影响和帮助。见：《思想的力量》，2015 年，第 89 页，内部出版物。

图文并茂的贺词与寄言，一方面表达对老师的感激与祝福，另一方面也介绍了各自的家庭与工作近况，与大家分享。庆祝会上，张钹作了充满感情的报告《我的五十年》，学生们向他献了鲜花与对联，对联写道："五千里因学为师，闻先生遍栽桃李扶天下。七十年以身立德，感后辈竭尽股肱报国家。"经师易得，人师难求，学生们的这副对联是对张钹为教育事业奉献的最好赞誉。2015 年，张钹八十大寿，学生们想为张钹准备一个隆重的仪式来庆祝，但淡泊名利的张钹不想大张旗鼓地办活动，最终决定以研讨会的形式来进行。4 月 11 日，"张钹院士从教 57 周年暨 80 华诞学术研讨会"举行。张钹的同事、朋友、学生等近百人参加会议，很多人专程从国外赶回来。苏航当时博士后刚入站，有幸参加了这次活动，他回忆说："回来的人非常多，大家交流着过往与张院士的点滴经历。我听后非常感动，张老师既在学术上有极强的敏锐性，又有强烈的家国情怀，这令我印象非常深刻。"[1] 计算机系的李建民老师之前也是张钹的博士生，毕业后一直在张钹的团队工作，并协助张钹培养博士生。这次正逢张钹八十寿辰，李建民为感谢师恩，便主动联系同门，大家一起为张钹做了一本八十华诞纪念册，题为《思想的力量》。[2] 题目来自曾经的博士生姚殊对于张钹的描述："张教授给人的第一印象是瘦。消瘦的身材，清瘦的脸庞。但你不觉得他单薄，因为在这清瘦里自有一种筋力。当他来回踱步、低头沉吟的时候，当他挥起

图 7-5　庆祝张钹院士八十华诞纪念册《思想的力量》

---

① 苏航访谈，2022 年 4 月 15 日，北京。资料存于采集工程数据库。

② 李建民访谈，2022 年 3 月 21 日，北京。资料存于采集工程数据库。

手向你阐述些什么的时候，你会感觉到一种力量，思想的力量……"① 也许，这就是学生们心目中的导师形象。纪念册中不但有张钹的学生撰写的回忆文章，还有张钹的部分照片和代表论文，细细阅读下来，体会到的是张钹对科研的不懈追求与在教育上的诲人不倦，是张钹"思想的力量"。

心 系 教 育

除培养自己的学生外，张钹对于清华大学乃至中国的人才培养也有着自己的思考。虽然从事理工科的研究，但张钹始终认为教育应该注意各方面的素质，培养综合性人才。张钹说："很多人都认为我每次的讲话不但能站在高的角度，还能深入浅出，这方面跟哲学肯定是有关系的。我认为我们大多数人都只能算是专家，如果要成为大师，必须文理皆通。"② 以张钹的专业人工智能领域举例，如果只局限于自己的研究方向，那么视野就会太窄，也无法对其他方向学者的工作有清晰的认识。因此，要想提高自己的理解力，就不能仅局限于自己专攻领域的知识储备。因此，张钹在业余时间也会看很多文学和艺术类的作品。也正因为张钹的广泛涉猎，文科院系和艺术院系也经常邀请张钹去做讲座，而听众也会给予积极的反馈，认为张钹的报告内容充实、观点新颖、条理清晰、论述透彻。

对于国内外教育的对比问题，张钹也非常关注，他曾说："我们国家的学生平均水平很高，例如清华大学的本科生，其平均水平甚至高于国外顶尖高校的水平，但我们学生的最高水平和国外的最高水平相比仍有很大差距。这其中的原因是与从小的教育分不开的，尤其是对于提出问题和发现问题能力的培养，也就是批判性思维能力的培养。"为了进一步说明，张

---

① 姚殊：孜孜以求，硕果累累——记张钹院士。见：福清市民间文艺家协会编，《福清民间文学 第 7 辑：纪念戚继光倭牛田大捷 452 周年龙田专辑》。福清：福建省福清市民间文艺家协会，2014 年，第 84—85 页。

② 张钹访谈，2022 年 8 月 2 日，北京。资料存于采集工程数据库。

钹举了一个简单的例子，他在美国的艺术馆曾观察到老师带着低年级的小学生去参观画展，这些高超的艺术作品似乎超出了小学生们的理解能力，但老师并没有直接给学生们讲解一幅幅名画，而是让学生们仔细观察，对名画发表自己的意见。对于他们提出的看法，有的或许很幼稚、很肤浅，但老师不会打击他们，而是不断地加以鼓励和引导。这实际上在无形之中锻炼了他们发现问题、敢于提出问题的能力。其实，中国学生在解决问题的能力上并不差，从小学起就打下了良好的基础，在运用各种知识解决问题方面并不比国外差，但欠缺的就是发现问题、提出问题的能力，这也是为什么张钹让博士生们去锻炼寻找研究课题能力的原因。①

有一段时间，清华大学有些老师曾建议效仿国外高校，在博士生的毕业上进行严格的筛选，即有一定比例的博士生会因为无法达到高标准而不能毕业。张钹当时任清华大学学位评定委员会的副主席，对这种想法当即表示反对，认为时机还不成熟。张钹给出的理由是：中外对于"攻读博士失败"的认识很不同，这受到了文化环境的影响。为了进一步说明自己的观点，张钹分享了自己在伊利诺伊大学厄巴纳－香槟分校访学时所观察到的例子。在他所访问的 CSL 实验室里有一位美国博士生已经读了 8 年，由于一直做不出像样的成果，无法继续读博，便去找工作。可与我们认知相悖的是，博士生自己并没有太多沮丧，而不少用人单位在招聘时也非常愿意聘用他。这让张钹感到很奇怪，他便与招聘该博士生的企业交流，询问原因。得到的答复是："他有 8 年的工作经验。"这番话令张钹有很大的触动，按照中国的传统观念，一个 8 年没能拿到博士学位的失败者，很难有单位愿意接受他。由此可见，不仅需要"允许失败"，还要创造"经得起失败"的环境，这样才有可能实施"严出"的淘汰机制。目前国内环境还达不到这个要求，会议经过讨论一致认为不宜推动这种机制。②应当说，张钹敢于讲真话、说实话，正视差距正是为了迎头赶上。2014 年，计算机系启动人事制度改革，期望推动建设世界一流计算机学科和教师管理制度，张钹在全系大会上代表老教师发言。他认真分析了当前国家体制即社

---

① 张钹访谈，2022 年 8 月 2 日，北京。资料存于采集工程数据库。

② 张钹访谈，2022 年 10 月 17 日，北京。资料存于采集工程数据库。

会大环境，特别强调了学校人事制度改革面临的困难和问题，并对学校改革与国家、社会体制同步变化给予了期望。

对于如何缩小国内外教育方面的差距，张钹认为树人是百年大计，需要将视角放得长远一些，不能急于求成，这其实需要经过几代人的努力。如果只顾及眼前的利益，就会与教育的发展规律背道而驰。科学研究，特别是基础科学研究也是一样，一味地追求眼前的效果，也会导致其无法安心地着眼长远的科学研究。在教育学生时，张钹常常强调不要因为当下的效果好，就盲目跟风研究，而是要尝试一些新的东西，探索未知的领域，虽然会有风险，但将来会受益匪浅。李飞飞是人工智能领域著名的女科学家，她在斯坦福大学任教期间曾组织自己的团队建立大型图像库 ImageNet，目前是世界上最大的图像识别数据库。虽然这项工作较为烦琐，建库也很难发表高质量的学术论文，但其完成后的影响却是深远的。率先建好图像库就在该领域抢占了先机，广泛的人群开始使用该图像库，无形中起到了引领研究方向的作用。张钹与李飞飞相熟，也经常以她的例子来激励实验室的老师和学生，希望他们能够在这方面努力，尝试按照研究的需要去建立自己的数据库，以引领新的研究方向。[①]

对于自己对教育问题的设想，张钹也尝试通过实践去检验。2008 年，袁进辉与其他几位博士一起选择在张钹的团队做博士后。当时张钹认为清华大学应该做一些原创性的研究，而不是仅局限于跟踪国外的成果，就与几个博士后商量，询问他们是否有胆量去探索新的领域。虽然当时的外部大环境还不具备，但张钹还是会在自己的能力范围内为他们提供一个相对宽松的空间。袁进辉果断同意，选择研究脑科学、深度学习相关的问题，这在当时并不被人们所重视。选择冷门方向势必会有风险，最终由于论文数不满足要求，袁进辉在中期考核时遭到了质疑，但张钹却帮助自己的弟子顶住了压力，并和评审者解释他研究方向的意义和创新性研究的不易。虽然由于个人原因，袁进辉在博士后出站后没有留在高校任教，但这段经历让他受益匪浅，他依然很感激张钹的帮助，而他所研究的内容也让

---

① 张钹访谈，2022 年 10 月 17 日，北京。资料存于采集工程数据库。

他在国内走在了当时同行的前面。[①]从教60余载，张钹一直推崇终身学习。2010年，学生吴俊从荷兰回国，在北京与张钹相聚。聊天时张钹无意中说起自己前一阵在阅读论文的时候，某些地方感到有些困难。于是，他利用暑假期间找来一本有关概率论的教材，把书后面的部分习题做了一遍。这令当时的吴俊感到惊讶，院士级别的老师能在75岁的年龄抽空做一做数学练习题以防止自己的知识生疏，似乎很难再找到第二位。吴俊很受感触，他也明白了"学习"确实是一个终身的过程。

张钹曾说："大学毕业后留校当老师，教书成为我的职业，于是我的理想变成当一名优秀的大学教师。我究竟实现了我的理想了吗？我想，是的。因为多年来我不仅在计算机科技领域的研究中作出了一些贡献，更为重要的是培养了一批优秀的人才。"60多年的实践清楚地表明，教师这个岗位是张钹的挚爱！清华园中，桃李芬芳！

---

① 袁进辉访谈，2022年4月23日，北京。资料存于采集工程数据库。

第八章
家国情怀

国之所需，吾辈所向。无论是张钹开始工作的前 20 年投身于自动控制学科的教学与科研，还是后来转向计算机应用技术和人工智能，事业上的变化从根本上来说都是与国家的发展变化紧密相连的。在张钹身上，有着对国家富强和人民幸福的高度责任感和使命感，他相信知识、科学对于人类、对于国家、对于人民一定是有益的。他深深热爱着自己的国家，也热爱着自己的故乡。

科 技 报 国

早在张钹进入清华大学读书时，他就立志能成为"红色工程师"，憧憬着成为祖国的建设者。在走上教师岗位后，"科技报国"的理想从未改变。张钹不但认真完成了学校布置的科研任务，而且主动探索新的研究方向，带领学生进行科研攻关。也正是在张钹等老师的努力下，人工智能学科才能在清华园中"开花结果"。"达则兼济天下"，当张钹在人工智能领域不断地有新成果产出时，他也开始帮助其他学校进行学科建设。张钹常说："只要对国家发展有益的工作我都会尽职尽责地去完成。"的确，全国高校整体科研水平的提升才有利于科技强国。

20世纪90年代末，院士作为其他高校兼职教授的情况较为普遍，通过开设讲座、课程或是提供专业指导的方式，高校与院士之间形成了一种合作共赢的关系。但是，兼职的学校太多就会导致院士在个别院校的合作上蜻蜓点水，效果不佳。张钹在成为中国科学院院士后也收到了许多高校的邀请，但他很快认识到上述问题所带来的弊端，因此非常慎重。对于此问题，张钹还是秉承了自己一贯的作风，他说："只要我答应去帮助这所高校，我就一定会认真做好。"2004年，河南科技大学的老师、清华校友张海涛来到清华大学计算机系，希望请到一位老师为河南科技大学相关的学科发展提供帮助。当时的河南科技大学刚由多所专科学校合并成立，学校实力在河南省内都不算出众。时任清华大学计算机系党委书记的杨士强得知张海涛的请求后，当即让他联系张钹，"只要张钹老师去了，这个问题就能解决"。对于这项工作，张钹没有犹豫，欣然地接受下来。2004年10月25日，张钹受聘为河南科技大学兼职教授、共享院士、信息工程学院名誉院长。他很快就到了洛阳，与该校信息工程学院的院长普杰信商讨学科建设。授人以鱼，不如授人以渔，张钹认为："由于我不可能每年去那里工作很长的时间，所以如果仅仅依靠我自身的力量，我所能做的工作就非常有限，而且我离开后这些工作也就不能再继续进行。因此，我去那里最主要的任务就是依靠当地的队伍把团队建设好，只有把当地的干部培养好，把团队建设好，才能够真正地落实学科建设的目标。"[①] 团队成立后，河南科技大学又因没有研究课题而很难开展科研工作，张钹与普杰信院长讨论之后，认为应结合洛阳的特色，可以在龙门石窟的保护工作上下功夫。随着科技的进步，对于石窟的保护已经不限于防止风沙侵蚀，及时地对石窟塑像进行数字化，为未来的修复工作提供支持已显得越发重要。为此，张钹专门与普杰信一起找到了洛阳市的领导，解释相关工作的重要性，这项工作很快就得到了市里的支持，普杰信团队也在该领域作出了很多出色的科

---

① 张钹访谈，2023年2月8日，北京。资料存于采集工程数据库。

研成果。此外，为了提升团队成员的能力，张钹还帮助他们赴清华大学进修，成员霍华就曾在张钹的组里做过两年博士后。在张钹指导下，河南科技大学的学科建设快速发展。2006年，该校计算机应用学科获批河南省重中之重的重点学科，学院获批建立智能技术与系统河南省重点学科开放实验室。2011年，信息工程学院获批计算机科学与技术、控制科学与工程、信息与通信工程三个一级学科硕士学位授权点，三个学科均获批河南省重点学科，计算机本科专业获批国家级特色专业。河南科技大学的控制科学与工程学科于2013年获得一级学科博士学位授予权，并于2019年获批国家国防特色学科，进入 ESI（基本科学指标数据库）全球前 1%。[①]

图 8-1 2004 年张钹受聘为河南科技大学兼职教授、信息工程学院名誉院长（左二普杰信。张钹提供）

此外，张钹还在 2004 年受厦门大学校长陈传鸿的邀请，作为兼职教授帮助厦门大学提升计算机学科的实力，并在 2009 年成功建立了博士点。2007 年，张钹开始在山西大学计算智能与中文信息处理教育部重点实验

---

① 张钹访谈，2022 年 10 月 25 日，北京。资料存于采集工程数据库。

室兼职工作（2007—2016年任实验室学术委员会主任，2017年至今任学术委员会委员）。2015年，张钹被上海交通大学聘为兼职教授，与该校吕宝粮教授合作，在建立智能交互与认知工程上海高校重点实验室中提供指导与帮助。在张钹的协助下，烟台大学的陈守孔、厦门大学的李堂秋、山西大学的李德玉都分别建立了自己的科研团队，张钹与他们一直保持着联系，而这些团队也非常感激张钹的帮助与付出。一花独开不是春，正是张钹对所兼职高校工作的重视，才使得人工智能相关学科能够在全国"百花齐放"。①

对于与国家发展相关的工作，张钹更是高度重视。在担任国家"863"计划智能机器人主题专家组成员期间，张钹将很大一部分精力用在了智能机器人方面的研究上。他一方面研究如何把人工智能的方法应用于机器人，另一方面又从实践中提炼新的理论问题，就是这样把理论和应用有机地结合起来，使张钹在两个方面的研究中不断地取得进展。1993年12月，张钹研究的"机器人规划理论及其控制技术"获电子工业部颁发的科技进步奖一等奖。2012年，为推广我国北斗导航系统的应用，中国卫星导航定位协会成立了专家委员会，以便评审优秀的应用项目并颁发科学技术奖。由于需要人工智能领域的专家作为评委，张钹被邀请加入了专家委员会。虽然在委员中资历很高，但张钹对这份工作也极为负责，因为他了解评奖的目的正是为了鼓励应用北斗系统，而应用的推动对于一项技术来说是至关重要的。于是，每次评审会议张钹都会参加，并就评奖发表自己的意见。2020年9月，张钹获得了中国卫星导航定位协会颁发的25周年卓越贡献奖，虽然张钹并不是该

图8-2　2020年中国卫星导航定位协会25周年卓越贡献奖证书（张钹提供）

---

① 张钹访谈，2022年10月25日，北京。资料存于采集工程数据库。

领域的专家，但是他为科技强国所不断贡献的力量让这个奖项实至名归。①

回 报 家 乡

早在 1983 年，张钹就随清华大学的团队赴福建与当地政府建立了战略合作伙伴关系。此后，张钹与福建省就一直保持着密切联系。对于自己对家乡福建的贡献，张钹觉得有两件事他最为看重。

第一，人才培养。2001 年到 2005 年，张钹所在的智能技术与系统国家重点实验室通过清华大学与福建省的高校建立了合作关系，具体的项目是福建省高校的骨干教师可以来该实验室进修，进修时间从半年到两年不等，此举主要为了推动福建省高校人工智能相关学科的师资培养。5 年间，到智能技术与系统国家重点实验室进修的教师有 40 多位，他们都来自福建省所属的大学或者学院，最多的是福州大学，其他学校还包括福建师范大学、华侨大学、闽江学院等。进修教师的年龄普遍集中在 40 岁上下，很多已经具有了副教授的职称，因此他们在进修后返回原所在学校立刻就成了该学科的重要带头人。张钹说："他们来到我这里进修，我主要给他们两个任务。一个是教学方面，希望这些老师了解清华大学怎样进行学生培养。我建议他们听两种类型的课，一种是精品课，听精品课的目的是了解清华大学优秀课程的教学特点，从而学习教学方法与经验。另一种是与他自身专业相关的一些课程，主要是研究生课程，比如人工智能或者计算机视觉等，听这些课程可以获得更多的专业知识，提高进修者的专业水平。"② 除教学外，张钹给进修教师们的第二个任务是参加相关的科研工作。由于智能技术与系统国家重点实验室承担了各类重要项目，研究的课题也多是国内甚至国际前沿的，参与科研可以使进修教师了解国家发展对科研的需求。张钹认为："参与科研主要的目的是了解我们国家关心什么

---

① 张钹访谈，2023 年 2 月 8 日，北京。资料存于采集工程数据库。
② 张钹访谈，2022 年 10 月 17 日，北京。资料存于采集工程数据库。

事情，正在做什么事情，这对他们以后科研方向的选择很有帮助。"到清华进修的机会来之不易，教师们都非常珍惜。之前，福建省高校相关学科的发展并不顺利，教师们也很难申请到项目和经费，而在清华大学参与了科研工作之后，进修教师们返回原学校会根据所学到的内容申请省市的项目，对于国家科研需求的了解成为他们的优势，而这些项目也推动了学校的发展。后来，这些在清华大学进修学习的老师很多都成了所在学校的系主任、院长，有的还做到了副校长。其实，对于福建的教育事业，张钹一直非常关心。早在 20 世纪 90 年代末，在张钹的推动下，福州大学与清华大学就建立了合作培养师资项目，福州大学的教师可以到智能技术与系统国家重点实验室攻读博士，学成后返回福州大学任教。[①] 叶少珍就受益于此项目，他跟随张钹攻读博士学位，回原单位后担任过福州大学数学与计算机科学学院副院长。[②] 此外，一有机会，张钹也会回到福建，传播科学思想与科学知识。2014 年，福建省委教育工委、省委宣传部等 8 部委联合在高校开展"走近名家走近经典走近科学"系列活动，张钹率先在福建工程学院做了《科学精神，科学创新与大学生人文精神提升》的专题报告，受到师生热烈欢迎。

第二，促进当地产业的发展。20 世纪 70 年代以前，由于福建省还属于前线地区，所以在发展上相对缓慢。实际上，福建的人才并不少，但由于产业的滞后，大学毕业的优秀人才回福建很难找到相应的工作，所以多在省外。张钹就属于这一类人才，他们非常了解自己家乡面临的困难，所以虽然在外地工作，却一直想找机会带动福建的产业发展。改革开放让福建的发展迎来了转机，也让福建人才有了回馈家乡的通道。80 年代，在清华大学计算机系建立智能机器人实验室时，他们为购买机械臂 PUMA 560 曾与福建省计算机技术研究所合作，同时利用福建省对外开放的条件合作研究机器人。虽然后来这项计划因为当时条件的限制实施得不理想，但张钹与福建当地的学者建立了密切的联系。另外，由于福建省对人才的需求

---

① 张钹访谈，2022 年 10 月 17 日，北京。资料存于采集工程数据库。

② 叶少珍：张钹院士对福建人才栽培与产业导航——写于张钹院士 80 周年华诞之际。见：《思想的力量》，2015 年，第 85–87 页，内部出版物。

比较大，福建省各级政府对此都非常重视，希望能够发挥福建籍专家的特长，帮助福建做一些工作。2002 年，闽籍两院院士总数在全国仅次于江苏和浙江，其中有许多是我国现代科学技术领域的开拓者和奠基人。因此，为了给院士、专家提供为家乡的经济建设服务的通道，从 2001 年开始，开展了"闽籍院士团八闽行"活动。通过邀请院士们在高校作报告、在企业中调研，充分实现建言献策的目标。张钹对此活动非常支持，并多次参加。[①] 2001 年 9 月 6 日，厦门市举行"科教兴市"院士座谈会，作为"闽籍院士团八闽行"的第一站。张钹参加了会议，并在会上指出"厦门应当以软件和集成电路为核心发展电子信息产业，在定位方面，要从实际出发，重点发展应用软件"。[②] 可以看出，对于福建的发展，张钹总是不遗余力地提出自己的想法，他作为福建省和厦门市政府的科技顾问，积极促进福建省战略性新兴产业和高端产业对接，助推海峡两岸高新特技术产业带建设。2010 年 5 月，张钹在福建伊时代科技信息有限公司签约设立福州市第一家院士工作站，开展互联网视听节目监管系统、互联网内容监管及取证系统等项目开发。2014 年 5 月 25—28 日，第十届中美工程技术研讨会——海峡两岸工程技术研讨会在福州召开，张钹主持会议，并协助邀请与组织中外专家。2015 年 4 月 17 日，由清华大学、台湾新竹清华大学、厦门市政府三方联合建设的清华海峡研究院与清华海峡研究院人工智能研究中心在厦门火炬高新区同时揭牌。张钹任清华校友总会人工智能产业联盟理事长，并亲自挂帅出任清华海峡研究院人工智能研究中心主任。其宗旨是：合清华之力，联合产业力量，共同推动中国人工智能产业的发展壮大。对于这些闽籍专家，福建省政府也特别重视。2009 年至 2012 年，福建省驻京办事处每年都会召集在北京的院士和专家开一次座谈会，当时的省委书记卢展工、孙春兰等亲自报告福建的情况，与专家进行交流，征求意见。到了春节，福建省的院士办也会送来福建省的特产水仙花，让远在

---

① 张玉钟：院士星辉耀八闽——我省发挥闽籍院士作用系列活动综述。《福建日报》，2002年 1 月 11 日。

② 洪涛：闽籍院士献出金点子。《厦门日报》，2001 年 9 月 6 日。

他乡的专家也能感受到家乡的气息。①

图 8-3 2014 年张钹（第一排左六）参加第十届中美工程技术研讨会——海峡两岸工程技术
研讨会时的合影（张钹提供）

在福建省众多的产业活动中，最重要的要数张钹对福耀集团的支持。2015 年，福耀集团在业内率先提出"将工业 4.0 落户福耀"的理念，并开展新一轮的智能化提升工程，主要目的是将机器人、人工智能等技术引入其生产线中，从而提高产业的科技含量。福耀集团的董事长曹德旺也是福清人，他之前就曾在家乡听说过张氏家族，对张钹也有一定的了解，因此他立刻就想到了张钹，希望得到帮助。2016 年 4 月 27 日，张钹应邀到访福耀集团，为福耀集团高管和员工代表作了主题为《机器人与人工智能》的学术报告。对于福耀集团的诉求，张钹也认为可以提供支持，同意合作。当天，曹德旺亲自为张钹颁发了福耀集团玻璃工程研究院高级顾问聘书。同年 6 月 29 日，为进一步深化合作，福耀－清华院士工作站挂牌成立，以方便张钹等专家来福耀集团交流合作。② 当时工信部也计划推动智

① 张钹访谈，2022 年 10 月 17 日，北京。资料存于采集工程数据库。
② 颜阵寒：福耀－清华院士工作站揭牌仪式举行。《福清侨乡报》，2016 年 7 月 4 日。

图 8-4　2016 年曹德旺为张钹颁发福耀集团玻璃工程研究院高级顾问聘书（左四张钹、左五曹德旺。张钹提供）

图 8-5　2016 年福耀 – 清华院士工作站揭牌仪式合影 [左三王进足（福清市委书记）、左四黄必清、左六薛其坤（清华大学副校长）、左七张钹，右四李建民、右七曹德旺。张钹提供]

能制造的发展，希望提升产业的智能化和信息化水平，因此发布了相关的指南，号召各个企业申请项目。福耀集团之前没有申请过国家的项目，在张钹的帮助下，他们成功申报了工信部2016年度智能制造综合标准化和新模式应用项目"提升高附加值功能化汽车玻璃制造的智能工厂建设"，获得了国家财政4500万元的投入，主题是全方位应对"智能化、功能化高技术玻璃"的技术需求、"个性化设计与多品小批定制"的市场需求，以及"国内标杆企业提升为国际标杆企业"的战略需求。面对国家的大力支持，福耀集团当即配套了2亿元资金，决心将项目做成。张钹对于这个项目也非常重视，他专门找到自己的学生、当时已经在清华大学自动化系任教的黄必清，其主要研究领域就是生产过程的自动化。通过张钹的联系，黄必清与福州大学计算机学院的叶少珍团队结合起来，成立了专门的研究队伍，直接进厂与工厂的技术人员一起进行科研攻关，张钹也经常对遇到的问题进行指导。在项目执行的两年多时间内（2016年8月—2018年12月），联合团队研究设计了我国汽车玻璃行业智能工厂系统的参考模式、技术要素、集成方法和标准规范体系，实现了智能工厂和企业级信息系统的集成，取得了预期的节能增效、能力提升等企业关键核心效益（企业生产效率提升46.17%，能源利用率提升12.52%，企业运营成本降低30.86%，产品不良率降低64.7%，产品研制周期缩短51.9%），申请发明专利27项，取得软件著作权6项，形成国家标准草案3项、企业标准14项。该项目于2018年12月5日顺利通过工信部组织的验收，并在验收后再次获得国家财政奖励资金4500万元。时任工信部部长苗圩在听取了关于福耀智能制造建设的汇报后表示，福耀集团在智能制造方面所作出的努力和取得的成果令人振奋，勉励福耀集团继续做大做强，为"中国制造2025"贡献自己的力量。这个项目也帮助了福州大学，一支研究生产过程自动化的专业队伍在参与科研中逐渐建立了起来，并得到了充分的锻炼。[①]

张钹的家乡福清是著名的侨乡。2022年，福清市本市常住人口有140多万，而福清籍的海外华人华侨就有160万，其中以在东南亚工作和定居

---

① 张钹访谈，2022年10月17日，北京。资料存于采集工程数据库。

的为最多。福清人有着非常深的家乡情结，很多华侨会在家乡办学、建医院，即使身在外地，福清人也经常一起聚会，联络感情。由于侨胞众多，以林绍良为代表的华侨领袖在 1988 年成立了世界福清同乡联谊会，这是

华人华侨最早在海外自发组建的县域乡亲世界性社团。2000 年元宵节，张钹与弟弟张铃、张锻应邀回到家乡，参加第三届世界福清同乡联谊会。张钹在大会上发言时说："福清的山山水水留下我少年时代的足迹，留下刻骨铭心的

图 8-6 2000 年张钹与两个弟弟参加第三届世界福清同乡联谊会（左起：张锻、张钹、张铃。张钹提供）

往事和梦想。如果能在有生之年为故乡奉献绵薄之力，那将是十分愉快、幸福的。"张钹在该届会议上当选为联谊会副主席，此后他也一直蝉联副主席的职位，一直到 2009 年，在雅加达举行的第六届世界福清同乡联谊会会议上，张钹因为工作较忙而无法兼顾副主席，改任主席团顾问。① 世界福清同乡联谊会为福清人做了很多好事，包括帮助困难企业与困难同乡，为福清市的活动提供赞助等，而张钹也积极参与其中。2010 年 12 月 26 日，福清建市 20 周年，张钹与 150 余位国内异地商会代表以及来自世界各地的1100 多名融籍商界精英汇聚福清，参加以"弘扬融商精神，推进激情创业"为主题的首届融商大会，共商发展大计，张钹还受邀在大会上发言。

　　凭借对家乡福建的突出贡献，张钹也获得了很多荣誉表彰。1999 年12 月 19 日，福建省第十届王丹萍科技奖颁奖大会在福州华侨大厦隆重举行，张钹凭借成果"人工智能问题分层求解理论及应用"荣获王丹萍科学奖二等奖，成为该届王丹萍科学技术奖最高获得者，也成为第一个获此殊

---

　　① 张钹访谈，2022 年 10 月 17 日，北京。资料存于采集工程数据库。

荣的不在福建工作，但对推进福建科技进步有突出贡献的闽籍科学家。该奖项获奖者的事迹还被编入书籍《科技闽星谱》，鼓励福建的科技工作者向他们学习。[1]从2003年开始，福建省每年6月18日都会在福州市召开中国·海峡项目成果交易会，简称"6·18海交会"，经常邀请闽籍院士和专家，张钹多次参加会议，为福建企业发展献计献策和提供帮助。2012年6月，在第十届"6·18海交会"上，张钹被授予中国·海峡项目成果交易会"6·18突出贡献奖"，以表彰他在推进科技成果与福建企业对接、加快科技成果向现实生产力转化方面的成绩。[2]

情 系 母 校

　　谈及对于自己成长影响最大的三个方面，张钹曾说是家庭、中小学和清华大学。书香门第的家庭背景培养了张钹对知识的热爱，父母的教诲也让张钹懂得了做人的道理。读中小学的阶段正是张钹的少年时期，这个时期的经历决定了其人格的形成和理想的建立。清华大学最终影响了张钹的整个职业生涯，他一直在清华大学任教，为清华大学的发展呕心沥血。当张钹在科研中屡创佳绩时，他始终记得母校对他的培育之恩，张钹常说："人们都说清华大学的学生聪明、优秀，清华大学也因此享誉国内外。是清华大学的优秀老师培养了优秀的清华学生吗？不完全是。这很大程度上要归功于那些默默无闻的中小学教师！是他们，给名牌大学输送了一批又一批优秀的学生，输送了一个又一个将来可能会成为各行各业拔尖人才的学生！"对于中小学对自己的帮助，张钹也曾表示："我觉得自己在今天能够有一些成就，和中小学的教育是绝对离不开的。因为在高中毕业时我已经18岁了，很多习惯和看法都已成型，所以这很大程度上取决于我在童

---

　　[1]　陈明义：科技闽星谱　福建省王丹萍科学技术奖获奖者报告文学集2。福州：福建科学技术出版社，2000年。

　　[2]　王钦法：张钹：中国人工智能领域先行者。《福清侨乡报》，2021年5月27日。

年和少年时期受到的教育。"① 因此，他每次返回故里，总会抽出时间回到母校，了解学校的现状和发展，鼓励在校师生不断进步。

历经数十载，张钹的母校都已更换了名字，曾经受教的龙田融美毓德联合小学、融美初级中学、福州英华中学，现已分别改为龙田中心小学、福清第三中学、福建师范大学附属中学。印象中，张钹第一次回母校福清第三中学是 1983 年 7 月和弟弟张铃一起回去的，见到了小学时的国文老师薛惠光（后来到福清三中任教）和老同学张在厚（后为福清第三中学老师）。而印象最深刻的是 1991 年 9 月 29 日，当时福清第三中学即将迎来建校 100 周年纪念日，张钹偕同大哥张铙、弟弟张铃、张锻，四兄弟一起回到母校。此时，四人都已在事业上有所建树，张钹是清华大学教授、智能技术与系统国家重点实验室的主任，张铙是兰州铁路局高级工程师，张铃任安庆师范学院院长，张锻则是上海电子真空研究所所长、高级工程

图 8-7 张钹兄弟四人回到共同的母校福清第三中学（张钹提供）
[左起：张锻、张在厚（张钹中学同学，时任福清第三中学高级教师）、王钦法（张钹堂妹夫，时任福清第三中学办公室主任）、张铙、施祖振（时任福清第三中学校长）、张钹、张铃、王力（张钹外甥）、张琦（张钹堂妹，时任龙田镇卫生院副院长）]

---

① 张钹访谈，2022 年 10 月 17 日，北京。资料存于采集工程数据库。

师。① 福清第三中学的领导非常重视，邀请他们为学校发展和即将到来的百年校庆献计献策。1992 年，福清第三中学举行百年校庆的时候，张钹因为出差在外未能参加。校庆过后，张钹又在 1994 年特地回到母校，找到他读初中时的老师和校长，深情回忆早年的学习经历。1995 年，张钹当选中国科学院院士，他更是成为母校的杰出校友和家乡福清的名人。②③

2002 年，是福清第三中学建校 110 周年。在校庆前夕，张钹多次跟学校领导联系，希望能够为母校的发展建设尽自己的力量。当时的校长王钦法便和张钹汇报了学校的需求。原来，福清三中想按照一级达标的学校规格建一座科学楼，便于学生以后进行实验学习，但是当时建设资金比较紧缺，工程难以按期完成。张钹听后，当即表示尽力帮助学校。2002 年 3 月下旬，张钹致信时任福建省人民政府省长的习近平同志和省委书记宋德福同志，表示听了他们之前的讲话感到非常鼓舞，张钹说："福建是我们的家园，是我们的根，所以促进福建的科技教育发展责无旁贷。"在信中，张钹也反映了希望加大对福建省中学投入的问题，以促进学校建设。后来，福清三中的科学楼建设得到了省政府的支持和校友的捐赠，顺利落成，并被命名为"国龙科学楼"。福清三中 110 周年校庆时，张钹特地回到母校，参加了校庆活动，并且为他曾经出力献策的国龙科学楼剪彩，当天下午他还为母校的部分师生举办了科普讲座。④⑤ 2006 年，张钹更是携妻子及儿子回到故乡，不仅看望了龙田镇的亲人，参观了张氏宗祠，还特地带他们在母校的校园里走一走，希望儿子也能够感受父亲当年读书的岁月。儿子张淮从小在北京长大，对福清比较陌生，这次能够来到家乡令他十分难忘，而福清人勇于开拓的奋斗精神更使他倍受鼓舞。⑥

对于子女的发展，张钹会给出自己的建议，但也尊重他们的选择。张淮从清华大学毕业后到美国伊利诺伊大学攻读硕士学位，张钹认为他在学

---

① 张钹访谈，2022 年 10 月 25 日，北京。资料存于采集工程数据库。
② 张铣访谈，2022 年 7 月 15 日，福清。资料存于采集工程数据库。
③ 王钦法访谈，2022 年 7 月 15 日，福清。资料存于采集工程数据库。
④ 同②。
⑤ 同③。
⑥ 张淮访谈，2023 年 2 月 21 日，北京。资料存于采集工程数据库。

图 8-8　2002 年张钹参加母校福清第三中学建校 110 周年庆典活动（张钹提供）

图 8-9　2006 年张钹与妻子、儿子在福清第三中学石厝前合影（左起：张钹、房景蕤、张淮。张钹提供）

术研究上很有天赋，希望他能继续读博士，并走上学术道路。为此，张钹还连续给远在国外的儿子写了 10 封长信，陈述自己的观点，劝儿子做学术。但张淮志不在此，硕士毕业后他选择留在美国的甲骨文（Oracle）公司工作。张钹见儿子有如此决心，就没有强求，并支持张淮的决定。张淮在美国工作期间，父子之间也常用电子邮件沟通，每逢张钹赴美国交流访问，他也会抽空与儿子小聚，聊聊工作与生活。2005 年，张淮回国创业，由于他为人和善，因此结交了很多朋友，大家都愿意在生意上与他合作。张钹认为儿子做出了适合自己的选择，也为他骄傲。对于父亲在自己心目中的形象，张淮生动地打了个比方：对一个人的认识好比是坐标系当中的一条曲线，横坐标是时间，纵坐标是对他的评价，而子女对父母的认识往往会随着子女年龄的增长和能力的增强而有所降低。但是，张钹在张淮心中的这条"曲线"却始终维持在了非常高的位置。"从事后看，父亲曾经的决定几乎都是最好的决定，正向的决定。"一直以来，张钹在生活习惯、言谈举止、为人处事等方面都为子女树立了一个标杆。[①] 张钹是一个将亲情看得很重的人，有时他到福州参加活动，会抽空回到福清，回到龙田，去看望他的姐姐，帮她们解决一些生活上的问题。对于自己的长辈，尤其是二叔、三叔，张钹也会时常去探望。张钹回到家乡，从来不讲究排场，不要求任何新闻报道，对名利也毫不看重。有时顺路访问福清，便主动拜访当地领导，提出自己对于福清发展的一些建议，谈论后便离开当地，完全不需要任何招待。[②③]

2018 年，福清第三中学在全省高中评估中一级达标，已经 83 岁高龄的张钹又与弟弟张铃、张锻相约回到母校，对广大师生勖勉有加，殷切希望母校发扬传统，与古为新，办学水平更上一层楼！福清第三中学 130 周年校庆时，因为疫情影响，张钹不便前往祝贺，但仍专门撰写贺词发给母校，他写道："百卅春秋，谱写教育绚丽华章；再接再厉，共创母校辉煌明天。"张钹一直在用自己的行动来回报母校。2012 年，福清第三中学校长

---

① 张淮访谈，2023 年 2 月 21 日，北京。资料存于采集工程数据库。
② 张铣访谈，2022 年 7 月 15 日，福清。资料存于采集工程数据库。
③ 王钦法访谈，2022 年 7 月 15 日，福清。资料存于采集工程数据库。

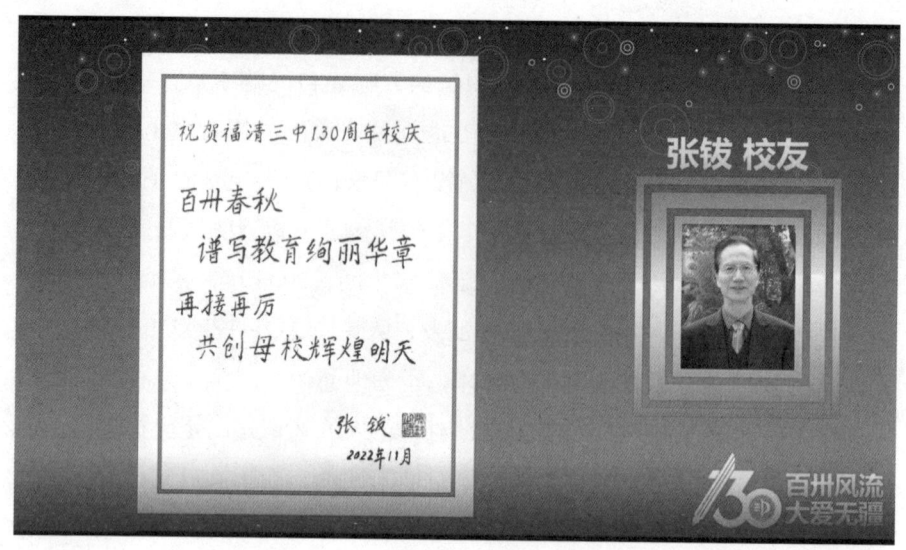

图 8-10 张钹为母校福清第三中学 130 周年校庆所题贺词（张钹提供）

王钦法主编了一本校本教材，题为《群星璀璨》，主要列举了校友中的名人，以向广大学生进行校史教育，张钹就在其中。在校门口的道路旁，学校还设立了杰出校友的风采栏，张钹的照片与主要事迹不断激励着学生们向这位优秀的前辈学习。[1][2] 对于自己的高中英华中学，张钹也多次到访。张钹说："平时我回福建的时候都会找机会到学校去看看，因为我们也算是这些学校培养出来的有一点成就的人，所以校长或者其他领导还是很重视我们工作的，希望我们回去能和后辈的学生们讲一讲，因此我也是努力去做。"2011 年，张钹与另外两位英华中学毕业的院士（卢耀如、郭孔辉）一起，受邀为他们的学弟学妹们座谈，分享他们的人生经历，并鼓励后辈发奋努力。

人生因追求而壮丽，正是对家乡、对国家的热爱，让张钹在人工智能的发展道路上攻坚克难，屡创辉煌。张钹一代科学家身上彰显出来的家国情怀和奉献品质，是中华民族砥砺前行的精神动力！

① 张铑访谈，2022 年 7 月 15 日，福清。资料存于采集工程数据库。
② 王钦法访谈，2022 年 7 月 15 日，福清。资料存于采集工程数据库。

图 8-11　2011 年张钹回母校（原英华中学）参加建校 130 周年院士座谈会（左起：卢耀如、
郭孔辉、张钹。张钹提供）

第九章
学术长青

2021 年，张钹获得了该年度清华大学"老有所为"先进个人称号，这个奖项是清华大学表彰学校内虽已离退休却还能作出巨大贡献的老教师的。当 21 世纪开始进入第二个十年时，张钹已经 75 岁高龄了，然而年龄在他身上被证明了"只是一个数字"。张钹的学术生涯一直常绿长青，他也在之后的岁月中不断地在自己的岗位上发光发热。

终身成就奖

2015 年 1 月 31 日，以"责任·创新·奉献"为主题的中国计算机学会（China Computer Federation，CCF）颁奖大会在北京举行，张钹因在计算机领域有着卓著成就和巨大贡献，获得了中国计算机学会颁发的"中国计算机学会终身成就奖"（该奖项仅授予 70 岁以上的科技工作者）。张钹在获奖时说："今年我 80 岁了，减去 60（一个甲子），正好 20 岁，我正当年，我希望再做些事，无愧于这个奖项。"这个奖项，是对张钹在人工智能领域贡献的最好肯定，虽然 1995 年就已当选院士，但张钹从未因此而满足。2015 年，时任智能技术与系统国家重点实验室的主任朱小燕曾钦佩地说："无论是实验室师生，还是其他院校认识张老师的人，大家都说张老师是少见的'在功成名就之后依然在研究第一线的学者'。"[①]

图 9-1　2015 年张钹获得中国计算机学会终身成就奖（刘骁提供）

2018 年，在人工智能领域受到全世界广泛关注的形势下，张钹前瞻性地提出了要将清华大学与人工智能有联系的相关院系整合起来，成立清华大学人工智能研究院。于是，人工智能研究院组织了清华大学内的 18 个学院或系共同参与建设，其中不但包括计算机系、电子系、自动化系、精密仪器系等理工科院系，也有与社会科学、心理学相关的院系。2018 年 6 月 28 日，清华大学人工智能研究院成立，83 岁的张钹担任研究院首任院长，时任清华大学校长邱勇亲自向张钹颁发清华大学人工智能研究院院长聘书。清华大学在国内人工智能领域一直处于领先地位，这次成立人工智能研究院意在依托清华大学的优势学科，着力打造具有清华特色影响力的基础性、源头性的新高地，积极推进大跨度学科交叉融合，积极推进大

<hr>

① 朱小燕：序。见：《思想的力量》，2015 年，第 3 页，内部出版物。

范围技术与产业、学校与企业的融合，以推动我国人工智能向更深的层次发展。

图 9-2　2018 年清华大学校长邱勇向张钹颁发清华大学人工智能研究院院长聘书（张钹提供）

人工智能研究院下设 9 个研究中心，分别是基础理论研究中心、智能信息获取研究中心、知识智能研究中心、智能人机交互研究中心、听觉智能研究中心、大数据智能研究中心、视觉智能研究中心、智能机器人研究中心和自然语言处理与社会人文计算研究中心。这些研究中心并不是同时成立的，而是根据学科的发展，在时机成熟时分别成立。为了能够推进这个计划，张钹亲自和相关院系的老师进行了多次沟通，提供适合他们研究中心的信息，并与他们解释计划的细节。[1] 例如，朱文武老师在大数据研究方面较为突出，张钹便和他沟通，明晰原来的大数据分析已经进行得不错，但是如何把语义信息、知识加入数据分析中还需要突破。在张钹的支持下，大数据智能研究中心顺利成立。[2] 对于马少平所擅长的领域——信息检索与推荐，张钹建议将研究范围扩大，向智能信息获取的方向努力，

[1]　张钹访谈，2022 年 10 月 17 日，北京。资料存于采集工程数据库。
[2]　朱文武访谈，2022 年 4 月 18 日，北京。资料存于采集工程数据库。

于是成立了智能信息获取中心，由马少平任中心主任。[①]

张钹认为，清华大学人工智能研究院要想在世界范围内成为一流的机构，需要达到两个指标：一是培养的博士生生源中有 30% 来自发达国家；二是所有的研究人员中有 30% 来自发达国家。这两个 30% 代表着国际上对该研究机构的认可，也只有能吸引世界性的人才，才可以促进不同思想的交流。为此，张钹特地与学校沟通，希望学校能给予足够的编制，尤其是对于一流人才在职称上给予优待。张钹说："我们现在缺的是一流的人才，真正的人才不会把赚钱放在第一位，实际上也不会缺钱，如果他还因为薪资的问题去选择工作，那他肯定不是一流人才。更何况清华大学在研究经费上会给予足够的支持，因此我希望能有足够的名额，让人才在这里安心研究。"[②] 对于学校的发展，张钹也都是从学校的利益出发，不掺杂任何个人私欲。

为人工智能领域不断地付出与奉献，使张钹受到了同行的尊敬和爱戴。2010 年 10 月，因在粗糙集与软计算领域贡献突出，张钹获得了中国人工智能学会粗糙集与软计算专业委员会颁发的终身成就奖。2019 年 10 月，为表彰张钹在促进智能科学技术进步中作出的重大贡献，他又荣获吴文俊人工智能科学技术奖最高成就奖，这些奖项是对张钹科研生涯的充分肯定。为了让人们更多地了解人工智能，张钹也会通过讲座或参与电视台节目的方式来传播和宣传相关的知识，他曾说："我们做了 40 多年的人工智能，我们有责任也有义务向大家普及这方面的知识。"2018 年 9 月 21 日，张钹在中央电视台的节目《开讲啦》中演讲，题目为《走进真正的人工智能》。作为该节目"智能生活"系列的第一位嘉宾，张钹为学生们揭开了人工智能的"面纱"，他说："任何技术都是为了让人们的生活更美好，生产与经济更好发展，这就是我们人工智能追求的终极目标。"2019 年 9 月，张钹又接受了杨澜主持的《探寻人工智能》节目的采访。一些政府部门也开始重视人工智能产业，当在政策制定上需要专业意见时，张钹总是乐意提供帮助。从 2018 年 9 月起，张钹连续三届被上海市政府聘请为上海市人工智能战略咨询专家委员会聘任专家，每届聘期两年。张钹还先后在中央

---

① 马少平访谈，2022 年 4 月 7 日，北京。资料存于采集工程数据库。

② 张钹访谈，2022 年 8 月 2 日，北京。资料存于采集工程数据库。

党校、北京市党政干部学习班、司局长干部培训班、企业骨干培训班等作有关"人工智能的发展现状与未来"的讲座。从 2019 年开始,张钺为每届清华大学经管学院 EMBA 班讲授一堂人工智能课,得到学员们的高度评价,并获经管学院颁发的 2019 年度杰出教学奖和优秀教学奖、2020 年度特别贡献奖和优秀教学奖、2021 年度优秀教学奖。2022 年 7 月,张钺出席了由湖南省人力资源和社会保障厅主办,中国科学院人才交流开发中心、北京思想天下教育科技有限公司共同承办的《走进中科院——科技创新驱动发展》高级研修班,他又以《人工智能的现状与未来发展——迈向第三代人工智能》为题作了专题讲座。

图 9-3 2018 年张钺在中央电视台节目《开讲啦》中演讲(刘骁提供)

第三代人工智能

之所以积极推动建立清华大学人工智能研究院,引领国内的人工智能发展,是与张钺提出的一个观点密不可分的。2020 年 9 月 23 日,在"纪念《中国科学》创刊 70 周年专刊"上，张钹与朱军、苏航一起发表了文章《迈向第三代人工智能》。在文章中，张钹系统化地阐释了"第三代人工智能"的观点。从 1956 年人工智能概念诞生之日算起，六十多年间人工智能已经经历过了两代的发展，但前两代人工智能只能解决很有限的问题，距离人工智能的目标还很远。第一代人工智能是基于知识驱动的符号推理，流行于 20 世纪七八十年代。通过这种模型，建立适用于特定领域的人工智能系统，统称专家系统，在医疗、生产过程、调度过程等方面有有限的应用，张钹在 80 年代所研究的问题求解、搜索与规划等就属于第一代人工智能。在 90 年代末，第一代人工智能逐渐画上了句号，因为靠人工建造的专家系统不仅费时费力，还面临知识表示和获取等困难，其产业应用也没有发展起来。因此第二代人工智能便应运而生，这一代人工智能称之为数据驱动，在计算机强大算力的支持下，通过大量数据的机器学习，在模式识别和大数据处理上取得了很大的成功，也有了较好的产业应用，张钹与他的团队后来从事的与深度学习相关的研究就属于第二代人工智能的范畴。应当说，这两代人工智能都有它自身的特点，比如基于知识驱动所建立的人工智能系统具有可解释性且易于人类理解，而数据驱动的优势在于可以充分利用大数据，但第二代人工智能的算法具有不安全、不可信、不可靠、不可控和不易推广等严重缺陷。因此，过去两代人工智能的不完善让张钹开始思考未来的发展方向。

2016 年 10 月 22—26 日，中国计算机大会在山西太原举行，张钹在大会上作了题为《人工智能未来展望——后深度学习时代》的报告，首次提出"第三代人工智能"的基本思路，包括知识驱动与数据驱动结合等。当时，张钹将这一代的人工智能称为"后深度学习时代"，2018 年前后改为"第三代人工智能"。通过提出"第三代人工智能"的概念，张钹希望将两种范式结合在一起，建立一个统一的框架，充分利用知识、数据、算法和算力这 4 个要素。其中，"知识"是占第一位的，因为"知识"才是人类智慧的源泉；而之所以也重视"数据"，是因为机器处理数据的能力很强，张钹希望从数据中提炼出有用的知识。所以只有将人类的智慧与计算机的计算能力结合起来，才可能达到人工智能的目标，实现真正的人工智能。将两代人工智能进行整合需要的已经不仅仅是信息科学，很多问题的解决需要在多学科的视角下完成，而闪光的思想融合是发展的一个很重要的途径。因此，这种交叉势在必行。也正是因为张钹的卓有建树的观点和理念，才使他力主清华大学成立人工智能研究院，在实现不同学科交流的同时，还可以吸引海外人才，达到文化的交叉。[①]

　　提出"第三代人工智能"的观点也是因为张钹想实现蕴藏在心底的一个夙愿。张钹一直和学生们强调，人工智能学科发展到现在，还没有形成一个完整的学科体系。其实，在近现代理工科学科体系的建立过程中，中国之前的贡献相对有限。既然人工智能还没有形成一个非常完整的学科体系，这对中国来说是一个机会，一个走在世界领先位置的机会，甚至可能是唯一的机会。因此，张钹希望在全世界人工智能的学科发展历史上能够发出中国的声音，能够发出清华的声音，甚至能够形成人工智能的清华流派。这个流派的思想是什么呢？张钹亲自做了一些尝试，就是他提出的"第三代人工智能"的构想。撰写《迈向第三代人工智能》这篇文章，张钹也格外认真。据苏航回忆，整篇文章的学术思想全是由张钹提出来的。在撰写过程中，第一稿的绝大部分也是张钹完成的，连参考文献的格式张钹也亲自校对。[②]

　　张钹提出的"第三代人工智能"的设想，在学术界也得到了广泛的认可。图灵奖得主约书亚·本吉奥（Yoshua Bengio）提出：人的认知系统包含两个子系统——system1 直觉系统和 system2 逻辑分析系统。人的很多学习能力需要把两个认知系统有机地结合起来，人工智能的发展方向也是如此，这与张钹提出的将以深度学习为基础的单空间模型与模仿了大脑的工作机制的双空间模型相融合的观点不谋而合。张钹在 2018 年 6 月成立清华大学人工智能研究院时也曾阐述过"第三代人工智能"的相关问题，同年 9 月，美国国防部高级研究计划局（Defense Advanced Research Projects Agency，DARPA）就发布了第三波人工智能的报告，其核心观点也是认为人工智能不能只面向单个任务的解决，还可以根据场景的需求而

---

① 张钹访谈，2022 年 10 月 17 日，北京。资料存于采集工程数据库。
② 苏航访谈，2022 年 4 月 15 日，北京。资料存于采集工程数据库。

有更多的功能，建立所谓的可解释的鲁棒的人工智能理论，这在思路上与张钹的观点也非常相近。因此，在人工智能学科未来的整体建设上张钹已经走在了前列。一些国家也非常认同张钹的观点，纷纷邀请他进行学术交流和访问。2019 年 11 月，清华大学计算机系应阿卜杜拉国王科技大学（King Abdullah University of Science & Technology）邀请，在沙特吉达召开国王科技大 - 清华人工智能先进工业研讨会（KAUST-Tsinghua Industry Workshop on Advances in AI），张钹在会上作了主旨演讲，题目为《迈向第三代人工智能》。张钹说："在发展第三代人工智能的过程中，我们实际上跟世界水平差距不大，也可以说处于同一起跑线上，因此我们在未来的人工智能发展中完全可以利用这个机会，掌握主动，进一步发扬创新精神，就有可能跟世界一起共同推动人工智能的发展，作出重大贡献。"在人工智能的舞台上，张钹时刻为国家着想，科研为国的初心从未改变。

图 9-4　2019 年张钹在沙特吉达召开的国王科技大 - 清华人工智能先进工业研讨会上演讲
（张钹提供）

最近，ChatGPT（Chat Generative Pre-trained Transformer）——基于生成式预训练转换器的聊天机器人的成功，预示着第三代人工智能春天的到来。ChatGPT 是建立在以下两个创新成果基础之上的，一是文本的语义表示——词嵌入法；二是转换器，一种具有多注意机制的人工神经网络。OpenAI 公司把这两项技术结合起来，实现了机器对文本的语义处理，把原来基于数据的"黑箱"学习转变为对知识（语义）的学习，即把知识、数据、算法和算力充分地利用起来，这也和第三代人工智能的基本思路相吻合。2023 年 3 月 18 日，在天津市人工智能计算中心揭牌仪式暨天津数字产业高峰论坛会上，张钹发表了题为《第三代人工智能的机遇与挑战》的特邀报告，充分地阐述了第三代人工智能的发展道路，号召大家抓住机会从基础研究、开发与产业应用等几个方面推动我国人工智能高速发展。

图 9-5　2023 年张钹在天津市人工智能计算中心揭牌仪式暨天津数字产业高峰论坛会上作特邀报告（刘骁提供）

此外，人工智能的治理问题也是张钹关注的方面。每年，清华大学都会召开世界和平论坛，这是唯一一个由中国非官方机构组织举办的国际安全高级论坛，其旨在为国际战略家和智库领导人提供探讨国际安全问题、寻找建设性解决方法的平台，而世界和平论坛探讨的一个重要的内容就是关于人工智能治理的问题。这个方面为什么需要重视呢？实际上，当今的人工智能技术已经深入到了军事和安全领域，相比于机器在未来是否会超过人的"远虑"，通过智能化的软件来攻击对方网络或系统才是"近忧"，而这些做法正在颠覆人们对传统战争形态的认知。在这种情况下，大国的理念、政策和行为至关重要。中国作为论坛的主办方，有利于发达国家和发展中国家共同参与，也有利于提升中国在和平与安全问题上的世界影响力。为此，2020年6月，清华大学专门成立了人工智能国际治理研究院，张钹也积极地参与到相关的工作中。2021年4月22日，张钹被聘为清华大学人工智能国际治理研究院学术委员会委员，聘期三年。2022年7月，张钹受邀在第十届世界和平论坛上作了题为《安全的人工智能》的主旨报告。在报告中，张钹认为应以人为本，将人类安全作为出发点，发展可信、可靠、可扩展的人工智能。他同时呼吁应加强国际合作，让人工智能健康

图 9-6　2021 年张钹获得的清华大学人工智能国际治理研究院学术委员会委员聘书（张钹提供）

发展，造福全人类。张钹的报告受到了与会国际人士的认可。会后，阿联酋的驻华大使专门找到张钹，表示阿联酋对人工智能非常重视，希望有机会可以与他们进行深入交流。①

　　在张钹和计算机系老师们的共同努力下，清华大学在全球最权威的计算机科学排名 CS Rankings 上常年位居前列，2022 年位列全球第二，超过了麻省理工学院、斯坦福大学、普林斯顿大学等高校。在张钹主攻的人工智能方向上，清华大学常年排在全球首位。对于这样的成绩，张钹仍有清醒的认识，虽然清华大学在个别方面成绩非常出色，但在更多的领域仍处

---

① 张钹访谈，2022 年 10 月 17 日，北京。资料存于采集工程数据库。

于追赶者的角色，这也一定程度上反映了中国和国际最高水平仍有差距，而张钹尤其指出需要在基础理论上下功夫。在经济飞速发展的时代，我国国内有一种声音，认为基础理论不见效果，不如搞应用来得"短平快"。张钹却不认同这种思路，他认为："如果中国要在这个领域实现领跑，是要有理论作为支撑的，理论上的突破才能形成优势"。因此，清华大学并不随波逐流，而是在国内的理论研究上寻求突破，张钹退休之后仍加入到朱军的研究团队中，参与理论研究的探索。其实，要想在基础理论上取得领先，国内也只有清华大学这样的一流高校能够做到。由于基础研究必须做到顶尖水平才有价值，达不到这样水平的理论是意义不大的，这也就意味着只有少数的学校有可能达到世界水平，而这需要汇聚全世界最优秀的人才。以国内的高校看，只有清华大学这样的高校，才有可能吸引最优秀的人才，张钹成立清华大学人工智能研究院就是为了给这些人才提供施展的平台。

对于基础研究的重视，也与张钹心系我国的科技发展有关。张钹曾从三方面比较了中外科技的情况，第一个方面，最基本的是工程实现的能力，或者称产业化的能力，在这方面中国与国际的水平差距不太大。虽然中国仍缺乏非常优秀的企业家，产业化的情况也不如发达国家，但是中国工程实现的能力在很多方面非常出色，比如基本建设，开隧道、架桥梁等。但是也不能说中国是世界领先的，因为这些能力发达国家也同样具备。应当说，中国在实践方面更有优势。第二个方面是技术水平，张钹认为中国与世界有较大差距。改革开放以后中国在这方面提升很大，技术水平提高了很多，但是仍有一些领域中国还需要突破，或是与发达国家存在差距，比如集成电路等。第三个方面是科研水平，张钹认为有极大差距。科研水平最终会反映在从无到有、从 0 到 1 的创新上。近代的所有从 0 到 1 的创新几乎都是西方人做出来的，中国一直处在跟随者的位置。因此，要改变这样的局面，就必须重视基础研究，把科学发现放在首要地位，才能在科研水平上追上甚至超过发达国家。[①]

---

① 张钹访谈，2022 年 10 月 17 日，北京。资料存于采集工程数据库。

支 持 实 业

　　许多人对于人工智能发展的理解似乎存在一个误区，即将其与信息技术的发展混为一谈。其实，信息技术的进步有着明确的方向，因为1936年的图灵机理论、1948年的香农信息论和维纳的控制论已经为其提供了理论指导。后来，计算机硬件的不断更新以及操作系统和网络的出现更是为相关领域的研发提供了支持。然而，人工智能的目标是什么，有哪些理论可以提供依据，人工智能的发展道路是什么样子，这些仍处于探索阶段，目前有的只是一些算法、模型等。因此，人工智能的发展道路是不能照搬信息技术的发展道路的，科研工作者是在对人类的智能和大脑一知半解的情况下进行研究，这好比是在探索无人区，是一项艰难的工作，这也意味着人工智能的发展道路必定是曲折的，发展速度也是缓慢的。但是，对未知领域的探寻也并不是完全没有头绪，通过将教学、科研和产业三者结合起来，有利于通过市场对人工智能的需求来引导相关研究的突破。同时，将人工智能的技术推广到产业中也可以提高产业的科技含量。张钹很快就认识到了这方面的重要性，积极参与到人工智能产业的相关实践当中。2020年7月，张钹在南京江宁开发区创办了南京清湛人工智能研究院，并担任首任院长。对于清湛人工智能研究院的成立，还有一段故事。据清湛人工智能研究院的执行副院长杨磊回忆，从2019年起，南京市政府一直在推动下辖的各区与国外建立科教联络关系，而江宁区计划与以色列展开合作。然而，由于双方一直没有达成共识，这项计划的推动比较缓慢。以色列是一个比较务实的国家，其主要对高科技领域，特别是人工智能感兴趣。同时，以色列理工学院（Technion-Israel Institute of Technology）的专家曾表示，如果能请到张钹参与人工智能的相关工作，双方的合作就能促成，这充分体现了张钹在国际人工智能界的影响力。于是，江宁区政府的工作人员联系到张钹，询问他的意见。恰好，张钹在近些年也非常关注人工智能的产业发展，欣然同意了这一提议。经过多次协商，建立南京清湛人工智能研究院的设想被提出，以色列理工学院与魏茨曼科学研究所（Weizmann Institute of Science）的高级研究人员也会参与其中。这是张钹在国内创办的唯一一家人工智能应用型研究院，作为人工智能产业的孵化器和加速器。通过与清华大学合作，清湛人工智能研究院获得了多方面支持，从而将企业引进来，发挥产业的集聚效应，帮助它们做大做强，产生了很好的效果。[①]

张钹希望将自己积累了几十年的资源和技术与市场、生产相结合，为国家发展人工智能产业做些贡献。人工智能产业要发展，必须解决两个问题：第一个是要加强基础研究，很多产业发展停滞的原因是技术本身的限制，只有基础研究才有可能突破瓶颈。第二个是技术与应用要高度融合。人工智能是相对偏向应用的学科，这意味着它并不只会在象牙塔中供人们瞻仰，而是服务于实际需求。但应用如何落地却经常遇到问题，换言之，企业所拥有的技术无法与企业用户的需求相吻合，这就阻碍了企业的发展壮大。为此，张钹在近十年着力推动产业落地，这不仅包括他在南京清湛人工智能研究院的工作，他还特别选择了 5 个企业，每个企业都是一种试点，从而为以后更大范围的推广积累经验。第一个企业是北京瑞莱智慧科技有限公司（简称瑞莱智慧），由朱军的博士生田天开办，主要研究第三代人工智能技术，特别是人工智能安全问题，张钹与朱军都是该企业的首席科学家。张钹认为，目前的一些信息产业虽然利用了一些人工智能技术，例如很多网络公司提供推荐性的知识图谱，但从严格意义上讲，这只是在传统的信息产业上加入一点人工智能的元素，其实是信息产业的智能化，而张钹所希望的是人工智能技术本身引导出的产业，即人工智能技术的产业化，瑞莱智慧就是这样的企业。在张钹的指导下，瑞莱智慧着力解决个人信息处理中的安全问题，探寻将人工智能技术中的算法发展为产业的方法，目前该企业已发展到三百多人的规模。第二个企业是北京智谱华章科技有限公司（简称智谱华章或智谱 AI），张钹担任首席科学家，主要研究的是知识驱动的领域，即如何生成产业知识图谱，从而通过知识的获

[①] 杨磊访谈，2023 年 2 月 25 日，北京。资料存于采集工程数据库。

取而产生经济效益。随着科技的发展，该企业把重点转向大语言模型（基础模型），目前发展良好，有超过五百人的规模。[①] 第三个企业是北京一流科技有限公司（简称一流科技）[②]，也由张钹担任首席科学家，是他的博士生袁进辉所创建，主要面向的是通用平台的探索。一般来讲，人工智能的平台是很难实现通用的，现在所谓的通用计算平台还只是面向深度学习应用的。因此，国内外的科技公司都急需抢占这块技术"高地"。在美国开发出 TensorFlow、PyTorch 等平台后，一流科技公司自己也开发出了拥有自主知识产权的计算平台，在业内表现突出。[③] 第四个企业名为北京得意音通技术有限公司（简称得意音通），主要做声纹识别的开发，张钹是首席科学家。虽然身份鉴别的方法多种多样，但抗干扰能力却有所不同，相比之下，声纹识别的可靠性更高。对于该方面的研究有利于探索如何把数据驱动和知识驱动结合起来，从而做出非常安全的人工智能产品。虽然企业目前规模较小，但其领域新颖。[④]

上述四个企业或多或少都是由张钹所熟悉的人创办的，包括他曾经的同事、学生，因此张钹非常了解他们的能力，认为其在技术方面都很强，有机会在未来发展成为"独角兽企业"。作为首席科学家，张钹主要帮助探索和解决上述企业在创业初期阶段如何落地从而"做大"的问题，而第五个企业则正好相反。2021 年 3 月，张钹受聘为智慧互通（爱泊车）首席科学家。该企业主要将视频识别技术应用在城市智慧停车与交通秩序管理领域。因为技术门槛相对较低，市场需求又大，所以企业发展很快，在聘请张钹时已经达一两千人的规模。于是，"智慧互通"主要需要张钹帮助解决"做强"的问题，这也就意味着需要提升技术门槛。对于该企业，张钹希望通过引入人工智能、多模态识别、计算机视觉、机器智能等方面的科研成果，从而全方位地提升其科技含量。其实，张钹对产业的热心也与其强调基础研究有关。他曾说："基础研究解决得很好，但如果产业弄得很糟

---

① 张钹访谈，2022 年 8 月 2 日，北京。资料存于采集工程数据库。

② 该企业目前已演变为硅基流动科技有限公司。

③ 袁进辉访谈，2022 年 4 月 23 日，北京。资料存于采集工程数据库。

④ 张钹访谈，2022 年 8 月 2 日，北京。资料存于采集工程数据库。

糕，那这个基础研究也不算行的。因为我自己一直有这种想法，做基础研究，实现从 0 到 1 的创新，目的在什么地方呢？目的就是用新的技术来推动产业发展。人工智能属于技术科学，在发现了其科学规律以后都要把它落实到技术上。"[1]

对于如生物、医疗、军事等在人工智能应用中被认为是 critical（关键的）领域，张钹更是格外重视。为了推动人工智能在医疗卫生事业上的应用，张钹多次带领团队访问北京清华长庚医院，寻求建立智能化的医疗服务体系。张钹认为，比起关起门来研究技术，还是应该由临床医生首先提出需求，根据他们在工作中遇到的实际困难来开发技术，从而帮助他们解决问题。2019 年，清华大学人工智能研究院和精准医学研究院联合成立了智慧健康中心，张钹出任中心首席专家。同年，张钹与清华大学精准医学研究院院长、中国工程院院士董家鸿联合提出了区域智慧健康医疗服务体系（Tsinghua Healthcare Intelligent System，THIS 系统）。所谓 THIS 系统，即该系统可以连接所有的健康行为主体，包括区域内的三级实体健康医疗机构、社区居民以及社区健康照护专业团队，并支持所有主体参与整个区域的健康医疗分工协作，其最终目标是面向人民生命健康的体系化需求，实施覆盖全人群、全生涯、全维度的健康照护，构建优质、高效、经济的大健康生态体系。THIS 系统的提出，为人工智能在医疗中的应用提供了一个新的体系结构，使得技术与临床需求能够在该体系下很好地结合。据张钹团队的成员、智慧健康中心主任杨斌介绍，虽然在系统研发的过程中张钹的年龄已经不支持他频繁地参与到一线的调研工作中，但团队都会将工作的推进情况向张钹汇报，而张钹也总是能从更高的维度对工作的方向提供指导，并敏锐地指出问题所在。THIS 系统为各种技术的应用提供了指导的标准，这既包括给未来的智能健康医疗的产品指明了一个研发的方向，同时也为既有的新技术在服务健康管理和疾病管理时提供了一些新的实现路径。在 THIS 系统被提出之后，一批与该系统相配套的技术也随之研发出来，使得其优势在

---

[1]　张钹访谈，2022 年 8 月 2 日，北京。资料存于采集工程数据库。

现实应用中迅速显现。例如，通过与丰田公司的合作，研究团队将汽车改造为智能移动医院，从而解决了偏远地区遇突发状况无法提供及时医疗服务的问题。在新冠肺炎大流行期间，由 THIS 系统开发的智能听诊系统更是被提供给了武汉 14 家医院，从而服务于患者的检查。THIS 系统的开发结合了大量的数据与临床医生所具备的常识和知识，实现了人工智能与医学的学科交叉，其已经初步具备了张钹所提出的"第三代人工智能"的雏形，这也证明了张钹一直在尝试将自己提出的理论付诸实践。张钹对于医疗方面的努力也包括为相关的机构和组织提供咨询与建议。2020 年 12 月 19 日，以"智慧医疗 2020"为主题，"中国智慧医院联盟年度论坛暨 DH400 工作组成立会议暨中国智慧医疗学术论坛"在北京召开，张钹出席会议并作了题为《人工智能赋能生命健康》的报告。在以国内国际重点医院、生物医药企业、人工智能企业、金融机构的上百家顶尖机构或专家等跨领域杰出代表组成的成果转化平台 DH400（Digital Healthcare Working Group 400）工作组中，张钹担任工作组高级别专家委员会主任。2021 年 11 月 28 日，北京清华长庚医院获批成立智慧健联体关键技术北京市工程研究中心，张钹任该中心顾问。张钹曾对自己的学生说："我到现在这个年纪，我不清楚还能干多少年，但是能干一天我们就要干些实事。"对于人工智能在产业方面的不断探索印证了张钹的这句话。①

永远在路上

老一辈的人工智能研究者，包括张钹的许多学生，目前大多已经退休，但矍铄健朗的张钹还始终执着地奔走在人工智能研究和教育的道路上。对于其中的原因，张钹给出的答案之一是要永远保持好奇心和求知

---

① 杨斌访谈，2023 年 3 月 16 日，北京。资料存于采集工程数据库。

欲。有好奇心,实际上就是有所追求。人如果没有好奇心,对周围的很多事情就会不感兴趣,而这对老年人来说尤为重要。张钹说:"人的一生,在刚出生的时候好奇心最强,随着年龄的增长,好奇心不断地往下降,到了老年阶段几乎降为零,这完全是人类进化的需要。一个人年轻的时候需要学习,好奇心的驱使可以帮助他学到很多知识,但到年老的时候能做的事情就很少了,所以好奇心自然也就没有了。但如果坚持保持好奇心,对于老年人来说,精神状态会大不一样。"在作者与张钹的家人、同事以及学生的访谈中,受访者都会不约而同地提到张钹的好奇心,大家说:"张院士一直都保持着好奇心,对人工智能领域的每一个新发展、新技术始终具有敏锐的洞察力,对于这门新兴学科,在这样的年龄还能具备最前沿的视野是极为难得的。"在生活中,张钹也对很多事物充满兴趣。他爱看体育比赛,尤其喜欢看对抗性强、竞争激烈的运动,其中最爱看的是足球。国际足联世界杯、欧洲足球锦标赛都是他最爱看的体育赛事。有一次在新加坡访问期间,到了半夜张钹还和清华大学的同事们一起观看欧洲的欧冠联赛决赛。其他运动如拳击、网球、羽毛球、斯诺克的比赛张钹也喜欢。或许是童年时就对于破解魔术技法有着好奇心,张钹也喜欢看魔术表演,认为这有利于促进自己的思考。闲暇时,张钹也经常看电视,特别喜欢观看《动物世界》与战争片。《动物世界》让张钹感叹大自然进化的奥妙与神奇,而战争片中紧张的情节则可以使注意力保持高度的集中。当谈到为何在八十多岁还能承担如此多的工作时,张钹认为:"这些工作都是我所热爱的,是我的兴趣,因此我上课时就好像演员站上舞台一样,我会马上兴奋起来,百分百地投入进去。"① 另外,保持好心态也是长寿的秘诀。受母亲影响,张钹向来都是严于律己、宽以待人,对很多事情不会太过计较。张钹对生活的乐观态度也感染了身边的许多人。2022 年 1 月 12 日,张钹因病需要做一场大手术,当时的他已 86 岁高龄,手术的时间很长,风险较大,主治医生也感受到了压力。张钹却坦然地说:"你放心做手术好了,什么样的结果我都能接受,即使不行了,我也是 86 岁高龄。"对于手术的效

---

① 张钹访谈,2022 年 7 月 27 日,北京。资料存于采集工程数据库。

果，张钹也说出了自己的期望："我的要求不是长寿，如果经过这场手术，我要躺在床上活十年、十五年，寿命再长，这对我是没有意义的。我希望我能工作，我要的是三五年能够健康地活着，这就足够了！"即使躺在病床上，张钹仍希望以后能为国家为社会多做贡献。他常和弟弟张铃说："趁我们现在头脑还很好，一定要多做工作，不然人活着有什么意义呢？父母给了我们这么健康的大脑，这很不容易呀，我们应该把它用起来。"[1]后来，手术非常成功，张钹的主治医生也非常感动，他说张钹创造了北京清华长庚医院的一个纪录，在这么高龄的情况下如此重大的手术成功了！

2021年，在中国共产党建党一百周年即将到来之际，张钹获得了"光荣在党50年"纪念章，清华大学校长邱勇亲自为他颁发奖章。从1960年入党以来，张钹时刻以一名党员的标准要求自己，他先后在2003年和2011年获得清华大学"优秀共产党员"称号。这次在"光荣在党50年"纪念章颁发仪式上，张钹作为代表发言说："在清华大学68年的学习和工作中，我在党的教育和培养下，从一名中学生成长为人民教师和共产党员，至今已经入党61周年。我虽然已经退休，作为一名共产党员，我需要重新安排生活，并根据自身的身体条件努力为党做一些工作，老有所为。希望在有生之年，能为我国人工智能的发展继续作贡献。为共产主义事业奋斗终生！"[2]是的，正如张钹所说，他从未停下脚步。2019年，张钹推动清华大学与华为的长期大颗粒合作，该项目在2020年全校所有与华为合作的中心评选中选为"优秀"，张钹本人获2020年华为"清华－华为联合研究院优秀联合实验室管理奖－星辰奖"。2020年1月12日，中智科学技术评价研究中心院士专家委员会成立大会在北京召开，专家委员会主要负责国家科技评价咨询工作，张钹出任委员会主任。

---

① 张钹访谈，2022年8月2日，北京。资料存于采集工程数据库。
② 华凌：清华大学举行"光荣在党50年"纪念章颁发仪式。中国科技网，2021-06-18。

图 9-7　清华大学校长邱勇为张钹颁发"光荣在党 50 年"纪念章（刘骁提供）

　　从中国人工智能的白手起家阶段到如今呈日益繁荣之势，张钹是整个过程的亲历者和见证人，而他还能始终坚持站在演讲台上向后辈研究者传达自己对于人工智能发展的观点和见解，显得更加弥足珍贵。在后辈同事们的眼中，张钹的身体似乎和年轻人一样，每天走路上班，每次讲课一大步就跨上了讲台。每次出差，年轻的老师都想帮张钹拎行李箱，但张钹都拒绝了，他的说法是："我现在出差，自己拎得动，就自己拎；如果到了让你们拎的时候，说明我身体不行了，我就不出差了。"人工智能技术的发展日新月异，新事物、新工具层出不穷，但身为院士的张钹从来没有因为自己的身份而停留在固有的观念中，他不断地去接触和学习新的知识。在近些年组织的与人工智能相关的国际性会议中，也常常能见到张钹的身影，他仍期望与世界各地的学者进行学术交流，推广中国的人工智能成果。张钹曾说："成绩只能代表过去，我们不能只停留在已有的成绩上，尤其是搞计算机的人，千万不能有自我满足感，否则就要落后了。"①

---

① 张钹访谈，2023 年 1 月 13 日，北京。资料存于采集工程数据库。

图 9-8　2017 年张钹在世界互联网大会上发言（刘骁提供）

探索人工智能的道路上既有鲜花也有荆棘，老骥伏枥，志在千里。愿张钹能长久地率领着有志之士纵横驰骋，攻坚克难，夺取新的胜利！

结 语

  当回顾自己已经走过的人生道路时，张钹曾这样说："人不可以没有理想，实际上，每个人心中都会有理想，我也有过各种理想。理想会给我们的学习、生活、工作带来巨大的动力，这是好事。假如你很幸运，你一生的道路平坦、笔直，一切都按你的'理想'实现了，这当然是一件好事。但是多数人并不这么幸运，人生的道路往往是曲折的、坎坷的，许多事情并不那么'理想'，不是所有事情都会'如愿以偿'。那么，这种情况下理想还能实现吗？又该怎么去实现呢？古人云：'行行出状元'，这也许提示我们并不是只有一条路可以通向你的理想。如果某一条路走不通了，我们也不必一条路走到黑。"从清华大学电机系的本科生到自动控制专业的教师，再到人工智能领域的教授、院士，张钹的人生经历过多次重大的转变，尽管道路并非一路坦途，也不是每每如己所愿，但他始终没有忘记自己在向着他年少时所憧憬的理想奋进——成为一名科学家，如今这已然接近现实。张钹的人生经历，是与他同龄的一辈人对于理想不懈追求的真实写照，这也为后来的科研工作者提供了丰富的精神动力。

传承家训　塑造品格

　　家庭对一个人的成长影响最长久，也最深远。张钹出身于书香世家，祖父与父亲都曾投身于教育事业，而张钹也深受长辈们的熏陶，从 1941 年上学以来一直成绩优异。然而，父亲的去世给张钹的家庭带来了巨大的打击，坚强的母亲毅然带着张钹的大姐和大哥承担起了照顾家庭的重任，并坚决让张钹兄弟姐妹继续接受良好的学校教育。母亲吃苦耐劳、坚强善良的品质感染和抚慰着孩子们的心灵，她时常以父亲的优良品德教育张钹兄弟姐妹，激励他们要成为父亲那样的人，牢记"堂堂正正地做人，踏踏实实地做事"的家训。在这样的环境下，张钹兄弟姐妹迅速成长起来，为了减少家里的学费负担，他们学习更加勤勉，每次考试总是名列全班第一名。从小学到中学，张钹在福建学习了 12 年，他不但功课出色，还乐于助人，更是积极代表学校参加各项知识、演讲比赛。当时的班主任对张钹的评价是"努力学习，成绩优异，尊敬师长，有互助友爱精神"，这说明张钹的优秀品格在那个时期已经有所养成。良好的教育增长了见识，家庭的传承塑造了品格，加之出类拔萃的学习成绩，儿时的张钹早早就有了远大的抱负——成为牛顿、爱因斯坦那样的科学家。虽然这些理想对于年少的他还非常遥远，但父辈的精神、母亲的教诲让他坚信学习上的努力会得到回报。1953 年的高考，张钹以数理化满分的成绩被清华大学电机系录取，他与自己理想的距离更近了。福建的童年与少年生活塑造了张钹好学不倦、不畏艰难、友善乐观、懂孝悌、知感恩的品质，也让他懂得了许多为人处事的道理，更是为他以后的学习与工作打下了坚实的知识基础。

科技报国　秉持初心

　　张钹走进大学校园时，新中国刚刚成立不久，那时的中华民族历经苦难，终于挺直脊梁站起来了！中国人民扬眉吐气，迎来了自己当家做主的日子。当时的国家百废待兴，人们正以百倍的热情投入新中国的建设中，在这当中青年人更是主力军。20 世纪 50 年代的中国大学生朝气蓬勃、积极进取、充满对美好事物的向往，他们有理想、有信念、学习刻苦，希望将来能为祖国的建设作贡献。在这样的氛围感召下，张钹的思想也在转变、提升，对于家国情怀有了更深的理解，对于理想也有了更多的思考。无论做什么，只要脚踏实地、认认真真地对待，都能收获成果，达到用知识去服务国家建设的目的。所以，虽然张钹在五年的大学学习中经历了多次变化，他都能保持定力，做好自己。当时清华大学刚改为苏联的教学模式，学业负担很重，电机系里也都是来自全国各地的优秀学生，但认真努力的张钹很快就在班级中崭露头角，更是在大二被同学们推举为班长。就在张钹憧憬着在电机专业有所作为之时，国家出台了《十二年科技规划》，出于学校院系发展的需要，张钹被调到了新组建的自动控制专业。尽管很多技术知识需要重新摸索，但此时张钹的心中已经埋下了科技报国的种子，当国家需要他时，他会义无反顾地选择新的研究方向，在新的领域开拓创新。张钹大学最后两年在自动控制专业度过，他努力补习专业知识，并在苏联专家苏奇林的指导下完成毕业设计，出色的学习成绩及各方面表现让张钹留校任教，开启了在清华大学的教学生涯，这使他向理想又迈进了一步。而且，在大学本科的五年里，因为政治思想上的积极进步，张钹成了一名共青团员，这也让清华大学党组织对他寄予期望。1960 年 2 月 25 日，张钹光荣地加入了中国共产党。入党让张钹感受到了党对知识分子的信任，同时也感受到了肩负的责任和使命，这激励他在工作中更加勤奋和忘我地努力，以报效国家。

虽然 20 世纪五六十年代的运动比较多，但在自动控制系 510 教研组任教的张钹并没有将过多的精力放在工作以外的地方。1959 年 2 月，他就为只比他低一两年级的学生开设了飞行器自动控制系统课程，其生动的授课方式深受同学们喜爱。他还利用自动控制系自我研制的我国第一台三自由度飞行模拟台做了飞行仿真模拟实验。"文化大革命"时期，张钹被派到北京电子管厂"开门办学"，虽然这与学校的工作性质差别很大，但他笃定科技报国的初心，积极乐观与做任何事都认真对待的态度使他在不同的岗位同样表现出色，得到了厂方和工人们的高度认可和赞誉。这段经历同时也让张钹收获了宝贵的实践经验和社会历练，他真切地感受到我们国家需要科技人才去改变落后的现状，这更加坚定了他追求理想的决心。

兄弟同心　探索 AI

张钹的大多数学术成果都是与胞弟张铃合作完成的。从 20 世纪 60 年代开始，对科学研究的渴望、兄弟情谊以及才能上的互补让张钹、张铃决定携手研究，70 年代合作解决电路布线的问题更是印证了他们的能力。哥哥张钹善于发现问题与提出问题，专业知识过硬，而弟弟张铃精于数学理论，善于运用数学工具解决问题。正是由于科学研究上的坚持不懈，才使得张钹在改革开放、科学的春天来临之际敏锐地把握住了世界科学技术发展的前沿动态，及时果断地将研究方向转到人工智能领域，而两人最终在探索人工智能的道路上取得了令人瞩目的成就。他们抓住张钹在 80 年代初赴美访学的机会，了解到了中国与世界最前沿水平的差距所在，也立即确定了两人未来的研究方向。兄弟同心、齐力断金，张钹和张铃不断在人工智能的学术领域攻坚克难，在人工智能理论上，他们系统地提出了问题分层求解的商空间理论，通过代数的方法，系统地解决了不同层次求解空间的问题表示、复杂性分析、不同层次空间之间信息、算子及推理机制等的相互转换关系；他们进一步提出了统计启发式搜索算法、基于拓扑的空间规划方法以及基于关系矩阵的时间规划算法等，极大降低了计算复杂性，具有重要的应用价值。张钹和张铃还系统地分析了典型神经网络模型，给出了该网络各项性能的定量结果；对当前神经网络模拟人类智能的能力及其局限性提出了理论论据，并提出了一组新的学习机制，有效地提高了神经网络的性能。

张钹和张铃为中国的人工智能发展奠定了坚实的理论基础，200 多篇学术论文和 5 部专著是张钹学术生涯的见证。此外，他们还创造了中国的多项第一，包括第一次在顶级期刊 *IEEE Trans. on PAMI* 上发表文章，这是中国科学家在人工智能理论领域的第一篇学术论文，他们也代表中国第一次在国际人工智能联合会议上发表文章，以及作为中国学者第一次在欧洲人工智能会议上作报告并获奖。张钹和张铃是中国人工智能的先行者和探路人，他们让世界认识到了中国学者的能力，而张钹对于人工智能领域不懈的探索也让他得到了学界的肯定，1994 年张钹当选为俄罗斯自然科学院外籍院士，1995 年当选为中国科学院院士，2011 年获得汉堡大学荣誉博士，2015 年获得中国计算机学会颁发的中国计算机学会终身成就奖，2019 年获得中国人工智能学会颁发的吴文俊人工智能科学技术奖最高成就奖。应该说，张钹终于实现了当一名科学家的梦想。

遍栽桃李　满园芬芳

张钹不仅是一位杰出的科学家，更是一名优秀的教育工作者。截至 2023 年，张钹已经从教 65 周年了，他早已实现了"为祖国健康工作 50 年"的目标。张钹曾说："我曾得过许多荣誉和奖励，'先进工作者''良师益友''北京市优秀教师'称号等，但这些荣誉对于我都不重要。每年教师节或者我的生日来临之际，在北京的各届学生常常相约到我家聚会，畅谈工作、家庭与人生，无拘无束；身处国内外各处的学生，通过电话、电子邮件或微信，纷纷对我表示感谢与祝福。这就是最高的奖赏，对于我已经足以！"的确，作为一名教师，张钹始终将教书育人作为自己工作的最重要部分。从教以来，张钹始终秉承以学生为主、培育优秀人才为重的理念，在学术研究上锻炼他们善于发现问题、解决问题的能力；在待人接物、为人处事上他以身作则，言传身教，并且为学生的前途发展费尽心思，不计得失。2008 年，在从教 50 周年的庆祝会上，张钹在发言中说自己希望能像孔夫子那样培养"七十二贤人"，即培养 72 名博士生。如今，张钹已经培养了 87 名博士生，超过了他曾经的目标。这些学生均非常出色，大多是国内各领域的名人翘楚，有的还在国际上颇具影响力。他们中既有大学教授、学者，又有企业家、技术专家，他们不但参加了我国科技领域的重大项目，为人工智能产业的发展贡献力量，更是为未来的科学发展培养了新一代人才，张钹师门的治学严谨、勇于创新之风得到了传承，而看到学生们在各自岗位上的突出成绩，张钹也倍感欣慰。

心系家国　再启新程

张钹的科研工作一直是以为国家、为人民服务为最高宗旨的，这也是他优秀品格的写照。20 世纪 90 年代在清华大学建成智能技术与系统国家重点实验室，张钹等老师构建起了一流的研究平台，并且他带领的实力顶尖的教研团队也在人工智能的各个领域硕果累累，团队承担的人工智能相关项目对国家的发展作出了巨大贡献。对于自己家乡福建的发展，张钹也同样挂怀，他运用自身的专业特长不断地提供帮助和指导，这既包括为家乡的企业引入高科技，也包括帮助福建高校培养人才，以期为福建的现代化之路尽游子之心。感念师恩，张钹也不曾忘记自己的母校，常常尽其所能回馈母校，不仅为就读的学生开设讲座，还积极参加母校的校庆活动，期望母校的学子能再创辉煌。

40 多年来，张钹矢志不渝地致力于中国人工智能领域的创新，尤其是基础理论的创建。为了清华大学乃至中国能在人工智能领域的发展中抢得先机，张钹又在 2016 年提出了"第三代人工智能"的发展构想，强调要发展安全、可信、可靠、可控、可扩展的人工智能。为此，张钹在清华大学成立了人工智能研究院，并出任首任院长，目的就是将清华大学打造成我国人工智能的研究高地。同时，张钹也参与到人工智能实体经济的运行中，为人工智能产业的发展出谋划策，他投身到智慧医疗的建设中，与董家鸿院士一起提出了区域智慧健康医疗服务体系。随着 ChatGPT 的出现，当今人工智能又迎来了一个发展的新时代，张钹也再次以旺盛的热情积极推动人工智能相关知识的宣传和普及教育，让更多的人了解人工智能。

1931 年 12 月 3 日，在清华大学校长就职典礼上，梅贻琦先生留下了中国大学史上最著名的一句话："所谓大学者，非谓有大楼之谓也，有大师之谓也。"将一生奉献于国家的尖端科技发展，培养出国家的栋梁之材，从不计较个人的名利，张钹，就是这样的大师！

附录一　张钹年表

1935 年

3 月 26 日，出生于福建省福清县龙田镇。父亲张端樵，母亲余心涵。
兄弟姐妹 10 人，大姐张玖、大哥张铙、二姐张琛、三姐张瑾、四姐张玢
（早夭）、五姐张琇、弟弟张铃和张锻、小妹张珠。

1941 年

9 月，进入宁德县（今宁德市）毓秀小学读小学一年级。

1943 年

10 月，父亲张端樵在福安县穆阳师范任教期间，遭遇大刀会暴动被杀
害，终年 42 岁。

10 月，张钹从毓秀小学三年级辍学。

10—12 月，全家从宁德县回到家乡福清县龙田镇，家住七柱厝。

1944 年

1 月，进入龙田镇融美毓德联合小学读三年级。

参加学校组织的以国防科学与世界为题目的演讲比赛，获得第一名。

1947 年

7 月，以第一名的成绩从小学毕业，被保送进入融美初级中学继续学业。

7 月，参加融美初级中学薛永香老师开办的暑假补习班。

1948 年

参加校级演讲比赛，荣获第一名，并在两次全县中学生（含初、高中）演讲比赛中蝉联冠军。

1949 年

12 月，参加县里组织的全县范围的时事（知识）竞赛，荣获第一名。

1950 年

6 月，从福建融美初级中学以班级第一名的成绩毕业。

7—8 月，参加福州高级工业职业学校和福州第一中学入学考试，均获得第一名。

9 月，进入福州高级工业职业学校学习。

作为中学生代表参加福清县第一届各界人民代表会议。

1951 年

年初，从福州高级工业职业学校转到福州英华中学就读高中一年级。

1952 年

下半年，在福州英华中学读高中三年级，期末成绩全班排名第一。

1953 年

夏天，参加全国高考，以数理化三门满分的成绩被清华大学电机系录取。

9 月初，从福州启程赴北京，到清华大学电机系报到，专业为电机及电器制造，被分到电 83 班。

9 月，参加清华大学电机系的迎新大会。

1954 年

4 月 28 日，成为中国共产主义青年团团员。

下半年，被同学们推举担任班长，并参加了学校舞蹈队。

1955 年

5 月 7 日，参加清华大学三好积极分子代表大会，荣获"清华大学三好积极分子"称号。

夏天，和团支部一起组织电 83 班同学到京郊樱桃沟野游活动。

荣获"准备劳动与卫国体育制度"二级证书。

1956 年

夏天，因建设新专业需要，清华大学决定从电机系三年级的 10 个班中每个班抽调 1 名优秀学生，成立自动控制"八字班"，重点培养，准备留校任教。张钹被选中，属飞行器自动控制系统专业。

暑假期间，自 8 班同学与计 7 班同学一起补习电子学等课程。

1957 年

暑假，和同学王亚光与北京航空学院 3 系的毕业生一起到宝鸡陀螺仪制造厂实习一个月。

1958 年

年初，开始准备毕业设计，导师是苏联火炮控制系统专家苏奇林。毕业设计题目是《飞行模拟台设计》。

7 月，在清华大学自动控制系毕业，答辩成绩为"5 分"。毕业后留校任教，进入自动控制系 510 教研组，主要负责飞行自动控制系统。

1959 年

2 月，为清华大学自 9 班、自 0 班的学生开设飞行器自动控制系统课程。

年底，510 教研组与 530 教研组研制出全国第一台三自由度飞行模拟台实验样机。40 所在此基础上研制出我国最早的实用飞行模拟台。

1960 年

2 月 25 日，经清华大学党委批准，加入中国共产党，成为预备党员。

组织上曾准备派张钹到苏联进修，但由于后来中苏关系恶化，这个计划没能实现。

1961 年

2 月 25 日，预备期满，正式转为中国共产党党员。

7 月，与张铃相约回家探亲，高中毕业离家 8 年后首次回福清老家。

在清华大学自控系 510 教研组教授自动驾驶仪课程。

1962 年

担任 510 教研组副主任。

1963 年

1 月，与张铙、张铃相约回家探亲，与母亲、大姐张玖、五姐张琇和弟弟张锻在福州相聚。

7 月 25 日，所带班级自 301 班毕业。

清华大学决定依靠自己的力量培养骨干教师，自动控制系选拔张钹、王尔乾、岳震五和胡道元等青年教师准备通过在职研究生的方式进行培养，这项计划因"文化大革命"未能实现。

1964 年

暑假，带学生到甘肃兰州的自动驾驶仪制造厂 242 厂实习。

1965 年

暑假，为响应党的号召，赴农村参加"四清"运动，担任怀柔县宝山寺公社养鱼池大队"四清"工作队队长。

清华大学组织教师职称评审工作，经校务委员会 1965—1966 学年度会议通过，张钹从助教晋升为讲师。

七机部通过中央要清华大学派骨干教师支援他们的工作，组织上选派张钹去支援，这件事因后来的运动而没能实施。

1966 年

"大串联"时期赴上海等地参观我国自己设计与制造的万吨水压机。

10 月，与李幼龄结婚。妻子李幼龄 1966 年从清华大学水利系研究生毕业，当时在北京水电设计院工作。

1967 年

在洛阳空空导弹研究所协助科研工作。

12 月，儿子张淮出生。

1968 年

与空空导弹研究所研究人员一起到旅顺军港，和海军战士一起下潜艇体验生活。

1969 年

暑假，与其他 5 位老师及 6 位红卫兵小将被工宣队派到北京电子管厂"开门办学"。

1970 年

"开门办学"结束，本应随小分队撤回，但因出色表现被工厂留下，继续在北京电子管厂工作。

1971 年

6 月，女儿张浬出生（后因浬字不常用而改为理）。

1972 年

年初，因清华大学电子工程系决定研制小型质谱仪作为当年的国庆献礼，从北京电子管厂调回清华大学，帮助调试质谱仪。

1973 年

2 月 9 日，《人民日报》发表文章《在人民教师的岗位上》，介绍清华大学电子工程系教师张钹作为优秀教师辅导工农兵学员学习的事迹。

与弟弟张铃合作研究集成电路布线，研究成果在《清华大学学报》以电子系研究小组的名义发表。

1974 年

到邯郸国营汉光机械厂与技术员一起从事研发工作，并组成小分队编写教材。

1975 年

赴呼和浩特市电子设备厂工作（带工农兵学员下厂实习）。

1978 年

清华大学进行第二次院系调整，成立人工智能与智能控制教研组，张钹作为负责人之一，负责筹建计算机系人工智能与智能控制的教学与科研工作。

6 月，国家开始选派各高校的优秀骨干教师到国外访问进修，人工智能与智能控制教研组决定让张钹和孙增圻在暑假参加出国外语考试。

1979 年

因患胃出血需要住院治疗，错过了公派教师第一批派出的时间。

1980 年

2 月，受国家派遣，作为访问学者赴伊利诺伊大学厄巴纳－香槟分校 CSL 实验室进修人工智能，实验室主任是钱天闻教授。

8 月，参加在斯坦福大学举行的第一届美国人工智能协会会议。

1981 年

在美期间仍与弟弟张铃保持通信，两人共同研究人工智能领域的搜索、规划方面的问题。

年中，向期刊 *IEEE Trans. on PAMI* 投递与张铃合著的论文，题目是《机器臂在障碍物之间的无碰撞路径规划》。

8 月，参加在温哥华举办的第 7 届国际人工智能联合会议。

1982 年

2 月，从美国伊利诺伊大学厄巴纳－香槟分校完成进修回国，返回清华大学。

针对运动规划问题首次提出了拓扑降维的方法，进行了理论研究，建立了算法，有助于解决多关节机械手的运动规划问题。

与教研组张毓凯、刘植桢到重庆、万县地区等兵器工业与研究单位调查。

与教研组林尧瑞到齐齐哈尔、辽阳、抚顺和沈阳等地的兵工厂调查。

1983 年

与张铃合著的论文 *The Statistical Inference Method in Heuristic Search Techniques* 在德国卡尔斯鲁厄举行的第八届国际人工智能联合会议上发表，为国内首次在该级别会议发文。

7 月，和张铃一起回到母校福清第三中学，见到了小学时的国文老师薛惠光和老同学张在厚。

与教研组的陆玉昌、张再兴和许万雍负责筹建智能机器人实验室。

清华大学副校长滕藤带领团队到福建，与当地政府领导洽谈建立战略合作伙伴关系，张钹作为成员之一一同前往。

1 月，期刊 *IEEE Trans. on PAMI* 刊发了张钹和张铃合作的论文 *Planning Collision-Free Paths for Robotic Arm Among Obstacles*，为国内首次在该级别期刊上发表的人工智能方面的文章。

9 月 6 日，与张铃参加在意大利比萨举办的第六届欧洲人工智能会议，张钹在会上作了《逐次 SA^* 搜索及其计算复杂性》的论文报告，该论文获国际计算机有限公司欧洲人工智能奖，是第一次有中国学者在该会议上获奖。

为清华大学计算机系研究生开设专家系统课程。

创建了国内首个智能机器人实验室，并引进了第一台机器人 PUMA 560，开启了中国智能机器人的研究之路。

4 月，在清华大学 74 周年校庆开放日向校领导和校友展示机器人 PUMA 560。

6 月，招收第一个博士生帅典勋。

7 月，与张铃在 ECAI-84 期刊发表的论文 *The Successive SA* Search and Its Computational Complexity* 被新刊 *Advances in Artificial Intelligence* 收录。

8 月 18—23 日，与张铃参加在美国洛杉矶举行的第九届国际人工智能联合会议，并在会上介绍成果加权 SA^*。

10 月，参加在沈阳举行的中法机器人学会议。

年底，被评为清华大学计算机系教授。

任自动化学会机器人专业委员会副主任。

7 月 20—25 日，与张铃参加在英国布莱登举行的第七届欧洲人工智能会议并作报告。

7月底到8月初，受 Jim Howe 教授邀请访问英国爱丁堡大学人工智能系并作有关机器人运动规划的报告；受 Christian Laugier 教授邀请访问法国格勒诺布尔大学的 LIFIA 实验室并作关于机器人运动规划的报告；受 W. Schaufelberger 教授邀请访问瑞士苏黎世联邦理工学院自动化与工业电子学院并作机器人运动规划的报告。

10月，获清华大学 1984—1985 年度教学工作优秀奖一等奖。

1987 年

1月，论文《一种新的启发式搜索技术——SA^* 算法》获 1986 年清华大学优秀学术论文奖。

被选为国家"863"高技术计划智能机器人主题专家组成员。

3月，与陆玉昌、齐国光、何克忠、张再兴等老师应邀访问新加坡。

6月26日，成为英国 *AI&Society-The Journal of Human and Machine Intelligence* 期刊正式顾问。

7月，清华大学智能技术与系统国家重点实验室正式开始筹建。张钹作为筹建该实验室的主要负责人。

7月，科技成果"启发式搜索算法"获国家教育委员会科技进步奖一等奖。

8月22—28日，与刘叙华参加在意大利米兰举办的第10届国际人工智能联合会议。

8月27日，接受意大利广播公司 RAI ROOM 采访。

10月，随国家"863"智能机器人专家组访问法国、比利时。

1988 年

2月4日，被任命为清华大学智能技术与系统实验室副主任。

6月，博士生帅典勋博士毕业，是我国人工智能领域的第一个博士毕业生。帅典勋的毕业论文题目是《LCS 问题与 Unification 问题研究》。

8月，赴美国圣保罗参加第七届美国人工智能协会会议。

8月，应邀访问美国范德堡大学、美国麻省理工学院 AI 实验室并作报告。

11 月，随国家机器人专家组参加在法国凡尔赛举行的世界机器人会议，并顺道访问法国。

7 月 2 日，妻子李幼龄因肺癌去世。

8 月 18 日—9 月 2 日，与张铃一起参加在美国底特律召开的第 11 届国际人工智能联合会议，在分组会上作关于运动规划研究的学术报告。

9 月，与张铃一起应邀访问美国圣路易华盛顿大学并作报告。

9 月 5 日，被聘为第二届国家高技术智能机器人专家组成员，任期两年。

10 月 4—6 日，与蒋新松研究员一起代表国家 "863" 智能机器人专家组参加日本东京第 20 届工业机器人会议，会后访问东京大学并参观机器人实验室。

学生张建伟完成硕士学位，被张钹推荐赴德国卡尔斯鲁厄大学（现为卡尔斯鲁厄理工学院）攻读博士学位，张建伟现为德国国家工程院信息学部院士，是该部门第一位入选的华裔科学家。

在三亚参加 "863" 自动化领域专家组会议。

2 月，清华大学智能技术与系统国家重点实验室通过国家验收并正式对外开放运行，计算机系主任周远清任实验室主任，张钹任副主任。

4 月，获国家计划委员会、国家教育委员会和中国科学院颁发的 "金牛奖"。

9 月，获清华大学 1988—1989 年教学工作优秀成果一等奖。

10 月，随国家 "863" 智能机器人专家组参加在丹麦哥本哈根举行的第 21 届工业机器人会议，并应德国著名的机器人专家 Ulirich Rembold 邀请访问了德国卡尔斯鲁厄大学，应 P. Gaspart 教授邀请访问了比利时布鲁塞尔大学。

12 月，成果"空间（运动）规划理论及应用 – 基于拓扑的运动规划算法"获 1990 年清华大学基础性研究成果奖。

12 月，与张铃合作的代表专著《问题求解理论及应用》由清华大学出版社出版。

周远清因工作需要被调到学校机关工作，张钹接替他担任智能技术与系统国家重点实验室主任。

1991 年

1 月，获国家科委、自动化领域专家委员会颁发的个人一等奖。

4 月 7—20 日，参加在美国萨克拉门托举行的机器人学与自动化会议。

7 月，开始享受国务院政府特殊津贴。

8 月 24—31 日，与刘叙华一同出席在澳大利亚悉尼举行的第 12 届国际人工智能联合会议，顺道访问墨尔本、堪培拉。

8 月，在沈阳自动化所参加智能机器主题专家组成员会议。

9 月 29 日，在福清第三中学即将迎来建校 100 周年之际，偕同哥哥张铙、弟弟张铃、张锻一起回到母校。

9 月，参加在北京召开的"863"智能机器人主题专家组会议。

9 月，获"北京市优秀教师"称号。

9 月，与哥哥张铙、弟弟张铃、张锻相约回到福州，与在福州的大姐张玖和五姐张琇相聚，这是兄弟姐妹自 1963 年之后时隔近 30 年的重聚。

10 月，被聘为自动化技术领域智能机器人主题第三届专家组成员，任期两年。

10 月，与第二任妻子房景蕤结婚。房景蕤是张钹清华大学计算机系 62 届校友，毕业后在北京市计算机技术研究所工作。

成果"空间（运动）规划理论及应用"获国家教委科技进步奖二等奖。

12 月 15—24 日，参加在法国图卢兹召开的机器人与自动化会议程序委员会审稿会议。

任《计算机学报》副主编，一直持续到 2009 年。

1992 年

2 月 17—23 日，应邀赴香港城市理工大学讲学。

4 月，被评为 1991—1992 年 "863" 计划工作自动化领域优秀工作者。

4 月，获 1992 年 "清华大学先进工作者" 称号。

5 月 10—23 日，参加在法国尼斯举行的 IEEE on Robotics & Automation 会议，并应 G. Giralt 邀请访问图卢兹的 LAAS–CNRS 实验室。

10 月，作为课题负责人申请 "863" 计划课题，题目为《包容体系结构研究》。

10 月，参与撰写的《新一代计算机技术前沿研究》（英文版）获得全国优秀科技图书一等奖。

10 月，与张铃合著《问题求解理论及应用》获高等学校出版社优秀学术专著特等奖。

与张铃合作的代表专著《问题求解理论及应用》（英文版）由荷兰爱思维尔出版社出版。

1993 年

1 月，获 1992 年摩托罗拉公司奖金。

5 月，参加在美国亚特兰大举行的 IEEE on Robotics & Automation 会议，应邀访问俄亥俄州立大学计算机系并作报告。

6 月 23 日—7 月 3 日，与石定机一同访问俄罗斯圣彼得堡鲍曼国立技术大学机械系和莫斯科大学。

9 月，获北京市人民政府颁发的北京市普通高等学校优秀教学成果奖一等奖。

11 月 6 日，获光华科技基金会颁发的光华科技基金奖二等奖。

12 月，作为主要完成者的项目 "机器人行动规划理论及其控制技术" 获电子工业部科技进步奖一等奖。

12 月，获君安 – 清华科学家奖。

被清华大学授予 1993 年度 "校先进工作者" 称号。

所领导的实验室博士生指导小组被清华大学评为博士生指导先进集体。

1994 年

5 月 8—13 日，赴美国圣地亚哥参加 IEEE on Robotics & Automation 会议。

9 月 13 日，负责的课题"机器人智能系统的人工神经网络方法"通过验收。

9 月 13 日，负责的课题"基于知识的装配机器人规划方法"通过验收。

9 月，获得"北京市优秀教师"称号。

10 月，因为在 1987 年 7 月至 1994 年 4 月任第一、二、三届专家组成员，在组织、实施"863"计划工作中作出了突出贡献，受到国家科委表彰。

11 月 23 日，被俄罗斯自然科学院信息与控制论学部选为外籍院士。

11 月，赴新加坡参加 Intelligent Systems 会议并作报告。

12 月 22 日，在庆祝国家重点实验室建设十周年总结表彰大会上，张钹所领导的智能技术与系统国家重点实验室被授予"先进集体"称号，并获集体"金牛奖"；张钹个人获"先进工作者"称号，获个人"金牛奖"。

1995 年

8 月，参加在加拿大蒙特尔尔举办的第 14 届国际人工智能联合会议，应邀访问卡耐基梅隆大学并作报告，访问亚利桑那大学机器人与自动化实验室并作报告。

11 月 1 日，俄罗斯专家 Dmotri S. Chereshkin 和 A. N. Melikhov 在清华大学为张钹举行了颁发俄罗斯自然科学院外籍院士证书的仪式。

11 月 3 日，当选为中国科学院技术科学部院士。

12 月，成果"人工智能问题分层求解理论及应用"获国家自然科学奖三等奖。

德国戴姆勒 – 奔驰公司研究院智能辅助驾驶研究部主任率团访问清华大学，张钹代表实验室接待了访客，并详细介绍了实验室的主要研究内容。

4 月，因为在国家高技术研究发展计划"八五"期间的实施工作中作出较大贡献，被国家科学技术委员会授予"先进工作者"称号，并获得个人贡献二等奖。

9 月，与妻子房景蕤、弟弟张铃受俄罗斯自然科学院 A. N. Melikhov 院士邀请访问莫斯科和塔甘罗格。

9 月 19 日，与妻子房景蕤访问比利时布鲁塞尔大学，后又访问荷兰、卢森堡。

12 月 6 日，与同届高中同学回母校福建师范大学附属中学（原英华中学）座谈。

参加中央组织部第七期党员专家理论研究班时，受到时任国家副主席、党校校长胡锦涛同志的接见。

1997 年

4 月，赴华为北京公司作学术报告。

5 月，与张铃合著的专著《人工神经网络理论及应用》由浙江科学技术出版社出版。

5 月 28 日，参加博士生贺思敏的毕业论文答辩。

7 月 7—25 日，受邀先后访问德国的戴姆勒－奔驰公司研究院以及位于乌尔姆的奔驰公司研究中心，并作了学术报告和讨论交流，顺道访问法国。

8 月 23—29 日，参加在日本名古屋举办的第 15 届国际人工智能联合会议。

10 月 28—31 日，参加在北京举行的 IEEE 智能处理系统国际会议，并报告与张铃合著的论文 *The Analysis and Improvement of Artificial Neural Network Models*。

12 月，获清华大学和中国建设银行湖北省分行尊师重教联合会联合颁发的 1997 年度优秀研究生导师奖。

1998 年

6 月 23—25 日，参加在武汉举行的 The International Conference on Artificial Intelligence for Engineering 会议，并报告合著的论文 *AI in Assembly Planning*。

8 月 28 日—9 月 7 日，参加在奥地利维也纳和匈牙利布达佩斯举办的世界计算机大会，其中主要参加第六届计算机帮助具有特殊需要人的国际会议，并在会上作报告。

10 月 31 日，被聘为微软中国研究院技术顾问委员会委员，聘期两年。

10 月，成果"军用地面智能机器人"获国防科工委科技进步奖一等奖。

担任清华大学计算机系学术委员会主任，任职时间到 1999 年。

1999 年

5 月，在清华大学研究生会第二届研究生"良师益友"活动中获"良师益友"称号。

6 月，在微软中国研究院召开的"21 世纪的计算"学术研讨会上作《人工神经网络及其在模式识别中的应用》的报告。

8 月 9—12 日，参加在美国夏威夷举办的国际人工智能与软计算会议。

9 月 23—30 日，应邀访问日本广岛市立大学。

11 月 14—22 日，在墨西哥世界计算机大会上作大会特邀报告。

12 月 19 日，项目"人工智能问题分层求解理论及应用"在福建省第十届王丹萍科技奖颁奖大会上获科学奖二等奖，成为该届王丹萍科学技术奖最高获得者。

12 月，成果"军用地面智能机器人"获国家科技进步奖三等奖。

任自动化学会智能自动化专业委员会主任。

2000 年

1 月，获 1999 清华之友 – 香港新鸿基地产信息学科奖教金。

2 月 20 日，第三届世界福清同乡联谊会在福清举行，与弟弟张铃、张锻一同参加，并当选为联谊会副主席。

2月，专著《人工神经网络理论及应用》被编纂在《智能自动化丛书》中，该套丛书荣获新闻出版署颁发的第四届"国家图书奖"和"全国优秀科技图书奖"暨"科技进步奖（科技著作）"一等奖。

4月3日，中国数字图书馆工程建设联席会议向张钹颁发专家顾问委员会委员聘书。

6月，被微软中国研究院聘为技术顾问委员会委员，聘期两年。

9月3—16日，参加在西班牙巴塞罗那举办的第15届模式识别大会，应邀访问葡萄牙科英布拉大学并作报告。

9月，成果"人工神经网络理论及应用"获1999年度安徽省自然科学二等奖。

10月31日，被选举为清华大学第七届学位评定委员会副主席。

11月，研究生孙富春的博士论文被评为"2000年全国优秀博士学位论文"，作为指导教师获得证书。

2001 年

1月18日，出席由福建省人民政府研究中心、中华工商时报社和香港科迅控股有限公司联合主办的《中国财富》论坛研讨会。

2月9日，在湖南山河智能机械股份有限公司成立大会上被聘请为该公司独立董事。

2月，为表彰在"863"计划中作出的贡献，被科学技术部授予"先进个人"称号。

领导的计算机应用技术二级学科被评为全国重点学科。

3月22—25日，访问澳门大学并作题为《移动机器人》的学术报告。

3月，由于在"863"智能机器人主题工作中成绩显著，被国家"863"计划智能机器人主题专家组授予"先进工作者"称号。

4月29日，帮助北京民族恒星科技有限公司成功开发"东方红日"64位 Unix/Linux 服务器和 EastSun64 中文操作系统。

6月，参加博士生张磊博士论文答辩会。

6 月 27 日—7 月 1 日，访问日本富士通公司在东京、横滨、金泽的分部。

9 月 5 日，参加厦门市委举办"科教兴市"院士座谈会并发言。

10 月 7—18 日，参加在希腊塞萨洛尼基举办的图像处理国际会议。

11 月，参加第三届亚太地区媒体与科技和社会发展研讨会并发表论文。

2002 年

1 月 10 日，荣获 2001 年度"清华之友——优秀教师奖励金"一等奖。

5 月 14—17 日，参加由韩国庆熙大学与日本九州大学联合举办的信息与电气工程国际研讨会并作报告。

6 月 27 日—7 月 1 日，访问日本富士通公司在东京、横滨、金泽的分部。

10 月 21—26 日，应韩国科学技术院（Korea Advanced Institute of Science & Technology，KAIST）邀请，代表清华大学组团参加在首尔举行的 Tsinghua–KAIST Brain Science & Human–like Technology Workshop，并访问庆熙大学。

11 月 20—26 日，赴法国巴黎参加（中科院自动化所）中—法联合实验室学术委员会。

11 月，成果"军用地面智能机器人"获国防科学技术工业委员会国防科学技术奖二等奖。

11 月 28 日，与弟弟张铃、张锻，堂弟张铣应邀参加母校福清第三中学建校 110 周年庆典活动。

12 月，参加博士生杨明的博士答辩。

2003 年

5 月，担任清华大学信息学院学术委员会主任，任职时间到 2007 年 8 月。

7 月 1 日，获清华大学"优秀共产党员"称号。

7 月，与张铃将著作的网络传播授权捐赠给全国文化信息资源共享工程。

8 月 25 日—9 月 26 日，赴德国与汉堡大学进行科研合作，其间应 Andrzej Skowron 教授邀请，赴波兰华沙大学作报告，题目是《问题求解的商空间理论》。

受清华大学计算机系委派帮助烟台大学扶植计算机学科发展。

在"国家中长期科学和技术发展规划"的制定过程中，中国科学院院士负责为这一重大规划提供咨询研究，张钹也在参与的院士之中。

2004 年

上半年，任河北省信息化专家委员会副主任委员。

7 月 15 日—8 月 12 日，赴德国与汉堡大学进行科研合作。

8 月 18 日—9 月 1 日，应姚期智教授邀请访问美国普林斯顿大学。

10 月 25 日，被河南科技大学聘为学校兼职教授、共享院士、信息工程学院名誉院长。

11 月 30 日，承担项目"基于商空间的粒度计算理论和应用"获安徽省人民政府颁发的 2003 年度安徽省科学技术奖二等奖。

11 月，被广东工业大学聘为该校客座教授，聘期为 2004 年 10 月至 2006 年 9 月。

12 月，出席"微软亚洲工程院成立一周年暨卓越软件工程"论坛。

被厦门大学聘为兼职教授，协助博士点建设，一直到 2009 年。

2005 年

3 月 28 日，参加广东工业大学举办的学术科技节并作学术报告。

5 月 17—24 日，与博士生袁进辉、李强一起赴越南河内参加第九届亚太知识发现和数据挖掘会议。

7 月 15 日—8 月 6 日，赴德国与汉堡大学进行科研合作，其间访问瑞士洛桑联邦理工大学并作报告。

7 月 25—27 日，在清华大学主持召开第一届 IEEE 粒计算国际学术会议，并被选为大会主席之一。

9月15—17日，在意大利举行的第四届数字水印国际研讨会（IV International Workshop on Digital Watermarking，IWDW）上，合著的文章 *Robust Detection of Transform Domain Additive Watermarks* 获最佳论文奖。

10月12日，作为中国科学院院士代表参加观看神舟六号发射。

11月，荣获清华大学第八届"良师益友"荣誉称号。

2006 年

3月9日，作为专家参加龙门石窟文物数字化工程项目方案的论证会。

5月10—12日，参加在美国亚特兰大举行的第二届 IEEE 粒计算国际学术会议。

5月13—18日，与北京航空航天大学校长李未应邀到微软雷德蒙德总部访问，参观了微软总部的研究成果，与在微软工作的清华校友座谈。

7月24日，与张铃出席在重庆举行的第一届粗糙集与知识技术国际会议并作报告。

9月3日—10月1日，赴德国汉堡大学进行科研合作。

10月，作为特邀嘉宾出席教育部-微软"长城计划"第二期合作周年汇报。

10月4—6日，2006系统应用中的计算工程 IMACS 多方会议在清华大学召开，张钹为本次会议的大会联席主席。

11月26日，偕妻子房景崧、儿子张淮返回家乡福清，并访问母校福清第三中学。

2007 年

1月，任山西大学计算智能与中文信息处理教育部重点实验室第一届学术委员会主任。

3月，与张铃合作的专著《问题求解理论及应用：商空间粒度计算理论及应用》由清华大学出版社出版。

4月8日，出席中国洛阳科技合作峰会并被聘请为洛阳市信息产业首席科技顾问。

4 月 17—23 日，访问香港中文大学。

5 月 28 日，参加青海大学计算机技术与应用系和地质工程系成立挂牌仪式。

10 月 20—26 日，访问英国奥斯特大学。

2008 年

在清华大学计算机系博士生论坛会上作报告。

4 月 28 日，随清华大学信息学院组团访问美国加州大学。

6 月 18 日，参加在福州金山展城举行的第六届 "6·18" 两院院士对接会，项目 "互联网视听节目监管系统" 在现场签约。

参加博士生吴俊的论文答辩。

7 月 26 日，获联合国工业发展组织国际太阳能技术促进转让中心颁发的高级专家聘书。

8 月 22 日，与张铃参加在河南新乡举行的第八届中国粗糙集与软计算、第二届中国 Web 智能、第二届中国粒计算联合会议，并在会上作题为《基于商空间的多粒度计算及其应用》的报告。

8 月 29 日—9 月 1 日，应邀参加在香港举行的 "小波分析与模式识别" 国际会议大会并作报告，顺道访问澳门。

9 月 28 日，参加在成都举办的 2008 中国智能系统工程学术大会，并在会上作题为《多粒度计算——走向机器智能的关键》的报告。

10 月 28 日，学生组织 "张钹院士从教 50 周年" 庆祝会。庆祝会上，张钹作了题为《我的五十年》的报告。

11 月 17 日，参加在厦门举办的第三届智能系统与知识工程国际会议，并在大会上作报告。

11 月，参加微软亚洲研究院成立十周年答谢晚宴。

2009 年

1 月，获北京市教育委员会、北京市学位委员会颁发的北京市学位与研究生教育改革与发展突出贡献奖。

4 月 13 日，在微软亚洲研究院名师讲堂上作题为《计算机视觉研究并无捷径》的报告。

7 月，被评为清华大学计算机科学与技术系优秀共产党员。

8 月 6—10 日，赴香港中文大学参加第四届北京香港国际博士论坛。

筹备并成立了清华大学认知与神经计算研究中心，担任该中心主任。

在雅加达举行的第六届世界福清同乡联谊会上改任主席团顾问。

2010 年

1 月，出席中国计算机学会优秀博士学位论文颁奖会，张钹指导的博士论文获奖。

2 月，应邀访问香港中文大学并作学术交流。

3 月 23—31 日，随国家重点实验室团队访问日本京都大学，并访问奈良、大阪等地。

4 月 10 日，受邀参加在长沙举办的第三届 Agent 理论与应用学术会议，并在大会上作题为《计算机视觉的今与昔》的特邀报告。

4 月，因在 2009 年工作中成绩显著，被清华大学授予 2009—2010 年度校 "先进工作者" 称号。

5 月 5 日，在福建伊时代科技信息有限公司签约设立福州市第一家企业院士工作站，开展互联网视听节目监管系统、互联网内容监管及取证系统等项目的开发工作。

7 月 7 日，作为会议主席参加在清华大学举办的国际认知信息学会议，并以 Computer Vision vs. Human Vision 为题作报告。

7 月 19 日，受邀参加在西安交通大学举办的第二届许宝騄会议：机器学习与计算认知，并作题为 Content-based Information Processing—A New Challenge 的报告。

9 月 19—21 日，赴新加坡成立联合实验室。

10 月 13 日，因在粗糙集与软计算领域贡献突出，被授予中国人工智能学会粗糙集与软计算专业委员会终身成就奖。

10 月 31 日，参加在福州举行的福州市院士专家座谈会暨项目签约仪式。

12 月 26 日，参加在福清举行的以"弘扬融商精神，推进激情创业"为主题的首届融商大会，并受邀在大会上发言。

2011 年

1 月 25 日，在京院士、专家迎春座谈会暨福州市软件园科技顾问聘请仪式在北京福州会馆举行，福州软件园向张钹等 3 名院士颁发了"福州软件园科技顾问"聘书。

3 月，参加在清华大学召开的第三届中日知识社会的智能技术与信息管理研讨会。

6 月 12—13 日，访问福建南威软件公司和泉州视通光电网络有限公司，在泉州师范学院为师生们作题为《计算机的昨天、今天和明天》的报告。

6 月 24 日，获"2011 年度清华大学优秀共产党员－创先争优活动优秀共产党员"称号。

10 月，回福州参加母校福建师范大学附属中学 130 周年校庆，并与学校师生座谈。

11 月 18 日，德国汉堡大学授予张钹自然科学荣誉博士。

12 月 15 日，作为特邀嘉宾参加由清华大学研究生会主办、计算机系研究生会承办的题为"明德至善，智圆行方"的"学术人生"讲坛活动，与同学们分享自己的治学之路和 76 年来的人生经历。

2012 年

1 月，任山西大学计算智能与中文信息处理教育部重点实验室第二届学术委员会主任、山西省智能信息处理院士工作站在站院士。

3 月 27 日—4 月 2 日，清华大学信息学院组团与台湾大学进行学术交流，访问新竹清华大学。

6 月 18 日，获由中国·海峡项目成果交易会组委会颁发的 2012 年

"6·18"突出贡献奖。

7月14—18日，赴新加坡进行科研合作。

8月22日—9月15日，赴德国与汉堡大学进行科研合作，并参加汉堡–清华大学博士生暑期学习班活动。

10月31日，在北京举行的第一届自然语言处理与中文计算会议上作了题为《互联网时代中文信息处理的机遇与挑战》的主旨报告。

为推广我国北斗导航系统的应用，中国卫星导航定位协会成立了专家委员会，张钹受邀成为专家委员会委员。

在2012国家重点实验室评估会议上担任自动化领域评审专家组成员。

2013 年

9月，由于在教书育人工作中成绩显著，被清华大学授予"清华大学教书育人先进个人"称号。

10月8—22日，参加在加拿大哈利法克斯举行的粗糙集与知识技术第八次国际会议。

10月，在中国驻加拿大卡尔加里领事馆作题为《经济发展与科技》的报告。

11月24日—12月5日，赴澳大利亚悉尼访问。

2014 年

1月6—22日，赴新加坡进行科研合作。

2月17日，带领清华大学考察组赴福清开展为期3天的清华大学福清联合研究中心合作项目调研考察活动。

3月7日，福建省委教育工委、省委宣传部等8部委联合在高校开展"走近名家走近经典走近科学"系列活动，张钹在福建工程学院作了《科学精神，科学创新与大学生人文精神提升》的专题报告。

4月29日上午，教育部在线教育研究中心成立大会，张钹担任中心学术委员会副主任。

5月25—28日，第十届中美工程技术研讨会——海峡两岸工程技术研讨会在福州召开,张钹协助组织,负责主持会议并邀请中外专家。

5月30日,出席在天津武清召开的首届中国机器人峰会,并作了题为《网络时代的机器人——机器人将重走 PC 机之路》的主旨报告。

6月30日—7月31日,赴新加坡进行科研合作。

9月24日,受北京交通大学计算机学院的邀请,作为 CIT 名师大讲堂第29讲的主讲,为同学们作题为《认知与计算——大脑与计算机》的报告。

9月28日,在江苏师范大学泉山校区作题为《认知与计算——大脑与计算机》的学术报告。

12月3日,在西安交通大学科学馆作题为《互联网时代信息科技面临的挑战》的学术报告。

12月12—17日,与清华大学教授郑方访问台湾并进行科研合作。

12月,与张铃合著的《基于商空间的问题求解:粒度计算的理论基础》由爱思维尔与清华大学出版社联合出版。

2015 年

1月20日,参加中国科学院人机智能协同系统重点实验室首届学术委员会暨人机智能协同系统学术研讨会,并作为首届学术委员会委员。

1月31日,在以"责任·创新·奉献"为主题的中国计算机学会颁奖大会上获得中国计算机学会终身成就奖。

4月11日,智能技术与系统国家重点实验室、清华大学计算机科学与技术系联合举办"张钹院士从教57周年暨80华诞学术研讨会"。

4月17日,由清华大学、台湾新竹清华大学、厦门市政府三方联合建设的清华海峡研究院与清华海峡研究院人工智能研究中心在厦门火炬高新区同时揭牌。张钹任清华校友总会人工智能产业联盟理事长和清华海峡研究院人工智能研究中心主任。

9月6日—10月7日,访问德国汉堡大学,其间参加智能机器人与系统国际会议。

12月20日—2016年1月2日,赴新加坡进行科研合作。

任上海交通大学兼职教授，在计算机科学与技术系的智能交互与认知工程上海高校重点实验室工作，与该校的吕宝粮教授合作研究学科交叉、人工智能与脑科学等问题。

2016 年

3 月 23 日，参加在清华大学举办的"双创 1+1"走进高校系列主题沙龙活动，对人工智能的前沿问题进行了介绍。

4 月 27 日，为福耀集团高管和员工代表作了主题为《机器人与人工智能》的学术报告。董事长曹德旺为张钹颁发福耀集团玻璃工程研究院高级顾问聘书。

6 月 29 日，福耀 – 清华院士工作站挂牌成立，张钹与清华大学副校长薛其坤、福清市领导王进足、何玉金一起出席揭牌仪式。

7 月，福耀集团携手清华大学计算机系张钹团队成功申报了工信部2016 年度智能制造综合标准化和新模式应用项目"提升高附加值功能化汽车玻璃制造的智能工厂建设"，该项目于 2018 年 12 月 5 日顺利通过工信部组织的验收。

7 月，微软亚洲研究院向张钹颁发了 25 周年杰出合作贡献奖，该奖项由微软公司在全球范围内选出 32 名获奖人，张钹是其中最年长的获奖者。

10 月 15 日，参加第十五届全国计算语言学学术会议与第四届基于自然标注大数据的自然语言处理国际学术研讨会并发表演讲。

10 月 22—26 日，参加中国计算机大会并作报告，在报告中提出"第三代人工智能"的基本思路。

11 月 9 日，出席 2016 上海交通大学类脑计算与类脑智能学术研讨会，并在会议期间作了题为《类脑计算与人工智能》的报告。

12 月 29 日—2017 年 1 月 1 日，与郑方赴台湾进行科研合作。

2017 年

1 月，任山西大学计算智能与中文信息处理教育部重点实验室第三届学术委员会委员。

1月14日，参加未来论坛2017年会的圆桌对话。

2月5—28日，赴新加坡进行科研合作。

6月29日，出席在天津召开的首届世界智能大会并发表演讲。

6月，入选TOPBOTS网站评选的2017年20名中国推动AI革命技术领袖。

7月3日，参加清华大学人工智能与未来医学影响高峰论坛，并作了题为《人工智能与医学影像识别》的报告。

7月31日，参加清华大学举行的"人工智能与信息安全"论坛并发表演讲。

10月23日，入选中国人工智能学会首批会士。

11月11日，参加在北京举行的香山科学会议第S36次学术讨论会，并作了题为《可解释的人工智能》的主题评述报告。

12月4日，出席在浙江乌镇举行的第四届世界互联网大会并发言。

12月18—20日，出席第二届未来芯片国际论坛，并作了题为《人工智能与未来芯片》的专题报告。

12月20日，出席地平线机器人发布会并发言。

12月23日，参加北京大学举办的人工智能前沿论坛，受邀作题为《人工智能面临的挑战》的报告。

获中国计算机学会自然科学一等奖。

北京得意音通技术有限责任公司组建得意音通信息技术研究院，张钹和庄炳湟任联席主任。

2018 年

1月28日，与清华大学自动化系教授黄必清等一行人赴福州市永泰智慧信息产业园考察指导，并参观永泰县博物馆。

3月16—30日，赴新加坡进行科研合作。

4月27日，参加由清华－青岛数据科学研究院主办、清数大数据产业联盟协办的第二届"大数据在清华"高峰论坛，并发表演讲。

5月26日，出席在贵阳召开的2018中国国际大数据产业博览会"人工智能"高端对话并发表演讲。

6 月 2 日，清华海峡研究院人工智能研究中心专委会在厦门成立，张钹出任研究中心首席科学家。

6 月 28 日，清华大学人工智能研究院成立，张钹担任研究院院长，清华大学校长邱勇向张钹颁发清华大学人工智能研究院院长聘书，聘期自 2018 年 6 月至 2023 年 6 月。

6 月 29 日，参加在深圳举行的 2018 全球人工智能与机器人峰会，并作了题为《走向真正的人工智能》的大会报告。

8 月 2 日，作为清华大学人工智能研究院院长带队访问北京清华长庚医院，商讨清华智慧健康医疗体系建设事宜。

8 月 15 日，出席世界机器人大会"青年创新创业专题论坛"，并发表演讲。

8 月 18—25 日，出席伦敦知识发现及数据挖掘国际会议并作报告。

9 月，上海市政府聘请张钹为上海市人工智能战略咨询专家委员会首届聘任专家，聘期两年。

9 月 16 日，参加庆祝清华大学计算机系建系六十周年大会并作为教师代表发言。

9 月 21 日，在中央电视台节目《开讲啦》发表演讲。

10 月 20—22 日，首届亚洲大学联盟研究生学术论坛在清华大学举办，张钹任大会主席并出席开幕式。

10 月 23 日，参加 CERNET 第二十五届学术年会暨会员代表大会，作了题为《人工智能的现状和未来》的报告。

11 月 14 日，出席在深圳举行的第二十届中国国际高新技术成果交易会开幕式。

11 月 30 日，清华大学邱勇校长率团访问香港大学洽谈合办本科双学位项目，张钹一同访问。

11 月 30 日，出席清华大学与香港大学联合举办的香港国际人工智能峰会，并作为该会议联合主席之一在会上作总结发言。

12 月 8 日，参加医学人工智能数据治理及标准化会议，并作题为《人工智能与医疗健康》的报告。

2019 年

1 月 11 日，受邀参加在博鳌举行的"未雨绸缪：语言与下一代人工智能博鳌论坛"并发表演讲。

1 月，被北京瑞莱智慧科技有限公司聘为首席科学家。

2 月 25 日，获聘 IUIA 国际大学创新联盟（潍坊）一带一路国际产业技术研究院首席科学家，同时在产业研究院设立院士工作站。

3 月 4—30 日，赴新加坡进行科研合作。

5 月 25 日，参加在成都举办的 2019 中国计算机学会青年精英大会，并在会上发表演讲。

5 月 28 日，出席在清华大学举办的第四届清华大学 – 东京大学多学科联合学术研讨会，并发表主旨演讲。

5 月 31 日，参加"AI Time：论道 AI 安全与伦理"主题沙龙。

6 月 7—13 日，与朱小燕、孙茂松应邀一起访问以色列希伯来大学等并进行科研合作。

6 月 21 日，参加清华大学人工智能研究院视觉智能研究中心成立仪式暨技术前沿与产业报告会，并在会上作报告。

7 月 1 日，被聘为北京智源人工智能研究院学术顾问委员会委员。

7 月 13 日，出席首届清华大学青年学者论坛，并作题为《从人工智能看交叉学科研究》的专题报告。

7 月 13 日，清华大学精准医学研究院智慧健康中心成立，张钹被聘为该中心首席专家。

8 月 4—8 日，与朱军、黄民烈一起访问阿联酋穆罕默德·本·扎耶德人工智能大学，商谈在人工智能方面的合作，并受到阿联酋内阁成员兼工业和先进技术部部长 Sultan Ahmed Al Jaber 的接见。

8 月 13—15 日，赴澳门参加第 28 届国际人工智能联合会议。

9 月 22 日，参加 CCAI 2019 中国人工智能大会，并出席主题为"如何认识我国当前人工智能发展态势"的论坛。

10 月 21 日，获中国人工智能学会颁发的第九届吴文俊人工智能科学技术奖最高成就奖。

11 月，出席在沙特吉达召开的国王科技大 – 清华人工智能先进工业研讨会，在会上发表主旨演讲。

12 月 2 日，被聘为北京智谱华章科技有限公司首席顾问，并担任战略规划院名誉院长。

12 月 5 日上午，受邀担任安徽大学安徽省院士工作站首席科学家。

清华大学人工智能研究院和精准医学研究院联合成立智慧健康中心，张钹出任中心首席专家。

与董家鸿院士一起提出建立区域智慧健康医疗服务体系。

2020 年

1 月 12 日，出席中智科学技术评价研究中心院士专家委员会成立大会，任委员会主任并在会上致辞。

1 月 28 日—2 月 18 日，赴新加坡进行科研合作。

1 月，获 2019 年度清华大学经管学院 EMBA 班杰出教学奖与优秀教学奖。

3 月 9 日，推动清华大学计算机系与德国博世公司成立机器学习联合研究中心（校级）。

7 月，在南京江宁开发区创办南京清湛人工智能研究院，并担任首任院长，这是张钹在国内领衔创办的唯一一家人工智能应用型研究院。

8 月 21—23 日，第二届中国互联网医院创新峰会暨中国研究型医院学会互联网医院分会理事大会在珠海举办，被聘为中国研究型医院学会互联网医院分会名誉会长。

8 月，被聘为脑陆研究院学术委员会主任，兼脑陆科技首席技术顾问。

9 月 14 日，出席在北京举行的越疆科技与清华大学人工智能研究院智能机器人中心全面战略合作协议的签约仪式。

9 月 23 日，中国卫星导航定位协会授予张钹 25 周年卓越贡献奖。

9 月 23 日，与朱军、苏航在期刊《中国科学》上发表文章《迈向第三代人工智能》。

10 月 17 日，被聘为清华大学计算机学科第二届顾问委员会委员，聘期到 2023 年 12 月。

10 月 29 日，在清华大学 2020 年干部综合素养提升培训班上作题为《人工智能与实体经济的融合》的主题报告。

11 月 8 日，参加第二届世界科技与发展论坛并作主旨报告。

12 月 9 日，参加 2020 第三代人工智能产业论坛。

12 月 19 日，出席中国智慧医院联盟年度论坛暨 DH400 工作组成立会议暨中国智慧医疗学术论坛，并作题为《人工智能赋能生命健康》的报告。在 DH400 工作组中担任工作组高级别专家委员会主任。

12 月 22 日，出席"2020 中国人工智能年会暨中国 AI 金雁奖颁奖典礼"，获中国 AI 金雁奖组委会颁发的 AI 金雁奖特殊贡献奖。

12 月，推动与华为的长期大颗粒合作，获 2020 年度清华－华为联合研究院优秀联合实验室管理奖——星辰奖。

年底，改任清华大学人工智能研究院名誉院长。

2021 年

1 月，获清华大学经管学院高管教育颁发的 2020 年度特殊贡献奖及优秀教学奖。

3 月 25 日，出席清华大学美术学院艺术与人文系列讲座，并发表演讲。

3 月 29 日，出席贵州省人民医院智慧医疗健康专家委员会成立暨智慧医院建设大会，任贵州省智慧医疗健康专家委员会首席专家，并进行了专题授课。

3 月，被聘为智慧互通（爱泊车）首席科学家。

4 月 23 日，参加"清华智慧健康医疗论坛"。

4 月，被聘为清华大学人工智能国际治理研究院学术委员会委员，聘期三年。

5月20日，张钹师门"四世同堂"，计算机系刘奕群的博士生谢晓晖博士毕业答辩，刘奕群师承马少平，马少平师承张钹。

5月，被评为2020年度清华大学"老有所为"先进个人。

6月16日，参加清华大学"光荣在党50年"纪念章集中颁发仪式，并作为代表发言。

6月22日，参加首届"脑科学开放日"并发表演讲。

6月，参加2021北京智源大会并发言。

8月3日，首届全球数字经济大会在北京召开，发表题为《人工智能的治理与创新发展》的演讲。

9月3日，出席清华大学求真书院2021级开学典礼并致辞。

9月8日，出席清华大学探臻人工智能前沿创新论坛，作题为《人工智能的现状与未来——迈向第三代人工智能》的主旨报告，并被聘为探臻学术顾问。

9月11日，参加2021世界机器人大会"领航峰会"并发表演讲。

10月10日，获中国科技新闻学会颁发的2021年大数据科技传播奖特殊贡献奖。

11月28日，北京清华长庚医院获批智慧健联体关键技术北京市工程研究中心，张钹任该中心顾问。

2022 年

1月17日，所在团队的成果"鲁棒高效的深度学习理论与方法"获得中国人工智能学会2021年吴文俊人工智能科学技术奖——自然科学奖一等奖。

1月，不再担任微软亚洲研究院技术顾问，改为名誉顾问。

1月，获2021年度清华大学经管学院EMBA班优秀教学奖。

4月19日，参加由清华大学美术学院、清华清尚智慧场景创新设计研究院联合主办的"设计智慧·场景创新"高峰论坛，并发表演讲。

4月24日，ICLR2022在官网上公布了杰出论文奖评选结果，张钹、朱军等人合作的论文获奖。

6 月 21 日，工信安全－得意音通"声纹＋"联合创新中心在北京揭牌成立，张钹受邀出席。

7 月，出席《走进中科院——科技创新驱动发展》高级研修班，并作专题讲座。

7 月，受邀在第十届世界和平论坛上作了题为《安全的人工智能》的主旨报告。

8 月 19 日，参加 2022 世界机器人大会主论坛并发言。

8 月，被上海市政府聘为第三届上海市人工智能战略咨询专家委员会委员，聘期两年。

11 月 12 日，清华大学计算机学科 2022 年度战略发展研讨会暨顾问委员会第六次会议在苏世民书院举行，张钹出席会议并发言。

11 月 12 日，为母校福清第三中学 130 周年校庆题写贺词。

12 月 30 日，出席第三届声纹识别产业发展与创新研讨会并致辞。

受邀担任亚太人工智能学会副主席。

2023 年

2 月 22 日，第六届"创客中国"人工智能中小企业创新创业大赛决赛在江西南昌落幕，张钹线上出席大赛决赛启动仪式并致辞。

2 月 23 日，所授课程《人工智能的现代与未来发展——迈向第三代人工智能》入选 2022 年度中央和国家机关司局级干部专题研修优秀课程。

3 月 2 日，蚂蚁集团科技伦理顾问委员会成立，张钹任顾问委员会成员，聘期两年。

3 月 18 日，天津市人工智能计算中心揭牌仪式暨天津数字产业峰会正式召开，张钹受邀作主题报告。

5 月 20 日，在第七届世界智能大会"天津国家新一代人工智能创新发展试验区高峰论坛"上，中国发明协会智慧交通分会联合 20 余家国内知名高校院所、高新技术企业，共同发布《智能路网蓝皮书——智能路网创新发展研究报告》，张钹作为蓝皮书指导组的组长出席发布会。

7 月 6 日，昇腾人工智能产业高峰论坛在上海举办，张钹被聘为昇腾荣誉顾问，并就人工智能发展的深度思考发表演讲。

7 月 8 日，参加在上海举行的 2023 世界人工智能大会——"新一代 AI·新时代金融"论坛，并发表主旨演讲。

8 月 15 日，由清湛人工智能研究院主办、盛景网联科技股份有限公司承办的"大模型时代，AI 赋能产业升级与引领"系列论坛于北京中关村全球科创路演中心举办，张钹出席并发表演讲。

9 月 6 日，出席百川智能在京召开的主题为"百川汇海，开源共赢"的大模型发布会并致辞。

9 月 10 日，参加在清华科技园国际会议中心举办的大模型研讨会并作报告。

10 月 14 日，参加在清华大学经管学院举行的"洞见：生成式人工智能与商业创新"论坛并发表主旨演讲。

附录二 张钹主要论著目录

论文

[1] Ling Zhang, Bo Zhang. The statistical inference method in heuristic search techniques [C] . in Proc. of 8th International Joint Conference on Artificial Intelligence (IJCAI), Karlsruhe, FRG, 1983, 757−759.

[2] Chien, R.T., Zhang L., Zhang B. Planning Collision−Free Paths for Robotic Arm Among Obstacles [J] . IEEE Transactions on Pattern Analysis and Machine Intelligence, 1984, 6 (1): 91−96.

[3] Ling Zhang, Bo Zhang. The successive SA search and its computational complexity [C] . in Proc. of 6th European Conference on Artificial Intelligence, Pisa, Italy, 1984: 249−258.

[4] Bo Zhang, Ling Zhang. A New Heuristic Search Technique—Algorithm SA [J] . IEEE Transactions on Pattern Analysis and Machine Intelligence, 1985, 7 (1): 103−107.

[5] Bo Zhang, Ling Zhang. A weighted technique in heuristic search [C] . in Proc. of 9th IJCAI, Los Angeles, USA, 1985: 1037−1039.

[6] Zhang Bo, Zhang Ling. Statistical Heuristic Search [J] . J. of Comput. Sci. & Technol., 1987, 2 (1): 1–11.

[7] Hongbin Wang, Chun Li, Bo Zhang. Planning based on conflict directed backtracking [C] . in Proc. of IEEE on SMC, Beijing, China, 1988: 795–798.

[8] Weixiong Zhang, Bo Zhang, Yanqing Zhou. An algorithm for hierarchical robot planning [C] . in Proc. of IEEE on SMC, Beijing, 1988: 909–912.

[9] Bo Zhang, Ling Zhang, Tian Zhang. Motion planning of multi–joint arm with topological reduction method [C] . in Proc. of 11th IJCAI, Detroit, USA, 1989: 1029–1034.

[10] Bo Zhang, Ling Zhang. The Comparison Between the Statistical Heuristic Search and A* [J] . J. of Comput. Sci. & Technol., 1989, 4 (2): 126–132.

[11] Zhang Bo, Zhang Tian, Zhang Jianwei, et al. Motion Planning for Robots with Topological Dimension Reduction [J] . J. of Comput. Sci. & Technol., 1990, 5 (1): 1–16.

[12] Bo Zhang, Ling Zhang. Hierarchy and Statistical Heuristic Search [J] . Future Generation Computer Systems, 1990, 6 (1): 43–47.

[13] Zhang Bo, Zhang Ling. Why SA Can Beat the Exponential Explosion in Heuristic Search [J] . J. of Comput. Sci. & Technol., 1990, 5 (3): 259–265.

[14] Bo Zhang, Ling Zhang. The automatic generation of mechanical assembly plans [C] . in Proc. of Pacific Rim International Conference on Artificial Intelligence, Nagoya, Japan, 1990.

[15] Zhang Bo, Zhang Ling. A Relation Matrix Approach to Labelling Temporal Relations in Scheduling [J] . J. of Comput. Sci. & Technol., 1991, 6 (4): 339–346.

[16] Tianmiao Wang, Bo Zhang. Time varying potential based perception action behaviors for mobile robot [C] . IEEE on Robotics &

Automation, Nice, France, May 1992: 2549-2554.

[17] Wang Tianmiao, Zhang Bo, He Kezhong, et al. Mobile robot control based on dynamic potential [J] . Chinese J. of Systems Engineering & Electronics, 1992, 3 (1): 73-82.

[18] Zhang Bo, Zhang Ling. An Algorithm for Finding D-Time Table [J] . J. of Comput. Sci. & Technol., 1992, 7 (1): 62-67.

[19] Bo Zhang, Ling Zhang, Huai Zhang. A quantitative analysis of behaviors of the PLN network [J] . Neural Networks, 1992, 5 (4): 639-644.

[20] Wenju Liu, Bo Zhang. A directly computing method for weights of multi-layer feedforward neural network [C] . in Proc. of International Joint Conference on Neural Networks, Beijing, Nov. 1992: II 550-554.

[21] Yongcheng Li, Bo Zhang. Reaction based planning [C] . in Proc. of 2nd Pacific Rim International Conference on AI, Seoul, Korea, Sept. 1992: 308-314.

[22] Yongcheng Li, Bo Zhang. Reachability analysis for motion planning with uncertainty [C] . in Proc. of Int. Conf. on Intelligent Information Processing & System, Beijing, Oct. 1992, 4: 43-446.

[23] Tianmiao Wang, Bo Zhang. Behavior control based resolution trapped local minima of mobile robot [C] . 1992 American Control Conference, Chicago, USA, June 1992.

[24] Hong Wang, Bo Zhang. Map based path planning and navigation system under multi-constraints for an autonomous mobile robot [C] . Second Int. Conf. on Automation, Robotics & Computer Vision, Singapore, Sept. 1992.

[25] C. Chen, D. Yu, B. Zhang. Scheduling parallel processing by Petri nets [C] . in Proc. Of IFAC 12th World Congress, vol5, 1993: 335-338.

[26] Tao Lu, Bo Zhang, et al. Automatic assembly sequence generation in knowledge-based robotic assembly oriented CAD system [C] . 2nd Int. Conf. on SIM, Singapore, 1993.

[27] Wenju Liu, Bo Zhang. Constructing OGGEB expert system for evaluating oil shale based on blocks of neural networks [C] . Int. 93 Moscow Conf. on Signal & Data Acquisition & Processing, Moscow, June 1993.

[28] Wenju Liu, Bo Zhang. A class of coding with fault-tolerance property orienting neural network and decoding with error-correcting ability by neural network [C] . World Congress on Neural Network, Portland, 213 USA, 1993.

[29] Wei Li, Bo Zhang. Fuzzy control of robotic manipulators in the presence of joint friction and load changes [C] . The 1993 ASME Int. Computers in Engineering Conf., San Diego, CA, Aug. 1993.

[30] T. N. Kortua, Bo Zhang. Manufacturing intelligent control with computer networks and expert systems [C] . Int. 93 Moscow Conf. on Signal & Data Acquisition & Processing, Moscow, June 1993.

[31] Hong Wang, Bo Zhang. Application of artificial intelligence in path planning for an autonomous mobile robot [C] . Int. Computing Congress: Applications & Management of AI Technology, India, Dec. 1993.

[32] Tao Lu, Bo Zhang, et al. Assembly sequence planning based on graph reduction [C] . in Proc. of IEEE Region 10 Int. Conf. on Computers, Communication, Control, and Power Engineering, Beijing, Oct. 1993: 119-122.

[33] Yongcheng Li, Bo Zhang. A robust motion planner for assembly robots [C] . in Proc. of 1993 IEEE Int. Conf. on Robotics & Automation, May 1993: 1026.

[34] Chen Chen, Bo Zhang, et al. Scheduling parallel processing by Petri nets [C] . in Proc. of 12th World Congress Int. Federation of Automatic Control, Sydney, Australia, Vol. 5, July 1993: 335-338.

[35] Li Yongcheng, Zhang Bo. A Topological Implementation for Motion Planning of a Robotic Arm [J] . J. of Comput. Sci. & Technol., 1993, 8

（1）: 1—10.

[36] Zhang Bo, Zhang Ling. On Memory Capacity of the Probabilistic Logic Neuron Network [J] . J. of Comput. Sci. & Technol., 1993, 8（3）: 252—256.

[37] Zhang Bo, Zhang Ling. The Complexity of Recognition in the Single-Layered PLN Network with Feedback Connections [J] . J. of Comput. Sci. & Technol., 1993, 8（4）: 317—321.

[38] Mei Han, Bo Zhang. Applications of programming based learning algorithms in associative memory [C] . in Proc. of the 3rd Pacific Rim International Conference on AI, Beijing, Aug. 1994: 1064—1070.

[39] Mei Han, Bo Zhang. Control of robotic manipulators using a CMAC-based reinforcement learning system [C] . in Proc. of Annual International Conference on Intelligent Robots and Systems, Germany, Sept. 1994: 2117—2122.

[40] Mei Han, Bo Zhang. A model for invariant object recognition using programming based learning algorithm [C] . in Proc. of Second Singapore International Conference on Intelligent Systems, Singapore, Nov. 1994: 495—500.

[41] Li Wei, Zhang Bo. Real-Time Collision-Free Path Planning for Robots in Configuration Space [J] . J. of Comput. Sci. & Technol., 1994, 9（1）: 37—52.

[42] Yao Shu, Zhang Bo. The Learning Convergence of CMAC in Cyclic Learning [J] . J. of Comput. Sci. & Technol., 1994, 9（4）: 320—328.

[43] Biqing Huang, Bo Zhang. A new scheduling model based on extended Petri net-TREM [C] . in Proc. of 1994 IEEE Int. Conf. on Robotics & Automation, San Diego, 1994.

[44] Mei Han, Bo Zhang. Moving objects recognition and motion prediction using neural networks [C] . 1994 IEEE Int. Conf. On Industry Technology, Guangzhou, China, Dec. 1994.

[45] Jiang Shan, Bo Zhang. Synchronous classification in off-line Chinese character recognition[C]. IEEE Int. Conf. on SMC, Canada, 1995.

[46] Jian Shan, Bo Zhang. Handwriting Chinese character recognition based on character archetype [C]. the 2nd Int. Symposium on Natural Language Processing, Thailand, Aug. 1995.

[47] Zhang Bo, Zhang Ling, Cheng Gang. The Generation of a Sort of Fractal Graphs[J]. J. of Comput. Sci. & Technol., 1995, 10 (2): 104-111.

[48] Bo Zhang, Ling Zhang, Fuchao Wu. Programming Based Learning Algorithms of Neural Networks with Self-Feedback Connections [J]. IEEE Transactions on Neural Networks, 1995, 6 (3): 771-775.

[49] Yao Shu, Zhang Bo. Situated Learning of a Behavior-Based Mobile Robot Path Planner[J]. J. of Comput. Sci. & Technol., 1995, 10 (4): 375-79.

[50] Bo Zhang, Ling Zhang, Huai Zhang. The Complexity of Learning in PLN Networks[J]. Neural Networks, 1995, 8 (2): 221-228.

[51] Da Yu, Bo Zhang, Chen Chen. Reduced Petri nets: a new model of scheduling problem [C]. IASTED Int. Conf. on Modeling and Simulation, Colombo, July 1995.

[52] Da Yu, Bo Zhang. An approach to scheduling problem: model and algorithm[C]. IEEE Int. Conf. on SMC, Beijing, 1996.

[53] Xiping Tao, Bo Zhang. Perception-action method for mobile robot plan and control based on driving experience[C]. IEEE Int. Conf. on SMC, 215 Beijing, 1996.

[54] Changqing Liu, Bo Zhang. A conceptual framework for defining emotion concepts[C]. in Proc. of 18th Annual Conference of Cognitive Science, 1996.

[55] Changqing Liu, Bo Zhang. Defining the concept of emotion: a formal approach[C]. XXVI Int. Conf. of Psychology, 1996.

[56] Yuyu Chen, Bo Zhang. Band-limited combined orthonormal wavelet

bases〔C〕. in Proc. of IEEE Region Ten Conference on Digital Signal Processing Applications, Perth, Australia, 1996.

〔57〕Xiping Tao, Bo Zhang, et al. ALV navigation and control based on potential-fuzzy neural network〔C〕. Int. Conf. on Intelligent Autonomous Systems, Mar. 1996.

〔58〕Changqing Liu, Bo Zhang. An urn model for autonomous learning〔C〕. in Proc. of 13th European Meeting on Cybernetics and Systems Research, 1996: 1147-1152.

〔59〕Xiping Tao, Bo Zhang, et al. Navigation for mobile robot based on multi-sensor fusion〔C〕. in Proc. of the annual Chinese Automation Conf., Oxford, Sept. 1996: 129-132.

〔60〕Ling Zhang, Bo Zhang, Gang Chen. Generating and Coding of Fractal Graphs by Neural Network and Mathematical Morphology Methods〔J〕. IEEE Transactions on Neural Networks, 1996, 7 (2): 400-407.

〔61〕Zhaohui Zhang, Yuchang Lu, Bo Zhang. An effective partitioning-combining algorithm for discovering quantitative association rules〔C〕. in Proc. of the First Pacific-Asia Conference on Knowledge Discovery and Data Mining, Singapore, Feb. 1997: 241-251.

〔62〕Yang Lei, He Kezhong, Zhang Bo. The research on mobile robot sensor simulation & visualization〔C〕. in Proc. of IEEE on SMC, Rensselar, USA, 1997: 2286-2289.

〔63〕Yang Lei, Yang Xinxin, Zhang Bo. The research on mobile robot simulation & visualization under virtual reality〔C〕. in Proc. of IEEE 1st Int. Conf. On Information, Communication & Signal Processing, Singapore, 1997: 390-396.

〔64〕Simin He, Bo Zhang. Solving SAT by readable transform of Wu's method 〔C〕. Poster Session of The 15th Int. Joint Conf. on AI, Nagoya, Japan, 1997.

〔65〕Bo Zhang. Evolution and comprehension of neural networks〔C〕.

IMACS Int. Symposium on Softcomputing in Engineering Applications, Athens, Greece, June 1998.

[66] Bo Zhang. Predicting missed attributes using association rules [C] . IEEE Conf. on SMC, San Diego, Oct. 1998.

[67] Jianmin Li, Bo Zhang. A Chinese text−to−speech system for people with disabilities [C] . in Proc. of the XV World Computer Congress, Vienna, Austria and Budapest, Hungary, 1998: 465−473.

[68] He Simin, Zhang Bo. Solving SAT by Algorithm Transform of Wu's Method [J] . J. of Comput. Sci. & Technol., 1999, 14 (5): 468−480.

[69] Ling Zhang, Bo Zhang. Neural network based classifiers for a vast amount of data [J] . Lecture Notes in Artificial Intelligence 1574, 1999: 238−246.

[70] Ling Zhang, Bo Zhang. A Geometrical Representation of McCulloch−Pitts Neural Model and its Applications [J] . IEEE Transactions on Neural Networks, 1999, 10 (4): 925−929.

[71] Bo Zhang. Artificial neural network and its applications to pattern recognition [C] . Plenary Papers, International Computation Congress CIC 99, Mexico, Nov. 1999.

[72] Mingrui Wu, Bo Zhang. A neural network based classifier for handwritten Chinese character recognition [C] . In Proc. of 15th Int. Conf. on Pattern Recognition, Barcelona, Spain, Sept. 3−7, 2000: vol. II, 561−564.

[73] Zhang Yiying, Zhu Xiaoyan, Zhang Bo. A New Speaker Verification Method with Global Speaker Model and Likelihood Score Normalization [J] . J. of Comput. Sci. & Technol., 2000, 15 (2): 184−193.

[74] Minghu Jiang, Bo Zhang. A fast hybrid algorithm of global optimization for feedforward neural networks [J] . Chinese Journal of Electronics, 2001, 10 (2): 214−218.

[75] Lei Zhang, Bo Zhang. Support vector machine learning for image retrieval [C] . In Proc. of IEEE Int. Conf. on Image Processing, Thessaloniki,

Greece, Oct. 3-7, 2001: 2387-2391.

[76] Lei Zhang, Bo Zhang. A novel learning technique based on neural network for image retrieval [C]. IASTED Int. Conf. on Signal Processing, Pattern & Applications, Thessaloniki, Greece, July, 2001.

[77] Ling Zhang, Bo Zhang. Statistical learning theory and its application to pattern recognition (Plenary Papers) [C]. SPIE Second International Symposium on Multispectral Image Processing and Pattern Recognition, Wuhan, China, Aug. 2001.

[78] Pin Tao, Bo Zhang, et al. The learning algorithm of constructive NN [C]. in Proc. of the 4th World Congress on Intelligent Control & Automation, Shanghai, China, 2002.

[79] Pin Tao, Bo Zhang, et al. 3D feature recognition based on CNN [C]. in Proc. of the 4th World Congress on Intelligent Control & Automation, Shanghai, China, 2002.

[80] Bo Zhang, Dianxun Shuai and Ling Zhang. Information processing and Exploitation under Internet (invited lecture) [C]. in Proceeding of International Workshop on Information & Electrical Engineering, Kyung Hee University, Korea, May 16-17, 2002: 3-7.

[81] Bo Zhang, Ling Zhang. Granular computing and human cognition [C]. 218 Tsinghua-KAIST Joint Workshop on Brain Science and Human-like Technology, Daejion, Korea, Oct. 22-23, 2002: 37-49.

[82] Ling Zhang, Bo Zhang. Artificial intelligence and human learning [C]. Tsinghua-KAIST Joint Workshop on Brain Science and Human-like Technology, Daejion, Korea, Oct. 22-23, 2002: 51-67.

[83] Jianmin Li, Bo Zhang, Fuzong Lin. A new strategy for selecting working sets applied in SMO [C]. 16th International Conference on Pattern Recognition (ICPR), VOL III, 2002: 427-430.

[84] Jianmin Li, Bo Zhang, Fuzong Lin. A new cache replacement algorithm in SMO [C]. Pattern Recognition with Support Vector Machines, First

International Workshop, SVM2002, Lecture Notes in Computer Science 2388: 342-353.

[85] Zhang Ling, Zhang Bo. Relationship between support vector set and kernel functions in SVM [J] . J. of Comput. Sci. & Technol., 2002, 17 (5): 549-555.

[86] Jianmin Li, Bo Zhang, Fuzong Lin. A new strategy for selecting working sets applied in SMO [C] . in Proc. of 16th International Conference on Pattern Recognition, Quebec City, Canada, 11-15 August, 2002.

[87] Jianmin Li, Bo Zhang, Fuzong Lin. Nonlinear speech model based on support vector machine and wavelet transform [C] . in Proc. Fifteenth International Conference on Tools with Artificial Intelligence, Sacramento, CA USA, 3-5 Nov. 2003: 259-263.

[88] Fang Qian, Fuzong Lin, Bo Zhang. Constructive learning algorithm-based RBF network for relevance feedback in image retrieval [C] . Conference on Image and Video Image Retrieval, Beckman Institute, University of Illinois at Urbana-Champaign, July 24-25, 2003.

[89] Ling Zhang, Bo Zhang. Learning methodologies in artificial neural networks [C] . International Workshop on Natural Computation and Applications, Hefei, China, Oct. 25-29, 2004, vol. I: 354-370 (invited talk) .

[90] Ling Zhang, Bo Zhang. The Quotient Space Theory of Problem Solving [J] . Fundamenta Informaticae, 2004, 59 (2): 287-298.

[91] Yinghua He, Hong Wang, Bo Zhang. Color-Based Road Detection in Urban Traffic Scenes [J] . IEEE Trans. on Intelligent Transportation Systems, 2004, 5 (4): 309-318.

[92] Li sha Huang, Minming Li, Bo Zhang. Approximation of Walrasian Equilibrium in Single-minded Auctions [J] . Theoretical Computer Science, 2005, 337 (1-3): 390-398.

[93] Ling Zhang, Bo Zhang. Fuzzy Reasoning Model under Quotient Space

Structure [J] . Information Sciences, 2005, 173 (4): 353—364.

[94] Ling Zhang, Bo Zhang. The Structure Analysis of Fuzzy Sets [J] . International Journal of Approximate Reasoning, 2005, 40 (1—2): 92—108.

[95] Ling Zhang, Bo Zhang. A quotient space approximation model of multiresolution signal analysis [J] . Journal of Computer Science and Technology, 2005, 20 (1): 90—94.

[96] Xingliang Huang, Bo Zhang. Perceptual watermarking using a wavelet visible difference predictor [C] . 2005 IEEE International Conference on Acoustics, Speech, and Signal Processing (ICASSP), March 19—23, 2005, Philadelphia PA, USA.

[97] Qiang Li, Bo Zhang. Image matching under generalized Hough transform [C] . the IADIS International Conference Applied Computing 2005, 22—25 February 2005, Algarve, Portugal.

[98] Qiang Li, Bo Zhang. Template matching based on image gray value, Proc. SPIE [C] . Visual Communications and Image Processing 2005, Beijing, Jul 2005: Vol.5960, 614—622.

[99] Qiang Li, Bo Zhang. Cluster—Based Rough Set Construction [C] . Advances in Knowledge Discovery and Data Mining: 9th Pacific—Asia Conference, PAKDD 2005, Hanoi, Vietnam, May 18—20, 2005: 464—473.

[100] Jinhui Yuan, Bo Zhang, Fuzong Lin. Graph Partition Model for Robust Temporal Data Segmentation [C] . Advances in Knowledge Discovery and Data Mining: 9th Pacific—Asia Conference, PAKDD 2005, Hanoi, Vietnam, May 18—20, 2005: 758—763.

[101] Dayong Ding, Le Chen, Bo Zhang. Temporal shot clustering analysis for video concept detection [C] . 27th European Conference on Information Retrieval, 21st—23rd Mar, 2005, Santiago de Compostela Spain.

[102] Dayong Ding, Le Chen, Bo Zhang. Temporal Shot Clustering Analysis for Video Concept Detection [C] . Advances in Information Retrieval: 27th European Conference on IR Research, ECIR 2005, Santiago de Compostela, Spain, March 21−23, 2005: 558−560.

[103] Xingliang Huang, Bo Zhang. Robust Detection of Transform Domain Additive Watermarks [C] . Digital Watermarking: 4th International Workshop, IWDW 2005, Siena, Italy, September 15−17, 2005: 124− 138.

[104] Xingliang Huang, Bo Zhang. Perceptual Watermarking Using a Wavelet Visible Difference Predictor [C] . IEEE International Conference on Acoustics, Speech, and Signal Processing, Proceedings of ICASSP ' 05, 220 Volume 2, March 18−23, 2005: 817−820.

[105] Zhi Wang, Bo Zhang. Quotient Space Model of Hierarchical Query− by−Humming System [C] . Proceeding of IEEE International Conference on Granular Computing 2005. Beijing. July 25−27, 2005.

[106] Yinghua He, Bo Zhang, Jianmin Li. A New Multiresolution Classification Model Based on Partitioning of Feature Space [C] . Proceeding of IEEE International Conference on Granular Computing 2005, Beijing, July 25− 27, 2005.

[107] Ling Zhang, Bo Zhang. Multi−resolution computing and its applications [C] . International Symposium on Intelligence Computation & Applications, ISICA 2005, April 4−6, 2005, Wuhan, China (invited talk) .

[108] Ling Zhang, Bo Zhang. Hierarchical problem solving and hierarchical learning [C] . 2005 IEEE International Conference on Granular Computing, Beijing, China, July 25−27, 2005 (invited talk) .

[109] Bo Zhang, Ling Zhang. Quotient space based hierarchical machine learning [C] . 2005 International Conference on Neural Networks and Brain, Beijing, China, Oct. 13−15, 2005 (invited talk) .

[110] Xingliang Huang, Bo Zhang. Robust detection of additive watermarks in transform domains [J] . IEEE Proceedings − Information Security, 2006, 153 (3): 97−106.

[111] Ling Zhang, Bo Zhang. A theoretical framework of natural computing (invited talk) [C] . 2006 China−UK Workshop on Nature Inspired Computation and Applications (CUWNICA' 06), 23−27 Oct. 2006, Hefei, China.

[112] Dong Wang, Jianmin Li, Bo Zhang. Relay Boost Fusion for Learning Rare Concepts in Multimedia, Image and Video Retrieval [C] . 5th International Conference, CIVR 2006, Tempe, AZ, USA, July 13−15, 2006: 271−280.

[113] Dong Wang, Jianmin Li, Bo Zhang. Multiple−Instance Learning Via Random Walk [C] . 17th European Conference on Machine Learning (ECML 2006), Berlin, Germany, September 18−22, 2006: 473 − 484.

[114] Bo Zhang, Dayong Ding, Ling Zhang. Cross−modal learning−the learning methodology inspired by human's intelligence [J] . Neural Information Processing−Letters and Reviews, 2007, 11 (4): 83−90.

[115] Yunhui Zhou, Fuchun Sun, Bo Zhang. A Novel QoS Routing Protocol for LEO and MEO Satellite Networks [J] . International Journal of Satellite Communications and Networking, 2007, 25 (6): 603−617.

[116] Dayong Ding, Bo Zhang. Probabilistic Model Supported Rank Aggregation for the Semantic Concept Detection in Video [C] . in Intl. Conference of Image and Video Retrieval (CIVR), Amsterdam, 2007: 587−594.

[117] Jinhui Yuan, Jianmin Li, Bo Zhang. Exploiting spatial context constraints for automatic image region annotation [C] . Proc. of ACM Multimedia. Augsburg, Germany. ACM Press, September, 2007: 595−604.

[118] Jinhui Yuan, Jianmin Li, Bo Zhang. Gradual transitions detection with

conditional random fields [C] . Proc. of ACM Multimedia. Augsburg, Germany. ACM Press, September, 2007: 277−280.

[119] Dong Wang, Jianmin Li, Bo Zhang. The Importance of Query− Concept−Mapping for Automatic Video Retrieval [C] . ACM Multimedia 2007.

[120] Xiaolin Hu, Zhigang Zeng, Bo Zhang. Three Global Exponential Convergence Results of the GPNN for Solving Generalized Linear Variational Inequalities [C] . ISNN 2008.

[121] Jun Zhu, Eric P. Xing, Bo Zhang. Partially Observed Maximum Entropy Discrimination Markov Networks [C] . Advances in Neural Information Processing Systems (NIPS), 2008.

[122] Jun Zhu, Eric P. Xing, Bo Zhang. Laplace maximum margin Markov networks [C] . ICML 2008.

[123] Jinhui Yuan, Jianmin Li, Bo Zhang. Scene Understanding with Discriminative Structured Prediction [C] . CVPR 2008.

[124] Peijiang Yuan, Bo Zhang, Jianmin Li. Multi−modal Information Retrieval for Content−Based Medical Image and Video Data Mining [C]. IMAGAPP 2009. Feb. 2009.

[125] Bo Zhang. Multi−granular Computing and Its Applications [C] . ASI Symposium on Bioinformatics and Data Mining (Keynote Speech), 26− 27 February 2009, Hong Kong Baptist University.

[126] Jianmin Li, Zhikun Wang, Bo Zhang. The Interactive Video Retrieval System in SMARTV 2009 [C] . To Appear in CIVR 2009.

[127] Jun Zhu, Eric P. Xing, Bo Zhang. Primal Sparse Max−Margin Markov Networks [C] . To Appear in SIGKDD International Conference on Knowledge Discovery and Data Mining, 2009.

[128] Ling Zhang, Bo Zhang. The theory and application of tolerance relations [J] . International Journal of Granular Computing, Rough Sets and Intelligent Systems, 2009, 1 (2): 179−189.

[129] Xiaolin Hu, Bo Zhang. An Alternative Recurrent Neural Network for Solving Variational Inequalities and Related Optimization Problems [J] . IEEE Transactions on Systems, Man, and Cybernetics, Part B: Cybernetics, 2009, 39 (6): 1640-1645.

[130] Xiaolin Hu, Bo Zhang. A New Recurrent Neural Network for Solving Convex Quadratic Programming Problems with an Application to the K-winners-take-all Problem [J] . IEEE Transactions on Neural Networks, 2009, 20 (4): 654-664.

[131] Xiaolin Hu, Bo Zhang. Another simple recurrent neural network for quadratic and linear programming [C] . 6th International Symposium on Neural Networks, ISNN 2009, May 26, Wuhan, China, 5553 LNCS: 116-125.

[132] Peijiang Yuan, Bo Zhang, Jianmin Li. "Multi-modal Information Retrieval for Content-Based Medical Image and Video Data Mining" [C] . IMAGAPP 2009. Feb. 2009.

[133] Xiaolin Hu, Bo Zhang. A Gaussian Attractor Network for Memory and Recognition with Experience-dependent Learning [J] . Neural Computation, 2010, 22 (5): 1333-1357.

[134] Zhang Ling, Zhang Bo. Fuzzy Tolerance Quotient Spaces and Fuzzy Subsets [J] . Science in China, Series F: Information Sciences, 2010, 53 (4): 704-714.

[135] Zhang Ling, Zhang Bo, Zhang Yanping. The Structural Analysis of Fuzzy Measures [J]. Science China Information Sciences, 2011, 54 (1): 38-50.

[136] Zuo Yuanyuan, Zhang Bo. Robust Hierarchical Framework for Image Classification via Sparse Representation [J] . Tsinghua Science and Technology, 2011, 16 (1): 13-21.

[137] Jianmin Li, Chen Sun, Bo Zhang. A Sparse Representation-based Approach for Video Copy Detection [J] . Frontiers of Electrical and

Electronic Engineering in China, 2012, 7（2）: 208—215.

［138］Jun Zhu, Xun Zheng, Bo Zhang. Improved Bayesian Logistic Supervised Topic Models with Data Augmentation［C］. ACL（1）2013: 187—195.

［139］Minjie Xu, Jun Zhu, Bo Zhang. Fast Max—Margin Matrix Factorization with Data Augmentation［C］. ICML（3）2013: 978—986.

［140］Aonan Zhang, Jun Zhu, Bo Zhang. Sparse Relational Topic Models for Document Networks［C］. ECML/PKDD（1）2013: 670—685.

［141］Aonan Zhang, Jun Zhu, Bo Zhang. Max—Margin Infinite Hidden Markov 224 Models［C］. ICML 2014: 315—323.

［142］Jingwei Zhuo, Jun Zhu, Bo Zhang. Adaptive Dropout Rates for Learning with Corrupted Features［C］. IJCAI 2015: 4126—4133.

［143］Binbin Cao, Jianmin Li, Bo Zhang. Regularizing neural networks with adaptive local drop［C］. IJCNN 2015: 1—5.

［144］M. Liang, X. Hu, Bo Zhang. Convolutional neural networks with intra—layer recurrent connections for scene labeling［C］. NIPS 2015, Montréal, Canada.

［145］Qingtian Zhang, Xiaolin Hu, Bo Zhang. Comparison of l1—Norm SVR and Sparse Coding Algorithms for Linear Regression［J］. IEEE Transactions on Neural Networks and Learning Systems, 2015, 26（8）: 1828—1833.

［146］Lingxi Xie, Qi Tian, Bo Zhang. Simple Techniques Make Sense: Feature Pooling and Normalization for Image Classification［J］. IEEE Transactions on Circuits and Systems for Video Technology, 2016, 26（7）: 1251—1264.

［147］Chongxuan Li, Jun Zhu, Bo Zhang. Learning to Generate with Memory［C］. ICML 2016: 1177—1187.

［148］Juzheng Li, Jun Zhu, Bo Zhang. Discriminative Deep Random Walk for Network Classification［C］. ACL（1）2016.

［149］Chongxuan Li, Jun Zhu, Bo Zhang. Learning to Generate with Memory

［C］. ICML 2016：1177-1187.

［150］Wenbo Hu, Jun Zhu, Bo Zhang. Fast Sampling Methods for Bayesian Max-margin Models［J］. Expert Systems with Applications, 2017, 69：277-287.

［151］Chongxuan Li, Jun Zhu, Bo Zhang. Max-Margin Deep Generative Models for（Semi-）Supervised Learning［J］. IEEE Transactions on Pattern Analysis and Machine Intelligence, 2017, 40（11）：2762-2775.

［152］Chao Du, Jun Zhu, Bo Zhang. Learning Deep Generative Models with Doubly Stochastic Gradient MCMC［J］. IEEE Transactions on Neural Networks and Learning Systems, 2018, 29（7）：3084-3096.

［153］Shifeng Zhang, Jianmin Li, Bo Zhang. Joint Cluster Unary Loss for Efficient Cross-Modal Hashing［C］. ICMR'19：Proceedings of the 2019 on International Conference on Multimedia Retrieval, 2019：212-216.

［154］Shifeng Zhang, Jianmin Li, Bo Zhang. Semantic Cluster Unary Loss for Efficient Deep Hashing［J］. IEEE Transactions on Image Processing, 2019, 28（6）：2908-2920.

［155］Shifeng Zhang, Jianmin Li, Bo Zhang. Pairwise Teacher Student for Semi-Supervised Hashing［C］. In CVPR Workshop, 2019.

［156］张铃，张钹. 双机械手协调操作中相碰的机器判别［J］. 安庆师范学院学报（自然科学版），1982（1）：6-13.

［157］张钹，张铃. 启发式搜索的一种新技术——SA算法［J］. 清华大学学报（自然科学版），1985（2）：1-14.

［158］张钹，陆玉昌，张再兴. 人工智能的发展及面临的问题［J］. 国外自动化，1985（3）：12-14.

［159］张钹，张铃. 启发式搜索中一种新的加权技术［J］. 清华大学学报（自然科学版），1986, 26（3）：10-17.

［160］张钹. 智能与人工智能［J］. 中国电子报，1986, 1（10）：3.

［161］张钹，张铃. 统计启发式搜索方法［J］. 计算机学报，1987,（6）：

328-337.

[162] 章伟雄，张钹，周远清. 目标级机器人自动程序设计——系统与方法 [J]. 机器人，1988，2（2）：1-5.

[163] 张钹，张铃. 解无碰路规划的降维法 [J]. 计算机学报，机器人，1988，2（6）：32-38.

[164] 张钹，张铃. SA 算法为什么能克服计算量的指数爆炸 [J]. 清华大学学报（自然科学版），1989，29（1）：87-95.

[165] 张铃，张钹. 定性推理的商空间模型（Ⅱ）[J]. 安庆师范学院学报（自然科学版），1990（1）：15-20.

[166] 艾海舟，张钹. 基于拓扑的路径规划问题的图形解法 [J]. 机器人，1990，12（5）：20-24.

[167] 张钹，张铃. 无碰路径规划的拓扑方法 [J]. 计算机学报，1990（12）：881-889.

[168] 张铃，张钹. 问题求解商空间模型的计算复杂性 [J]. 安庆师范学院学报（自然科学版），1990（2）：1-7.

[169] 张钹，张铃. 时间规划的关系矩阵法 [J]. 计算机学报，1991（6）：411-422.

[170] 张钹，张铃. 求解机械装配规划的新方法 [J]. 计算机学报，1991（8）：561-569.

[171] 张钹，张铃. D-时刻表的求解算法 [J]. 计算机学报，1991（12）：881-892.

[172] 张钹. 智能机器人的现状及发展 [J]. 科技导报，1992（6）：24，42-43.

[173] 张铃，张钹. 论概率逻辑神经元网络（Ⅲ）——PLN 网络的综合 [J]. 安庆师范学院学报（自然科学版），1992（1）：14-19.

[174] 张钹. 智能机器入的理想与现实——智能机器人主题战略讨论 [J]. 机器人，1992，14（4）：50-52.

[175] 李永成，张钹. 多关节机械手抓取 - 放置操作的运动规划 [J]. 机器人，1992，14（6）：24-28.

［176］张铃，张钹. 论概率逻辑神经元网络（Ⅳ）——识别复杂性问题［J］. 安庆师范学院学报（自然科学版），1992（2）：7-12.

［177］张钹，张淮，张铃. 概率逻辑神经元网络收敛性的分析［J］. 计算机学报，1993，16（1）：1-12.

［178］王田苗，张钹，何克忠，等. 基于环境势场法的"感知－动作"行为研究［J］. 计算机学报，1993，16（2）：89-96.

［179］张钹，张铃. 单层反馈PLN网络的识别复杂性［J］. 计算机学报，1993，16（5）：321-326.

［180］刘文举，张钹. 基于多维球面点输入样本的神经元网络算法［J］. 计算机学报，1993，16（5）：343-351.

［181］李永成，张钹. 基于拓扑法的多关节机械手无碰路径规划［J］. 软件学报，1993，4（5）：11-16.

［182］张钹，张铃. 概率逻辑神经元网络的记忆容量［J］. 计算机学报，1993，16（11）：807-813.

［183］李永成，张钹. 一种能应付突发意外事件的装配机器人运动规划研究［J］. 自动化学报，1993，19（6）：656-662.

［184］王宏，张钹. 基于地图的室外移动机器人路径规划与导航系统［J］. 机器人，1994，16（1）：24-29.

［185］张钹，张铃. PLN网络的改进及其应用［J］. 软件学报，1994，5（3）：1-11.

［186］黄必清，张钹. 一种层次调度模型的下界计算方法［J］. 模式识别与人工智能，1994，7（1）：21-26.

［187］艾海舟，张钹，何克忠，等. 基于行为的移动机器人仿真实验系统［J］. 机器人，1994，16（2）：87-91.

［188］黄必清，张钹，陈陈. 时间资源调度模型［J］. 计算机学报，1994，17（4）：276-282.

［189］张钹. 传统人工智能与控制技术的结合［J］. 控制理论与应用，1994（2）：247-250.

［190］于达，张钹，陈陈. 基于层次Petri网模型的调度算法［C］. 中国

控制与决策学术年会论文集，1994：842-846.

[191] 黄必清，张钹. 基于时区与时区估计的层次调度模型 [J]. 软件学报，1994，5（5）：58-64.

[192] 于达，张钹，陈陈. 时间 Petri 网的分析工具 PANT 及其在调度问题中的应用 [J]. 计算机学报，1994，17（6）：417-423.

[193] 余卫东，陆玉昌，张钹. 工程数据库系统中的知识管理 [J]. 计算机研究与发展，1994，31（6）：35-40.

[194] 张铃，张钹，张淮. PLN 网络的广义 A- 学习律 [J]. 模式识别与人工智能，1994，7（2）：94-103.

[195] 张铃，张钹. PLN 网络吸引区域的定量分析 [J]. 软件学报，1994，5（8）：9-13.

[196] 李永成，张钹. 基于反射的规划方法 [J]. 软件学报，1994，5（9）：9-15.

[197] 张铃，张钹，吴福朝. 神经网络的规划学习算法 [J]. 计算机学报，1994，17（9）：669-675.

[198] 张铃，张钹. 自反馈神经网络的椭球学习算法 [J]. 计算机学报，1994，17（9）：676-681.

[199] 张铃，张钹. 神经网络中 BP 算法的分析 [J]. 模式识别与人工智能，1994，7（3）：191-195.

[200] 张钹，张铃，陈刚. 一种基于神经网络的分形几何图的产生与编码 [J]. 计算机学报，1995，18（3）：167-177.

[201] 张铃，张钹. 基于数学形态学分形几何图的产生 [J]. 计算机学报，1995，18（3）：178-180.

[202] 韩玫，张钹，张铃. 应用基于规划的学习算法建立对物体进行不变性识别的模型 [J]. 模式识别与人工智能，1995，8（1）：21-30.

[203] 余卫东，陆玉昌，张钹. 装配知识库模型及其核心设计 [J]. 软件学报，1995，6（5）：296-304.

[204] 张钹. 近十年人工智能的进展 [J]. 模式识别与人工智能，1995，8（S1）：1-9.

［205］张钹. 智能模拟与人工智能系统［J］. 科学中国人，1996，（2）：31-33.

［206］于达，张钹，陈陈. 调度问题的 HPN 模型研究［J］. 计算机研究与发展，1996，33（5）：321-328.

［207］吴福朝，张铃，张钹. 识别多中心模式类的神经元网络［J］. 计算机工程，1996，22（4）：55-58.

［208］张师超，张钹. 间断区间时态逻辑的语义［J］. 计算机学报，1996，19（12）：948-952.

［209］王宏，何克忠，张钹. 智能车辆的自主驾驶与辅助导航［J］. 机器人，1997，19（2）：155-160.

［210］张铃，张钹. 多层反馈神经网络的 FP 学习和综合算法［J］. 软件学报，1997，8（4）：252-258.

［211］张铃，张钹. 统计遗传算法［J］. 软件学报，1997，8（5）：335-344.

［212］于达，张钹，陈陈. 调度问题的压缩 Petri 网（RePN）模型研究［J］. 计算机学报，1997，20（6）：562-566.

［213］张铃，张钹. 统计启发式搜索算法在函数优化中的应用［J］. 计算机学报，1997，20（8）：673-680.

［214］黄必清，刘文煌，张钹. 动态位级函数在实时调度中的应用［J］. 模式识别与人工智能，1997，10（3）：251-258.

［215］柳常青，张钹. 一个基于分枝搜索的函数全局优化方法［J］. 计算机学报，1997，20（11）：1009-1017.

［216］方在庆，张钹. 人工智能与计算机科学［J］. 中国科技信息，1998，（2）：14.

［217］张铃，张钹，吴福朝. 对图形识别具有平移、旋转、伸缩不变性的神经网络［J］. 计算机学报，1998，21（2）：127-136.

［218］陈玉宇，张钹. 混合小波包与最佳基［J］. 软件学报，1998，9（3）：161-168.

［219］高协平，张钹. 区间小波神经网络（I）——理论与实现［J］. 软件学报，1998，9（3）：217-221.

[220] 高协平，张钹. 区间小波神经网络（II）——性质与模拟 [J]. 软件学报，1998，9（4）：246-250.

[221] 张铃，张钹. M-P 神经元模型的几何意义及其应用 [J]. 软件学报，1998，9（5）：335-338.

[222] 张铃，张钹. 神经网络学习中"附加样本"的技术 [J]. 软件学报，1998，9（5）：371-377.

[223] 张钹. 建设世界一流的博士培养基地 [J]. 清华大学教育研究，1998（2）：32-33.

[224] 陈正，张钹. 基于知识的装配前趋约束图的生成 [J]. 软件学报，1998，9（7）：487-495.

[225] 陈玉宇，张钹. 非线性相位带限正交小波及其在电力系统故障检测中的应用 [J]. 中国电机工程学报，1998，18（4）：287-291.

[226] 张朝晖，陆玉昌，张钹. 发掘多值属性的关联规则 [J]. 软件学报，1998，9（11）：801-805.

[227] 张铃，张钹. 前向神经网络设计问题的回顾与探索 [J]. 计算机工程与科学，1998，20（4）：1-10.

[228] 贺思敏，卢旭光，张钹. 局部搜索多初始点选择的划分策略的性能分析 [J]. 计算机学报，1998，21（S1），73-78.

[229] 贺思敏，张钹. 用吴方法求解可满足性问题（I）——算法变换 [J]. 计算机学报，1998，21（S1），86-91.

[230] 张钹，张铃. 人工神经网络的设计方法 [J]. 清华大学学报（自然科学版），1998，38（S1）：1-4.

[231] 王宏，何克忠，张钹. 基于收缩法与数值导航函数的机器人路径规划 [J]. 清华大学学报（自然科学版），1998，38（S1）：116-119.

[232] 张铃，张钹. 前向神经网络的设计原则 [C]. 1998 年中国智能自动化学术会议论文集（上册），1998：12-17.

[233] 王珏，张钹. 从人工智能（AI）到人工生命（AL）[C]. 1998 年中国智能自动化学术会议论文集（上册），1998：18-27.

[234] 陈正，张钹. 实时环境下的问题求解 [J]. 软件学报，1999，10

（1）：49-56.

[235] 张朝晖，陆玉昌，张钹. 利用神经网络发现分类规则 [J]. 计算机学报，1999，22（1）：108-112.

[236] 陈正，张钹. 实时环境问题求解框架 [J]. 软件学报，1999，10（2）：133-139.

[237] 张怡颖，朱小燕，张钹. 一种新的说话人确认方法 [J]. 软件学报，1999，10（4）：372-376.

[238] 孙富春，孙增圻，张钹. 基于观测器的机械手神经网络自适应控制 [J]. 自动化学报，1999，25（3）：295-302.

[239] 周生炳，张钹，成栋. 基于规则面向属性的数据库归纳的无回溯算法 [J]. 软件学报，1999，10（7）：673-677.

[240] 张铃，张钹，殷海风. 多层前向网络的交叉覆盖设计算法 [J]. 软件学报，1999，10（7）：737-741.

[241] 朱仲涛，张钹，张再兴. 曲线在拓扑形变下的准不变量 [J]. 计算机学报，1999，22（9）：897-902.

[242] 朱仲涛，张钹，张再兴. 图像关于边缘提取算子的微分不变性 [J]. 计算机学报，1999，22（9）：903-910.

[243] 邓志东，李凌，张钹. 具有模糊分割的动态神经网络控制 [J]. 计算机学报，1999，22（9）：936-941.

[244] 张钹. 面向 21 世纪的计算机应用技术 [J]. 工科物理，2000，10（3）：1-5.

[245] 张怡颖，朱小燕，张钹. 与文本无关的说话人自适应确认方法 [J]. 软件学报，2000，11（6）：795-799.

[246] 张铃，张钹. 遗传算法机理的研究 [J]. 软件学报，2000，11（7）：945-952.

[247] 张钹. 计算机还可以做什么 [J]. 中国科技月报，2000（10）：1.

[248] 吴鸣锐，张钹. 一种用于大规模模式识别问题的神经网络算法 [J]. 软件学报，2001，12（6）：851-853.

[249] 张钹，张铃. 统计学习理论及其应用 [C]. 2001 年中国智能自动

化会议论文集（上册），2001：1-2.

［250］张铃，张钹. 佳点集遗传算法［J］. 计算机学报，2001，24（9）：917-922.

［251］张磊，林福宗，张钹. 基于神经网络自学习的图像检索方法［J］. 软件学报，2001，12（10）：1479-1483.

［252］张磊，林福宗，张钹. 基于支持向量机的相关反馈图像检索算法［J］. 清华大学学报（自然科学版），2002，42（1）：80-83.

［253］杨明，王宏，张钹. 基于激光雷达的移动机器人位姿估计方法综述［J］. 机器人，2002，24（2）：177-183.

［254］陶品，张钹，叶榛. 可继续学习的构造型神经网络构造算法［J］. 计算机工程与应用，2002（8）：10-13.

［255］张磊，林福宗，张钹. 基于前向神经网络的图像检索相关反馈算法设计［J］. 计算机学报，2002，25（7）：673-680.

［256］陶品，张钹，叶榛. 三维模型特征识别中的分割与编码算法［C］. 计算机集成制造系统 -CIMS，2002，8（10）：813-818.

［257］陶品，张钹，叶榛. 三维模型特征识别中的神经网络方法［C］. 计算机集成制造系统 -CIMS，2002，8（11）：912-918.

［258］张钹，郑应平. 从现代信息科技发展看自动化学科的使命和发展趋势［J］. 自动化学报，2002，28（S1）：18-22.

［259］李建民，张钹，林福宗. 支持向量机的训练算法［J］. 清华大学学报（自然科学版），2003，43（1）：120-124.

［260］陶品，张钹，叶榛. 构造型神经网络双交叉覆盖增量学习算法［J］. 软件学报，2003，14（2）：194-198.

［261］张铃，张钹. 模糊商空间理论（模糊粒度计算方法）［J］. 软件学报，2003，14（4）：770-774.

［262］李建民，张钹，林福宗. 序贯最小优化的改进算法［J］. 软件学报，2003，14（5）：918-920.

［263］张钹. 基础研究对于技术创新的重要性［J］. 科学咨询，2003（9）：17.

[264] 张钹. 网络与复杂系统 [J]. 科学中国人, 2004 (10): 37.

[265] 张钹. 量子计算机: 颠覆传统 [J]. 科技潮, 2005 (3): 20-22.

[266] 李强, 张钹. 一种基于图像灰度的快速匹配算法 [J]. 软件学报, 2006, 17 (2): 216-222.

[267] 张钹. 自然语言处理的计算模型 [J]. 中文信息学报, 2007, 21 (3): 3-7.

[268] 张钹. 高等人才培养离不开信息教育 [J]. 中国电脑教育报, 2007-11-26 (Z18).

[269] 张钹. 人工智能研究引发的哲学思考 [J]. 科学哲学的新进展, 2008: 159-163.

[270] 张钹. 计算机视听觉 - 人工智能的梦 [C]. 第十届全国人机语音通讯学术会议 (NCMMSC2009) 论文摘要集, 2009: 1.

[271] 张钹, 张铃. 粒计算未来发展方向探讨 [J]. 重庆邮电大学学报 (自然科学版), 2010, 22 (5): 538-540.

[272] 张铃, 张钹. 模糊相容商空间与模糊子集 [J]. 中国科学: 信息科学, 2011, 41 (1): 1-11.

[273] 张铃, 张钹, 张燕平. 模糊度的结构分析 [J]. 中国科学: 信息科学, 2011, 41 (7): 820-832.

[274] 张铃, 张钹. 动态商空间模型及其基本性质 [J]. 模式识别与人工智能, 2012, 25 (2): 181-185.

[275] 张钹. 网络环境下的语音处理 [C]. 第十二届全国人机语音通讯学术会议 (NCMMSC2013) 论文集, 2013: 19.

[276] 张钹. 评《人机交互中的体态语言理解》[J]. 科学通报, 2014, 59 (31): 3108.

[277] 张钹. 用人工智能读懂大数据 [J]. 中国信息化周报, 2015-6-15 (7).

[278] 张钹. 后深度学习时代的人工智能 [J]. 杭州科技, 2017 (2): 37, 41-42.

[279] 张钹. 从"事后诸葛亮"到"防患于未然"——"深度学习与信息

安全"解读［J］. 信息安全研究，2017，3（11）：962-965.

［280］张钹. 走向真正的人工智能［J］. 卫星与网络，2018（6）：24-27.

［281］张钹. 人工智能下一步努力方向：跟脑科学结合，找出新的模型和方法［J］. 领导决策信息，2019（5）：22.

［282］张钹. 人工智能进入后深度学习时代［J］. 智能科学与技术学报，2019，1（1）：4-6.

［283］张钹. 从人偶到人工智能［J］. 知识就是力量，2019（10）：1.

［284］张钹. 展望人工智能的未来［J］. 科学世界，2020（4）：1.

［285］张钹，朱军，苏航. 迈向第三代人工智能［J］. 中国科学：信息科学，2020，50（9）：1281-1302.

著作

［1］张钹，张铃. 问题求解理论及应用［M］. 北京：清华大学出版社，1990.

［2］Bo Zhang, Ling Zhang. Theory and applications of problem solving［M］. North-Holland：Elsevier Science Publishers B. V.，1992.

［3］张铃，张钹. 人工神经网络理论及应用［M］. 杭州：浙江科学技术出版社，1997.

［4］张铃，张钹. 问题求解理论及应用：商空间粒度计算理论及应用［M］. 北京：清华大学出版社，2007.

［5］Ling Zhang, Bo Zhang. Quotient space based problem solving：a theoretical foundation of granular computing［M］. Published by Elsevier Inc.，2014.

参考文献

张钹著述

[1] Bo Zhang，Ling Zhang. A New Heuristic Search Technique—Algorithm SA［J］.
IEEE Transactions on Pattern Analysis and Machine Intelligence，1985，7（1）：
103−107.

[2] 张钹，张铃. 问题求解理论及应用［M］. 北京：清华大学出版社，1990.

[3] 张钹. 认真选拔　精心安排［N］. 新清华，1994−6−17（3）.

[4] 张钹，张铃. PLN 网络的改进及其应用［J］.软件学报，1994，5（3）：1−11.

[5] 张钹. 智能技术与系统　国家重点实验室的成长［N］. 新清华，1996−4−28
（2）.

[6] 张铃，张钹. 人工神经网络理论及应用［M］. 杭州：浙江科学技术出版社，
1997.

[7] 张钹. 计算机应用技术专业的过去与现在［N］. 新清华，1998−5−6（4）.

[8] 张铃，张钹. 问题求解理论及应用：商空间粒度计算理论及应用［M］. 北京：
清华大学出版社，2007.

[9] 张钹，朱军，苏航. 迈向第三代人工智能［J］. 中国科学：信息科学，2020，
50（9）：1281−1302.

研究资料与著述

［1］福清县《福清纪略》编委会. 福清纪略［M］. 福州：福建人民出版社，1988.

［2］秦声涛，任林. 科苑群英　介绍国家重点实验室先进集体、先进工作者事迹汇编［M］. 北京：机械工业出版社，1991.

［3］国家计划委员会科学技术司，国家自然科学基金委员会综合计划局. 国家重点实验室十周年文集［M］. 北京：机械工业出版社，1995.

［4］清华大学校史研究室. 清华人物志 第4辑 校友中院士专辑［M］. 北京：清华大学出版社，1996.

［5］《八闽院士风采》编委会. 八闽院士风采［M］. 厦门：鹭江出版社，1999.

［6］陈明义. 科技闽星谱　福建省王丹萍科学技术奖获奖者报告文学集2［C］. 福州：福建科学技术出版社，2000.

［7］陈汝钤. 世纪之交的知识工程与知识科学［M］. 北京：清华大学出版社，2001.

［8］谈大龙，国家863计划智能机器人主题专家组. 迈向新世纪的中国机器人 国家863计划智能机器人主题回顾与展望［M］. 沈阳：辽宁科学技术出版社，2001.

［9］钱文藻，何仁甫. 两院院士　中国科学院院士［M］. 北京：人民日报出版社，2002.

［10］梦雪. 相约名人坊　综合人物卷［M］. 北京：华夏出版社，2004.

［11］陈仁德. 风流人物［M］. 福州：海潮摄影艺术出版社，2006.

［12］中国科学院院士工作局. 中国科学院院士画册 技术科学部分册 上［M］. 济南：山东教育出版社，2006.

［13］姚殊. 孜孜以求，硕果累累——记张钹院士［M］// 福清市民间文艺家协会编. 福清民间文学 第7辑：纪念戚继光平倭牛田大捷452周年龙田专辑. 福清：福建省福清市民间文艺家协会，2014：84-89.

［14］覃川，程曦，周襄楠. 清华师者［M］. 北京：清华大学出版社，2021.

期刊与报纸文章

[1] 在人民教师的岗位上［N］．人民日报，1973-2-9（4）．

[2] 清华大学科研处．计算机系一篇论文获欧洲人工智能奖［N］．新清华，1984-10-18（2）．

[3] 武荫．清华大学讲师张钹、安庆师院讲师张铃获欧洲第六届人工智能会议最佳论文奖［N］．中国教育报，1984-11-3（2）．

[4] 秦程．清华大学教师张钹和安庆师范学院张铃获欧洲人工智能会议奖［N］．北京日报，1984-11-27（4）．

[5] 清华大学计算机系．他在党的科教园地上辛勤耕耘——记计算机系张钹同志［N］．新清华党的生活专刊，1985-1-30（1）．

[6] 陈正平．在书信往来中完成的论文［N］．文汇报，1985-5-2（3）．

[7] 华雪．清华园注入新鲜血液——记清华大学近年回国的留学人员［J］．神州学人，1987，创刊号：25-27．

[8] 杨健．播种智慧——清华大学智能技术与系统国家重点实验室［N］．人民日报，1994-12-7：3．

[9] 傅秀芬．两实验室和四教授获"金牛奖"［N］．新清华，1995-1-13（2）．

[10] 陈永红．耕耘不辍　诲人不倦——记新当选的中国科学院院士、计算机系教授张钹［N］．新清华，1995-11-24（3）．

[11] 卞佶．我校第七届学位评定委员会组成［N］．新清华，2000-11-3（1）．

[12] 王永利．人生因追求而壮丽——记张钹院士［J］．中国科技月报，2000（1）：36-38．

[13] 洪涛．闽籍院士献出金点子［N］．厦门日报，2001-9-6（2）．

[14] 张玉钟．院士星辉耀八闽——我省发挥闽籍院士作用系列活动综述［N］．福建日报，2002-1-11（2）．

[15] 新清华．认认真真做事　踏踏实实做人［N］．新清华，2005-11-11（4）．

[16] 张诚．计算机发展与科教兴国——专访中国科学院院士、清华大学张钹教授［J］．数字通信，2010（10）：20-22．

[17] 颜阵寒．福耀-清华院士工作站揭牌仪式举行［N］．福清侨乡报，2016-7-4（1）．

［18］宗禾. 张钹院士：活跃在人工智能最前沿的耄耋老人［J］. 科学大观园，2019（20）：16-17.

［19］王钦法. 科学院院士张钹［J］. 福建乡土，2020：8-10.

［20］王钦法. 张钹：中国人工智能领域先行者［N］. 福清侨乡报，2021-5-27（3）.

［21］贺迎春，丁亦鑫. 张钹：中国人工智能奠基者［N］. 人民日报海外版，2021-8-30：9.

［22］王辉. 人工智能，从过去到未来——记中国科学院院士、清华大学人工智能研究院名誉院长张钹［J］. 科学中国人，2021（25）：16-19.

网络资料

［1］清华大学新闻网站. 张钹院士执教五十周年座谈会举行［Z/OL］.（2008-10-20）［2023-01-06］. https://www.tsinghua.edu.cn/info/1880/74665.htm.

［2］清华大学计算机科学与技术系网站. "明德至善，智圆行方"——我系举办学术人生张钹院士专场活动［Z/OL］.（2011-12-21）［2023-02-07］. https://www.cs.tsinghua.edu.cn/info/1058/1210.htm.

［3］王飞跃. 科学网：未识的商空间：张钹老师从教57年纪念［R/OL］.（2015-4-16）［2023-01-28］. https://blog.sciencenet.cn/blog-2374-882789.html.

［4］张铣，王钦法. 新浪博客：张钹校友的科学贡献与家园情怀［Z/OL］.（2016-04-30）［2023-02-17］. https://blog.sina.com.cn/s/blog_8213dd2c0102wcgl.html.

［5］贾伟. AI科技评论：张钹院士：清华办AI，除了洞见，更有沉淀［Z/OL］.（2020-05-02）［2022-12-26］. https://www.cn-healthcare.com/articlewm/20200502/content-1109743.html?appfrom=jkj.

［6］马爱平. 中国科技网：张钹院士：推动创新AI技术类别、拓宽应用场景势在必行［Z/OL］.（2021-03-19）［2023-03-02］. http://www.stdaily.com/index/kejixinwen/2021-03/19/content_1093489.shtml.

［7］清华大学计算机科学与技术系网站. 二〇一八［Z/OL］.（2021-05-25）［2023-01-10］. https://www.cs.tsinghua.edu.cn/info/1168/4285.htm.

［8］华凌. 中国科技网：清华大学举行"光荣在党50年"纪念章颁发仪式［Z/OL］.（2021-06-18）［2023-02-12］. http://www.stdaily.com/index/

kejixinwen/2021-06/18/content_1157975.shtml.

［9］丁亦鑫. 强国论坛：张钹院士：中国人工智能四十年［Z/OL］.（2021-07-
11）［2023-03-16］. https://www.163.com/dy/article/GEL4UA6L0534A4RU.html.

［10］清华大学计算机科学与技术系网站. 王希勤参加计算机系教授朱军、助理
教授陈键飞入党发展会［Z/OL］.（2022-11-09）［2023-01-20］. https://
www.cs.tsinghua.edu.cn/info/1088/5184.htm.

后 记

在完成本传记的初稿后，张钹院士对传记的撰写工作仍然非常关心，他多次阅读之前的稿件，并回忆传记中所记载的相关经历的具体信息，还联系曾经的参与者帮助核实。在张钹院士和他的亲人、同事、学生的努力下，本传记获得了丰富的材料支持，更是对传记撰写所注重的真实性和准确性有了更深的把握。

由于传记的撰写工作先于老科学家学术成长资料采集项目的结项时间，因此虽然传记的初稿已经完成，但张钹院士仍不忘为采集小组提供最新的素材。2023 年 2 月，ChatGPT 的出现让人们将注意力又一次集中在了人工智能领域，而作为中国人工智能领域的奠基人，张钹院士受邀为不同的群体介绍人工智能的重要知识，包括他参加在天津市人工智能计算中心揭牌仪式暨天津数字产业峰会上作特邀报告、率领团队访问澳门并受到特首贺一诚的接见，每次参加完活动，张钹院士都会将报道第一时间与采集小组分享，以便进行收集与整理。

在与张钹院士接触的不到两年时间里，采集小组不但获得了珍贵的资料，而且感受到了他优秀的品质与人格魅力。张钹院士严谨认真的工作态度，以及待人接物的平易近人，都深深地影响了采集小组的每一位成员。在张钹院士的感染下，采集小组对于采集工作也倾注全力，而且格外注重采集资料的分析整理，努力完善传记中所包含的信息。希望通过本传记，可以让更多的人了解张钹院士这一代老科学家为追求梦想筚路蓝缕、砥砺奋斗的历程，了解我国人工智能的发展历史，激励更多的人，特别是后辈青年成为科学的逐梦人，为我国的科技发展锐意进取，为振兴中华民族的科学事业开创新的篇章。

刘骁

2023 年 11 月

老科学家学术成长资料采集工程丛书
已出版（161种）

《卷舒开合任天真：何泽慧传》　　　　《此生情怀寄树草：张宏达传》

《从红壤到黄土：朱显谟传》　　　　《梦里麦田是金黄：庄巧生传》

《山水人生：陈梦熊传》　　　　《大音希声：应崇福传》

《做一辈子研究生：林为干传》　　　　《寻找地层深处的光：田在艺传》

《剑指苍穹：陈士橹传》　　　　《举重若重：徐光宪传》

《情系山河：张光斗传》　　　　《魂牵心系原子梦：钱三强传》

《金霉素·牛棚·生物固氮：沈善炯传》　　　　《往事皆烟：朱尊权传》

《胸怀大气：陶诗言传》　　　　《智者乐水：林秉南传》

《本然化成：谢毓元传》　　　　《远望情怀：许学彦传》

《一个共产党员的数学人生：谷超豪传》　　　　《没有盲区的天空：王越传》

《含章可贞：秦含章传》　　　　《行有则　知无涯：罗沛霖传》

《精业济群：彭司勋传》　　　　《为了孩子的明天：张金哲传》

《肝胆相照：吴孟超传》　　　　《梦想成真：张树政传》

《新青胜蓝惟所盼：陆婉珍传》　　　　《情系梁菽：卢良恕传》

《核动力道路上的垦荒牛：彭士禄传》　　　　《笺草释木六十年：王文采传》

《探赜索隐　止于至善：蔡启瑞传》　　　　《妙手生花：张涤生传》

《碧空丹心：李敏华传》　　　　《硅芯筑梦：王守武传》

《仁术宏愿：盛志勇传》　　　　《云卷云舒：黄士松传》

《踏遍青山矿业新：裴荣富传》　　　　《让核技术接地气：陈子元传》

《求索军事医学之路：程天民传》　　　　《论文写在大地上：徐锦堂传》

《一心向学：陈清如传》　　　　《钤记：张兴钤传》

《许身为国最难忘：陈能宽传》　　　　《寻找沃土：赵其国传》

《钢锁苍龙　霸贯九州：方秦汉传》

《一丝一世界：郁铭芳传》

《宏才大略　科学人生：严东生传》

《虚怀若谷：黄维垣传》

《乐在图书山水间：常印佛传》

《碧水丹心：刘建康传》

《我的气象生涯：陈学溶百岁自述》

《赤子丹心　中华之光：王大珩传》

《根深方叶茂：唐有祺传》

《大爱化作田间行：余松烈传》

《格致桃李半公卿：沈克琦传》

《躬行出真知：王守觉传》

《草原之子：李博传》

《我的教育人生：申泮文百岁自述》

《阡陌舞者：曾德超传》

《妙手握奇珠：张丽珠传》

《追求卓越：郭慕孙传》

《走向奥维耶多：谢学锦传》

《绚丽多彩的光谱人生：黄本立传》

《此生只为麦穗忙：刘大钧传》

《航空报国　杏坛追梦：范绪箕传》

《聚变情怀终不改：李正武传》

《真善合美：蒋锡夔传》

《治水殆与禹同功：文伏波传》

《用生命谱写蓝色梦想：张炳炎传》

《远古生命的守望者：李星学传》

《探究河口　巡研海岸：陈吉余传》

《胰岛素探秘者：张友尚传》

《一个人与一个系科：于同隐传》

《究脑穷源探细胞：陈宜张传》

《星剑光芒射斗牛：赵伊君传》

《蓝天事业的垦荒人：屠基达传》

《善度事理的世纪师者：袁文伯传》

《"齿"生无悔：王翰章传》

《慢病毒疫苗的开拓者：沈荣显传》

《殚思求火种　深情寄木铎：黄祖洽传》

《合成之美：戴立信传》

《誓言无声铸重器：黄旭华传》

《水运人生：刘济舟传》

《在断了 A 弦的琴上奏出多复变
　　最强音：陆启铿传》

《化作春泥：吴浩青传》

《低温王国拓荒人：洪朝生传》

《苍穹大业赤子心：梁思礼传》

《仁者医心：陈灏珠传》

《神乎其经：池志强传》

《种质资源总是情：董玉琛传》

《当油气遇见光明：翟光明传》

《微纳世界中国芯：李志坚传》

《至纯至强之光：高伯龙传》

《弄潮儿向涛头立：张乾二传》
《一爆惊世建荣功：王方定传》
《轮轨丹心：沈志云传》
《继承与创新：五二三任务与青蒿素研发》

《淡泊致远　求真务实：郑维敏传》
《情系化学　返璞归真：徐晓白传》
《经纬乾坤：叶叔华传》
《山石磊落自成岩：王德滋传》
《但求深精新：陆熙炎传》
《聚焦星空：潘君骅传》

《逐梦"中国牌"心理学：周先庚传》
《情系花粉育株：胡含传》
《情系生态：孙儒泳传》
《此生惟愿济众生：韩济生传》
《谦以自牧：经福谦传》

《世事如棋　真心依旧：王世真传》
《大地情怀：刘更另传》
《一儒：石元春自传》
《玻璃丝通信终成真：赵梓森传》
《碧海青山：董海山传》

《追光：薛鸣球传》
《愿天下无甲肝：毛江森传》
《以澄净的心灵与远古对话：吴新智传》
《景行如人：徐如人传》

《材料人生：涂铭旌传》
《寻梦衣被天下：梅自强传》
《海潮逐浪　镜水周回：童秉纲
　　口述人生》

《采数学之美为吾美：周毓麟传》
《神经药理学王国的"夸父"：
　　金国章传》
《情系生物膜：杨福愉传》
《敬事而信：熊远著传》

《恬淡人生：夏培肃传》
《我的配角人生：钟世镇自述》
《大气人生：王文兴传》
《历尽磨难的闪光人生：傅依备传》
《思地虑粮六十载：朱兆良传》

《心瓣探微：康振黄传》
《寄情水际砂石间：李庆忠传》
《美玉如斯　沉积人生：刘宝珺传》
《铸核控核两相宜：宋家树传》
《驯火育英才　调土绿神州：
　　徐旭常传》

《通信科教　乐在其中：李乐民传》
《力学笃行：钱令希传》
《与肿瘤相识　与衰老同行：
　　童坦君传》

《没有勋章的功臣：杨承宗传》　　　　《科学人文总相宜：杨叔子传》

《百年耕耘：金善宝传》　　　　　　　《一生情缘植物学：吴征镒传》

《耕海踏浪谱华章：文圣常传》　　　　《一腔报国志　湿法开金石：
陈家镛传》

《守护女性生殖健康：肖碧莲传》

《心之历程：夏求明传》　　　　　　　《"卓"越人生：卓仁禧传》

《仰望星空：陆埮传》　　　　　　　　《步行者：闻玉梅传》

《拥抱海洋：王颖传》　　　　　　　　《潜心控制的拓荒人：黄琳传》

《爆轰人生：朱建士传》

《献身祖国大农业：戴松恩传》　　　　《一位"总总师"的航天人生：
任新民传》

《中国铁路电气化奠基人：曹建猷传》

《一生一事一方舟：顾方舟传》　　　　《扎根大地　仰望苍穹：
俞鸿儒传》

《科迷烟云：胡皆汉传》

《寻找黑夜之眼：周立伟传》　　　　　《锻造国防"千里眼"：毛二可传》

《泽润大地：许厚泽传》　　　　　　　《地学"金钉子"：殷鸿福传》